U0113774

新中国往事

XIN ZHONG GUO WANG SHI

策划、主编：刘未鸣　张剑荆

圆梦民生

中国文史出版社

图书在版编目（CIP）数据

圆梦民生 / 刘未鸣，张剑荆主编 . -- 北京：中国
文史出版社，2018.5
（新中国往事）
ISBN 978-7-5205-1113-1

Ⅰ . ①圆… Ⅱ . ①刘… ②张… Ⅲ . ①人民生活—概
况—中国—现代 Ⅳ . ① D669.3

中国版本图书馆 CIP 数据核字（2019）第 097550 号

执行主编：詹红旗
责任编辑：程　凤

出版发行：中国文史出版社
社　　址：北京市海淀区西八里庄 69 号院　　邮编：100142
电　　话：010—81136606　81136602　81136603（发行部）
传　　真：010—81136655
印　　装：北京朝阳印刷厂有限责任公司
经　　销：全国新华书店
开　　本：787×1092　1/16
印　　张：20.75
字　　数：288 千字
版　　次：2019 年 8 月北京第 1 版
印　　次：2019 年 8 月第 1 次印刷
定　　价：58.00 元

出版说明

　　1949年新中国成立，开辟了中国历史新纪元。70年，于历史长河只是一瞬，但这一瞬，却是"数风流人物还看今朝"的一瞬，却是"当惊世界殊"的一瞬，却是书写着中华民族从"站起来"到"富起来"到"强起来"、书写着中华民族伟大复兴壮丽诗篇的一瞬。也因此，这一瞬，注定永恒。

　　这套"新中国往事"丛书，主要通过亲历者口述形式，讲述新中国成立70年以来政治、经济、文化、科技、民生、基础设施、考古等领域一些标志性事件的决策、建设或发现的过程，旨在回顾新中国走过的曲折历程，反映70年的发展变化和巨大成就，展望中华民族伟大复兴的美好前景，而亲历、亲见、亲闻，以及较大的时间跨度、较广的内容涵盖，恰是这套丛书的价值所在。

　　本书在编辑出版过程中，借鉴使用了诸多公开出版的文史资料，在此，对相关文章作者致以诚挚敬意。与此同时，疏漏之处亦敬请读者批评指正。

中国文史出版社

2019 年 7 月

圆梦民生

目 录

记忆中的"新中国第一小学"

刘功宜

中共中央直属机关育英小学，1948年11月21日在河北省平山县下东峪村成立，由中央办公厅主办。在七届二中全会召开（1949年3月5日至13日）之后的1949年3月25日，跟随党中央一同迁入北京，与中央书记处比邻而居，党的高层领导干部的子女大多在此就读。这是一所极为普通的小学，与全国所有的学校没有什么两样。学生就近入学，缴纳相同的学杂费，使用当地（北京市）的统一教材，参加一年一度统一的毕业和升学考试。这又是一所极不普通的小学，中央办公厅主任杨尚昆是它的校董会主任、名誉校长。区区一所小学，赫然编入中共中央直属机关的序列，学校的各级领导由中直机关党委任命。毛泽东主席为它题词"好好学习，好好学习"，后中共中央总书记胡耀邦也曾为它题写校名。其规格之高、编制序列之超常、与中共领导核心之亲近，在全国数万所中小学中，无出其右者。它的每一步成长，无时不在党中央的直接领导下，无时不得到新中国缔造者们的亲切关怀，无处不体现七届二中全会的精神。无怪很多人把它称为"新中国第一小学"。

一

1946年6月26日，蒋介石悍然下令向中原解放区进攻，内战全面爆发。从1946年下半年起，根据地的党政军机关就开始有秩序地转移和撤

1

退。党中央所办的洛杉矶托儿所于1946年12月28日撤出延安，开始了一年半的颠沛流离。

1947年3月，蒋介石令胡宗南纠集兵力进犯延安。中共中央最后撤离，留给"国军"一座空城。在陕北转战了一年多，1948年5月26日，中共中央和毛泽东到达河北省平山县西柏坡村，与刘少奇、朱德组成的中央工作委员会会合。

跟随党中央，各中央机关和解放军总部也迁至平山县，分布在全县50余个村庄。洛杉矶托儿所也是其中之一，在距离西柏坡村不远的苏家坨村落下脚来。

"农村包围城市，武装斗争夺取政权"，是中国革命的基本特征。十几个解放区彼此分割，各地方军政首长，不但要应对瞬息万变的战局，还要分出许多精力，兼顾后方建设，物资保障，人民群众的安危，当然也包括家属和子女的安置。党中央领导机关同样有自己的负担。就拿保护和照看家属和子女来说，比任何一个解放区都身背更加沉重的包袱。

党在各个历史时期都有许多为革命事业献身的烈士，寻找并且养育他们的后代是党中央无可推卸的责任。正在开辟疆场、浴血奋战的将士，戎马倥偬，险象环生，许多人把家属和子女留在陕甘宁边区。为了抢占先机，创建巩固的东北根据地，党中央派出了十万大军和大批领导干部。几乎三分之一的中央委员被派往东北，而他们的家属和子女大部分都留在了延安。根据战后国共停战协议，共产党撤出长江以南八个根据地，其中有些年幼的孩子来到了党中央所在地。有一些在敌占区从事秘密工作的同志，也把子女寄养在延安大后方。

离开延安时，洛杉矶托儿所共有近百名幼童。经过一年半的长途迁徙，连中班的孩子也都到了该上学的年龄。既然党中央机关都已经安定下来，也该考虑让孩子们有一个安稳的生活，上学读书了。中央书记处一到达平山县，就决定创办一所自己的寄宿制学校。

中共中央办公厅的供给部原有一个小学，只有十几个学生。现在就便把它扩展为一所正规的学校，称为中共中央直属机关供给部育英学校。学校筹办工作由中央办公厅主任杨尚昆负总责，中直机关党委书记曾三同志和中央组织部负责人事安排。入学的孩子们也包括附近中央直属机关和解放军总部所属各单位全体在职人员的学龄子女。上至中央领导同志，下至普通工作人员，不分父母的资格和职务，只要是参加革命工作，大家都是革命家庭中的一员，都一律平等看待，接收不误，一起过供给制的生活。

第一任校长刘建勋是一个多才多艺的文化人。一直传唱到今天的育英小学校歌，就是由他亲自作词作曲的："小小的叶儿哗啦啦啦啦，育英小学是我的家。学校里面真正好，唱歌跳舞笑哈哈……"李一纯协理员是20年代入党的老党员，李立三同志的夫人，在安源煤矿搞过工人运动（后与蔡和森结婚），参加过长征。孙统一同志原来在中央供给部石家庄办事处负责军需物资采购。筹建育英学校，中央办公厅任命他担任副校长，主管学校建设。

学校设在下东峪村，离西柏坡村只有十余华里，村旁有一条滹沱河的支流流过。校址是一家地主的大院子。主院有一排北房和东西厢房，全是砖瓦房，后院和偏院都是干打垒的平顶土房。学校又加盖了几间平房，在当地找来几个木匠，打造了一些黑板、桌子、板凳、秋千、单杠、双杠，都没有油漆。这就是学校最初的全部家当。

二

1948年10月24日晚，党中央接到由北平地下党的秘密电台发出的绝密电报：蒋介石坐镇北平，命令国民党"华北剿匪总司令"傅作义派出精锐部队，已于24日出发，准备突然袭击位于平山县的中共首脑机关。形势万分危急！从10月中旬起，华北军区发起太原战役。所有主力，包括中央警卫团都被派去参战。而党中央周围的卫戍部队仅有1万多人。

解放军总部急调中央警卫团星夜回防。平山县的中央机关和阜平县的华北局机关第二天也都接到命令，立即转移和疏散！育英学校全体师生紧急集合，背起行囊，用一天的时间急行军，到达指定的隐蔽地——滚龙沟。

滚龙沟是一个小山村，沟壑纵横。相传东汉开国皇帝刘秀南征北战经过此地，人困马乏，道路崎岖，不慎从马背上跌落下来。皇帝乃真龙天子，这里因此被称作"滚龙沟"。

毛泽东以新华社记者的名义连写三篇评论，在报纸上发表，新华社电讯同时播出。揭露了傅作义侵犯石家庄的作战计划，傅作义不明共产党底细，不敢轻举妄动，趁蒋介石刚刚离开北平，就下令部队立即撤回。

11月2日，第四野战军占领沈阳，东北全境解放。几天之后，各单位陆续接到可以返回原驻地的通知。育英学校全体师生告别了滚龙沟，又回到了下东峪村。

1948年11月21日举行开学典礼，中共中央直属机关供给部育英学校宣告正式成立。这是学校真正诞生的日子。为了庆祝十月革命胜利，每年都把校庆和它结合在一起举行，于是以后每年的11月7日，就成了育英学校的校庆日。

开学典礼非常隆重。会后集体合影，中午会餐，晚上放映了露天电影。电影是美国原版的《米老鼠和唐老鸭》，把大家逗得笑破了肚子。

第二天就开始上课了。每个班大约20人，都是年龄6~8岁的孩子，使用边区政府编写的教材。主要课程有国语、算术、美术、音乐、体育、手工等。

孩子们的服装是供给部统一发给的。因为全是"边区造"，所以发下来的服装也并不完全"统一"。有棉制服，也有呢制服。说是呢制服，其实和麻袋片差不多，黑的、红的、灰的、黄的，什么颜色都有。每个人都发给了一双布鞋、一双棉鞋、一顶棉帽、一套被褥和枕头，也都是粗布缝制的。孩子们能够得到的最昂贵的器物，就是每人分到一个铜制洗脸盆。铜制品极易氧化，每个星期都要到河滩上用细沙子擦拭脸盆，以使它保持锃光瓦亮。

孩子们正处在长身体的阶段，因此健康防病和保证营养是学校领导头等关心的大事。只要是育英学校需要，中央卫生处的傅连暲处长都尽可能保证药品的供应。各部队向党中央送来一些战利品，领导同志把其中大部分转送给医院、托儿所和小学校。孩子们偶尔可以吃到大米和白面，更有其他地方难得一见的饼干、奶粉和罐头。

教室就是饭厅，课桌就是饭桌。只是在吃饭的时候，桌子上铺上一块白布，这是为了清洁和卫生。晚上点的油灯光线太暗，通常不上课，只是老师给孩子们读报纸，或者大家围坐在老师身旁学唱歌、听故事。

1949年的春节到了，每个人都得到两张"新边币"，可以买一些零食。孩子们从小到大第一次知道什么是钱。初二那天，杨尚昆在百忙中抽空来看望学校的老师和孩子们，顺便看看儿子和女儿（小二和小妞）。没有什么礼物，就放了三颗信号弹，当作节日的礼花。

天真烂漫的孩子们不知道，中国正在发生翻天覆地的变化。三大战役结束，七届二中全会召开，人民解放军百万雄师准备渡江，新中国快要诞生了。

三

北平和平解放了，中央办公厅立即派出干部，参与接收北平，为将来接待中央机关进驻尽早做好准备。孙统一副校长也是随团来北平打前站的工作人员之一。不过他的任务是为育英学校勘定校址。

孙统一副校长看中了万寿路最西端的一片旧军营。抗日战争期间是一所小学，后来成了傅作义骑兵部队的马厩和军需品仓库，有一些房舍可资利用。最主要的是，邻近有中央书记处和中央警卫团，将来在安全上有充分的保证。那时，新中国还没有建立，全国领土还有一大半没有解放，保证安全可以说是高于一切的首要问题。这是有血的教训的。

1945年8月18日，延安洛杉矶托儿所里刘伯承5岁的女儿刘华北，在半夜里被偷偷潜入的特务分子暗害。此案一直未破，成了延安幼教工作者心中挥之不去的心病。

经中办主任杨尚昆拍板，孙校长的选址方案被批准了。

中共七届二中全会结束后第10天，3月23日，中国共产党最高领导机关从西柏坡出发开赴北平。3月25日毛泽东进驻香山双清别墅。

4月22日，育英学校也告别下东峪村，迁往北平。浩浩荡荡的汽车队伍开出了崎岖的山道，进入广袤的河北大平原。

有人叫道："快看，那个冒烟的东西跑得多快！"老师耐心地解释说："这是火车，能拉很多东西。它烧煤，所以冒出很浓的烟。"

到达保定时天已经完全黑了。宿营地是一座教堂，门口有一盏很亮的电灯泡，耀眼的灯光照射得如同白昼。晚上是睡在礼拜堂的地板上，下面铺上稻草。礼拜堂里也有一盏电灯，熄灯时怎么也吹不灭。大多数同学从来没见过电灯，不知是怎么回事。

4月23日下午4点多钟，车队到达北平的永定门。由这里经天桥、前门、西单、复兴门、公主坟直奔新校址——西郊万寿路。初到大城市，一切都那么新奇，令人目不暇接。高大雄伟的城垣、古色古香的牌楼、繁华热闹的商店、路口上交替闪烁的红绿灯、梳"羊尾巴头"（烫发）的摩登女郎、穿没有领子的衣服（西装）的绅士，简直像魔幻一般。"铛铛"作响的有轨电车隆隆驶过，里面灯光明亮，挤满了人。由于刚刚认识了火车，所以有人一口咬定"这是火车进了城"。解放军战士和留用的旧警察并肩站在道路中央指挥交通。解放军战士向进城的车队敬礼，而旧警察们却表情呆滞，无动于衷。

两天的征程和一路颠簸，人人身心疲惫。到了驻地，急急吃过晚饭，倒头便睡了。第二天醒来，大家才看见朝思暮想的新北京、新校舍是一幅何等破败的景象！

四

这是在荒野上一处孤独的残破军营，四周几乎没有人家。遍地是荒草和废弃的工事，到处是弹坑，地上撒满了子弹壳。所有院墙上都用白石灰画着大圆圈，据说这里经常有野狼出没，画白圈是为了吓唬野狼的。

清理旧战场是一件非常危险的工作。随处可以捡到没有爆炸的炮弹、手榴弹和生了锈的子弹。这些危险品都被及时收缴上来，统一销毁了。就在清理旧战场的时候，一位警卫战士触发了地雷，不幸牺牲。经过解放军工兵营的清扫，排除了所有战争遗存的危险品，建设新家园的工作全面展开了。

孙统一副校长卓有远见地指示保留一座碉堡不要毁坏，留作将来学校的一处景观。后来在碉堡顶上修建了一座凉亭，附近用渣土堆起两座假山，真正成了孩子们最爱去玩的地方。

中央书记处决定改组育英学校的领导班子。学校正式更名为"中共中央直属机关育英小学"。成立校董会，中央办公厅主任杨尚昆任主任、名誉校长，曾三、傅连暲、邓典桃、李伯钊、刘建勋、李一纯为校董会委员。校董会通过组织手续，又调来了一批年轻教师，其中不乏刚刚毕业的大学生和部队里的优秀青年知识分子。

1950年8月，中央办公厅调韩作黎同志任育英小学副校长，他当时任北京育才小学教导主任。孙统一同志坚持把校长的位置让给韩作黎。他说，既然我们是来创办学校，搞好教育当然是首要目标，应当由懂得教育的同志担任校长。校董会高度赞扬了他工作第一、不计个人名利的高贵品质，并且接受了他的建议。韩作黎最终成为著名的人民教育家，是和孙统一副校长举贤让贤，甘当无名英雄分不开的。

王恒同学在到达北平的第二天，突患阑尾炎，必须马上开刀。北平刚刚解放，市内最好的医院都是私人开的，收费很高。育英小学虽然直

属中央办公厅领导，却付不出高昂的医疗费。通过北平市军管会介绍，最后被送进国民党的陆军医院。这所医院，除了有一名解放军派出的军代表以外，其余全班人马都是国民党留用人员，连住院的伤病员，也都是国民党兵。国民党军医的医术很高，也很敬业，手术很成功。在住院养伤期间，有个"国军班长"对败在共产党手下很不服气，埋怨傅作义太软弱，要和这个"小共匪"辩论。就这个当口，外边传来人民解放军解放上海的消息，他简直不敢相信，强大的国军怎么能在不到一个月的时间里连续丢掉南京、上海两大城市！还没展开辩论，事实就无情地宣判了国民党政权的覆亡。

1949年秋季开学，总人数已经接近200人。对有些同学来说，这已经是第四次上一年级了。现有的十个班学习苏联经验，实行男女生分班制，直至毕业。但是从1950年以后的各届新生，不再男女分班了。

学生来源扩大了许多，有一些一直跟随父母的孩子，现在也纷纷送了进来。毛泽东的女儿李敏和李讷，侄子毛远新，毛岸英之妻刘松林的妹妹张少华（邵华）、张少林等人就是这个时期进入育英小学的。过去因为战乱，很多同志把年幼的子女寄养在老百姓家里，后来重新找回，比如彭真的儿子傅锐、女儿傅彦，黄镇的女儿黄文等。

五

为了加强党的领导和国家政权的建设，大批党政军领导同志调入北京工作，他们的家属和子女也一同到来。干部子弟学校的接纳能力远远赶不上需求。

从1951年起的三年，学校进入了连续三年全面建设的高潮。陆续修建了宿舍区、教学区、食堂、礼堂、图书馆、体育馆和校医院。除了医院和洗衣房，所有新旧建筑都用一条走廊串联起来。虽然校舍是全新的，但是设计标准并不高，使用的建筑材料也尽量简朴，强调的是施工质量。

1953年新校舍落成，名誉校长杨尚昆特意请朱德总司令为育英小学题词，镌刻在学校大门照壁墙上。题词是："准备着：为实现共产主义和祖国的伟大事业而奋斗。"后来朱总司令曾偕同夫人康克清，一同到育英小学来看孩子们，同孩子们合影留念。

1951年"六一"前夕，老师们集体捐款，购买了一只猴子和一对火鸡，作为给孩子们的礼物。后来几经扩建，在学校北墙根建成了一座颇具规模的动物园。

学校仍然实行供给制和寄宿制。伙食是部队的中灶标准，被服、生活日用品、教材和文具则全部由公家发放，四季服装加鞋帽都是统一制式。最引人注目的是，每个孩子都发给一套呢子制服。走在街上，路人皆以为是中国的少年军校。其实那是用仓库里日本军装改制的，染成黑色，不比麻袋细多少。

周恩来的一位秘书的孩子也在育英小学读书。他注意到孩子身上穿着的小中山装，竟然是呢料制作的！

周恩来问："你的衣服是谁给买的？"

孩子回答："不是买的，是学校发的。"

"学校的伙食怎么样啊？"

"挺好的，老吃鸡、鸭、鱼、肉。"小孩子童言无忌，信口雌黄。

几天后的一个休息日，周恩来要了车直奔育英小学，当面向韩作黎校长核查情况，韩校长一一作了说明。看来，事实并不像以为的那样严重，但是，周恩来仍然严肃地指出："你们学校的学生，都是革命干部的后代。学校有责任好好教育他们，要艰苦朴素，不能特殊化。"

周末孩子们回家，毛泽东有时委托机要秘书，有时委托保健大夫王鹤滨代接一下。外交部亚洲司有一位干部叫魏宝贵，给毛泽东写了一封信，反映中央机关某些干部用公家小汽车接送子女，造成浪费，影响不好。毛泽东很重视，立即将来信转批给杨尚昆："尚昆同志查明酌办。这个建议值得注意。"从那以后，中央办公厅就专门拨了一辆中型客车，接送家住中南海的学生。中央直属各大部也都派大轿车在周末集体

接送子女。刘少奇的儿子刘丁丁（刘允真）和陈伯达的儿子陈小农结伴，每次搭乘中宣部的班车，在经过中南海北门时下车。

学校鼓励孩子们从小自立，不用家长接送，自己乘公共汽车回家。罗荣桓元帅的儿子罗东进、陈赓大将的儿子陈知建就在其中。他们有几次甚至是从学校一直步行到家的。

虽然育英小学的生活条件很好，但是崇尚俭朴、反对铺张的校风代代相传。同学们身穿打补丁的衣裤司空见惯，并不觉得不好意思。人人都会自己动手补袜修鞋，袜板和针线包是育英子弟走遍天涯随身必带的传家宝。

北平刚刚解放时，周围的社会环境比较复杂。为了保障安全，学校订立了严格的规章制度，平时绝对不允许孩子外出。外人接送孩子必须有盖公章的介绍信，名单上没有姓名的孩子，即使明知是某单位职工的子弟，既不准离校，也不让探视。

负责看守大门的，是1935年参加革命的山西老红军张老伯。他忠于革命忠于党，执行纪律一丝不苟。不符合规定，在他面前绝没有任何通融。

陈毅有一次到北京开会，想看一眼多日不见的儿子，利用午间休息匆忙从会场赶往育英。结果就被那位不讲情面的老红军挡在校门外。任凭你说破大天，就是不让进去，让乘兴而来的陈毅吃了一个闭门羹。

下午开会时，陈毅拍拍名誉校长杨尚昆的肩膀说："你定的制度很好嘛，你的工作人员执行制度也很认真嘛。"杨尚昆听得一头雾水。得知原委后，感到过意不去。无奈会议一结束，陈毅就必须赶回上海，只能"下次再说了"。

六

1950年秋天，育英小学迎来50多个来自苏联伊万诺沃第一国际儿童院的中国孩子。他们就是电影《红樱桃》中描写的那一批革命先辈的子弟，父母都是我国老一辈革命家。党中央对他们极为关怀，新中国成立后，局势一稳定下来，就把他们接回祖国，送进了育英小学。

他们回国后，朱德、任弼时、林伯渠代表党中央在中南海接待了他们，合影留念。

他们中间有朱德的女儿朱敏、任弼时的女儿任远芳、秦邦宪的女儿秦吉玛、邓发的女儿邓金娜、曾三的女儿曾芳兰、萧三的儿子萧立昂和萧维嘉等人。由于在苏联长大，生活习性，甚至语言都已经完全苏联化了。学校为他们开设了中文补习班，请来了翻译，建立了西餐厅。最重要的是尽快帮助其中一些孩子找到他们的父母。韩作黎校长熟悉这些情况，那也是费尽周折，花费了两三年才告结束。亲人相认的场面是非常感人的。有的父亲或母亲牺牲了，另外组织了家庭；有的父母在外地工作，千里迢迢赶来。孩子长大了，他们之间已经不相识，语言又不通，相见时只能久久地拥抱，泣不成声。还有的孩子父母亲都已不在人世，或者没有留下线索，始终没有找到亲人，成了真正的孤儿。不过令人宽慰的是，他们并不孤独。他们来到了育英小学，老师和校长就是他们的父母，同学就是他们的兄弟，学校就是他们的家。他们长大以后写回忆文章，题目就是《韩校长是我们最亲的人》。

这些孩子都非常争气。当中文补习到一定程度以后，年龄大些的孩子又回到苏联上大学。年龄小的孩子则留在育英小学学习。年龄半大的28个孩子，程度相当于中学，被送到哈尔滨中长铁路苏联学校用俄文继续学习，准备将来去苏联上大学。送走这28名学生后，韩作黎校长满怀深情地说："咱们今天又送走了28个布尔什维克。"

中直育英小学曾经在相当长的一段时期，接纳了许多东南亚国家共产党领导人的子女就读。他们毕业后有许多人返回自己的祖国，也有一些人长期留在了中国。他们长大后都把育英当成了第二个家，校长和老师是他们的亲人。

中直育英小学也曾有过不幸。国民党特务利用万隆会议之机，制造了"克什米尔公主"号飞机爆炸事件。中国代表团成员多人壮烈牺牲，

其中就有烈士的子女在育英小学学习。烈士子女所在班级举行了"为了和平"的班会，共同追悼先烈，激励后人。

七

1950年10月27日，任弼时同志逝世，对育英小学的孩子们尤为刻骨铭心。他的几个子女都在这里上学，是同学们最要好的伙伴。他们失去父亲，同学们也如同失去了自己的亲人。

1953年3月6日下午，传来了斯大林逝世的消息，学校里顿时哭声一片。

老一辈革命家把江山打下来了，但他们不能抗拒自然规律，革命事业还必须继续进行下去。

1949年10月13日，中国少年儿童队成立。1950年6月10日，育英小学建队，第一批入队的是13名年龄最大的同学。新队员们为能佩戴用烈士鲜血染成的红旗的一角而感到自豪。

每年"五一"劳动节和"十一"国庆节，中直育英小学都派出代表参加在天安门广场举行的阅兵式和群众游行的观礼。1952年国庆节，育英小学学生李莉莉代表全国少年儿童登上天安门城楼，向毛泽东主席献花。

1953年6月，中国少年儿童队改名为中国少年先锋队。加入少先队就意味着做共产主义事业的接班人。接革命的班，靠的是忠诚和知识，是"红与专"。在中直育英小学，从来没有将"红与专"对立，他们把二者看作一个统一体。这里没有"品质恶劣"的孩子，只有学习成绩暂时落后的学生，这是少数孩子迟迟不能加入少先队的主要原因。

育英小学学习风气浓郁，人人力争上游，还来源于领袖的殷切期望。

1952年"六一"儿童节前，毛泽东主席通过他的女儿李讷，送给育英小学一个珍贵的礼物。他亲手书写了"好好学习，好好学习"的条幅。全校师生欢欣鼓舞，制作了玻璃镜框，把它高高悬挂在校部大厅里。韩作黎校长号召全体师生，以此为鞭策，好好学习，长大了成为毛主席所希望的接班人。

育英毕业生升入市重点中学的比例最高，全凭自己的实力。20世纪50年代，领导干部作风正派，走后门谋私利的现象极少发生。学生升学和入学只看成绩，不靠关系。少数未能升入志愿学校的学生中，就有当时北京市主要领导的孩子。

"好好学习"不仅是学习书本上的知识，它同时还强调高度的思想觉悟、高尚的道德情操、远大的革命理想。卓娅、马特洛索夫、董存瑞、黄继光……都是孩子们心目中的榜样。

在育英小学没有沉重的课业负担，不感到升学的压力。孩子们无忧无虑而又充实有意义地生活着，丰富多彩的课余活动是当时最大的特色。

胡乔木同志有一次来参观学生成绩室，他提出要把对学生爱祖国、爱科学的教育结合好，在教育过程中让学生参加进来。能动手就自己动手，使他们看得见，摸得着。学校为此组织了多种多样的课外活动小组。木工组、模型组、米丘林组、动物组、气象组、舞蹈队、合唱队……培养孩子们广泛的兴趣，极大地丰富了他们的课余生活。

育英小学特别重视开展体育运动。拥有全国唯一一座小学室内体育馆，学校提供了所有当时能够提供的最好的条件和最充足的运动器械。田径、球类、冰上运动都有上好的成绩。女生和男生同场踢足球，在新中国成立初期就开创了女子足球运动的先河。

杨尚昆对学校的事务和孩子们的健康很挂记在心。严冬之际，突然来了寒流降温，他常常会亲自到学校去看看。育英小学拥有一所设备齐全的医院。在苏联专家的指导下，育英小学建立了营养配餐、定期体格检查等制度。建校几十年来，育英小学一次也没有发生过大规模传染病，始终是北京市爱国卫生运动的先进单位，多次受到上级的表彰。

八

共产党一夺取政权，就面对供给制与薪金制两种分配体制并存的局面。入城之初，各行各业的职工和工人都发放工资，国民党政府的留用人员原则上"原职原薪"。工资中包含维持家属生活的各项费用。而共产党军政人员却仍然执行从解放区延续下来的供给制（包干制）。所谓供给制，是吃、穿、用都由公家定额配给，每月发给差额不大的津贴。表面上衣食无忧，却只能解决个人的生活问题，其微薄的津贴不包括负担家庭和子女教育的费用。他们的子女只能送进寄宿制的干部子弟学校，集体过供给制生活，统统由公家管起来。干部子弟学校是供给制的影子。只要供给制还存在，干部子弟学校就无法取消。解放初期，全国地级以上单位，差不多都分别或联合建有党、政、军系统的子弟学校，执行统一的组织和财务制度。

共产党的最高领导层对供给制怀有很深的感情，一时难以接受薪金制。朱德说："我们是在供给制条件下过来的。打仗不要钱，伙夫不要钱，什么都不要钱。革命成功就靠这个制度，将来建设新的国家也要靠这个制度。"毛泽东说，我们和国民党不同，大家是来革命的。"革命有生命危险，生命既准备牺牲，何况薪水这小小的东西？"取消供给制，实行薪金制，首先要在党内统一思想，而这不是一朝一夕就能做到的。

最终导致供给制取消的诸多原因中，最重要的恰恰是供给制自身。单位不论大小，都要有一个维持供给制运转的编制，他们不创造却大量地消耗着财富。全国总和是一个惊人的数字，成了国家沉重的负担。

1955年8月31日，国务院正式颁布命令，将包干制待遇一律改为工资制待遇。改行工资制待遇后，工作人员个人及其家属的一切生活费用，均由个人负担。国务院命令的颁发和执行，郑重宣告供给制成为历史，干部子弟学校体制走向了终结。

从1955年9月1日新学年开始，新生报到时须缴纳学费。学费由课本费、学杂费两个部分组成。如果有条件继续实行寄宿制，应增加伙食、住宿等相关联的费用。从1956年开始，全国所有干部子弟学校的整个建制，包括人事关系划归当地教育主管部门。

1956年，中直育英小学改称北京育英小学，划归海淀区教育局管辖。韩作黎被任命为北京市教育局副局长，后任局长兼党组书记。新的入学条件是革命遗孤烈士子女，父母双方出国、家中无人照顾的子女，父母到边疆工作、无人照顾的子女。必要时也可以考虑就近入学。

转轨之后，供养子女继续上寄宿制学校，对于大多数党和政府部门的干部，甚至最高级别的干部，都是一个不小的负担。不少人1955年9月1日刚一开学，就把子女转到城里上普通学校了。其中包括刘少奇的儿子刘丁丁，陆定一的女儿陆瑞儿等人。而有些人，比如胡绳的儿子胡伊朗等，则改为走读。

取消供给制受影响最大的是众多烈士遗属。失去主要经济来源，家庭生活之窘迫可想而知。但是他们中的绝大多数，都坚持自己克服困难，不向组织上伸手。以秦邦宪的遗孀张越霞为例。20世纪50年代初，她担任北京市西城区区委书记的职务，单靠自己的工资，难以供养六个子女。于是杨尚昆亲自出面，为每个子女申请到每月20元的生活补助。后来有关部门查出有人贪污了博古的一笔稿费，追回将近1000元钱，组织上将这笔款子转给了张越霞。她拿到这笔钱后，主动把孩子们的生活补助额度退了。

"文化大革命"中，曾经掀起过一股"砸烂干部子弟学校"的巨澜。干部子弟学校身背"脱离群众"和"特殊化"的骂名。不明真相的群众，也都以为那是培养修正主义的温床。许多老师因此受到冲击，遭受严重的人身侮辱。与刘少奇有过接触的老师更是被戴上了"刘少奇孝子贤孙"的大帽子，整得死去活来。一些不法分子，利用打砸抢的机会，肆意劫掠公私财物，几乎使学校的珍贵财产和文物损失殆尽。

此后北京育英小学又曾数次易名。从1972年起扩建，招收了中学

生，学校定名为北京育英学校至今。时任中共中央总书记的胡耀邦曾为它题写了新的校名，悬挂在学校正门。

中直育英小学从创办至今已经60年了，它的毕业生遍及全国各地各行各业，为保卫和建设社会主义祖国做出了突出的贡献。他们当中既有国家的部长、省长、书记、将军，也有科学家、企业家、教育家、作家、学者、医生、外交官、公务员、工人、农民。不论职务高低，他们都在平凡的岗位上做出了不平凡的贡献。

九

育英小学的孩子们从小就牢牢记住，自己是普通的劳动者；现在学习知识，将来要把一切都献给劳苦大众；同学间不问父母是谁，没有攀比父母职位高低的风气；孩子们从小就关心天下大事，怀抱远大理想，以天下为己任；孩子们从小就爱护集体，团结得像亲兄弟，学校就是家；孩子们从小就爱憎分明，疾恶如仇，不懂得趋奉和世故，不惧怕权威。

这就是育英小学的校风，从每一个毕业生身上都能感受到这种共同的品质。

学校作风的养成，来自它的带头人。1997年5月11日举行了"韩作黎教育思想座谈会"。众多昔日的教工和学生到会祝贺，也包括两位主席的女儿：李讷和刘涛。韩作黎教育思想带有鲜明的"边区造"特色。而用学生们自己的话来说，可以归纳为一个字，那就是"爱"。

曾生将军的儿子曾世平出奇地调皮，连薄一波、叶剑英、廖承志都有所耳闻。一天晚上熄灯后，他带着几个同学，翻墙到邻近的中央警卫团看电影。老师们发现孩子失踪，异常焦急，全体出动，四下寻找。班主任杨树民老师在露天电影场找到了他们，严肃提出批评。曾世平毫无悔意，竟然挥手重重地扇了杨老师一个耳光。面对如此的粗野和无礼，杨老师强忍住内心的冲动，没有还手，平心静气地把他送回了宿舍。曾世平等人为此受到韩校长的严厉批评和处罚。

1960年，曾世平进入哈尔滨军事工程学院海军工程系学习。回广州过暑假途经北京，他特意返回母校找到杨树民老师，庄重地向他致以军校学员的敬礼。他为自己当年的错误在内心歉疚了十年，诚恳地请求老师接受他迟到的道歉。杨老师以他真诚的爱赢得了学生的尊重和爱戴，这种爱在每一位教职员工身上都能找到。这就是韩作黎教育思想的集中体现。

涛涛和丁丁是育英小学的学生，刘少奇曾经作为家长到学校视察过建设情况，参观了整个校园。1954年12月24日，刘少奇和王光美又把两个孩子的班主任郭象慧和王衍茹老师，还有校长韩作黎请到中南海，了解子女的学习情况。刘少奇语重心长地说："你们教育质量的好坏，现在固然可以看出一些。但真正要看出来，还在10年、15年以后。也就是要看你们教育出来的学生，到社会上的表现如何。如果表现好，群众拥护欢迎，那就是你们的教育质量好。你们要经常注意，不要叫人家10年、20年以后来清算你们的教育思想。"

就这样，韩校长把自己的一言一行，把老师们课堂上和课堂外的表现，都上升到"教育思想"的高度。他认为真正成功的教育是树立人生观的教育，是对学生一生负责的教育。

中直育英小学诞生在战火纷飞的年代，哺育在中央办公厅的襁褓之中，奔走在崎岖的行军路上，跟随党中央一同来到北京。直到现在，育英小学的同学们仍然坚持每年都聚会，重温母校的历史，鞭策着自己为人类作出更大的贡献。

（原载于《纵横》2009年第3期）

首倡恢复高考第一人——查全性

余　玮

查全性，安徽省泾县人，著名电化学家，有"建议恢复高考第一人"之称。1925年4月出生于江苏南京，1950年毕业于武汉大学化学系。曾任武汉大学化学系主任，湖北省化学化工学会副理事长，湖北省科协常委，《化学学报》《高等学校化学学报》和《物理化学学报》编委，英国《应用电化学杂志》，美国《化学研究纪事》顾问、编委；出任过国务院学位委员会化学组、中国化学会常务理事会、国家自然科学基金委员会评议组专家。现为武汉大学教授、博士生导师，系中国科学院院士。

31年前，是他让刚刚复出的邓小平一锤定音：今年就恢复高考！于是，受尽摧残的中国教育送走了寒冬，迎来了明媚的春天。

31年来，他看到中国教育一考定终身的缺憾，于是疾呼：要以平和的心态对待高考制度和录取结果，如果高校能实行宽进严出的招生办法则更好。

31年前的高考制度恢复，让多少代中国子弟受益；31年来，人们由衷敬佩邓小平拨乱反正的魄力，也不会忘记一位敢于说真话的知识分子——这就是武汉大学教授、中科院院士查全性，正是他当年第一个当面向邓小平同志建议恢复高考制度的。

当面向邓小平谏言恢复高考

1977年7月，邓小平第三次复出，出任中共中央副主席、国务院第一副总理等要职。刚一复出，邓小平就自告奋勇主管科技和教育。7月29日，邓小平指示教育部召开一次科学和教育工作座谈会，他说，要找一些敢说话、有见解、不打棍子、不戴帽子、不是行政人员、在自然科学领域有才华的教学人员参加座谈会，而且这些人与"四人帮"没有牵连。

7月底，武汉大学校领导蒋蒲和崔建瑞通知化学系52岁的副教授查全性，说上面安排他到北京开会。他"当时既不知道开会的内容，也不知道有哪些人参会，会议日期有多长。'文革'发生后没机会上讲台，一直在实验室搞科研，事先对会议内容心中无数，所以没做准备"。

8月1日傍晚，查全性坐飞机来到了北京。武汉大学化学系原教师刘道玉此时被借调到教育部工作，他专门到机场来接查全性。此前，刘道玉已经被任命为教育部党组成员兼高教司司长，参加了这次会议的筹备工作。日后，查生性才清楚刘西尧（时任教育部长）和刘道玉跟自己是校友，知道他敢讲真话，于是安排他参加了这次会议。

到北京后，与会者被安排住在北京饭店的老楼，查全性与吉林大学唐敖庆教授同住一室。"之后我才知道，此次的会议名叫'科学和教育工作座谈会'，具体安排这次座谈会的人是方毅。他说是邓小平同志让他来组织这个会议的，主要是来听听大家对于科学、教育事业的意见。"这时，查全性发现出席会议的有吴文俊、邹承鲁、王大珩、周培源、苏步青、童第周、于光远等著名科学家以及科学院和教育部的负责人。

8月4日早晨，在习习清风中，神采奕奕的邓小平迈着稳健的步伐来到人民大会堂，亲自主持召开了有33位来自全国各地的著名科学家、教授以及科学和教育部门负责人参加的科学和教育工作座谈会。会议从这

天起，共开了5天。前两天，所有与会学者一直表现得非常拘谨，只敢谈一些不涉及敏感的小问题，而且还都是纯粹的专业话题。因为当时"文革"刚过去，知识分子大都心有余悸。由于参会的大都是非常著名的学者，所以头两天查全性基本没有发言，只是听他们说。

8月6日下午，清华大学党委负责人忧虑地说，现在清华的新生文化素质太差，许多学生只有小学水平，还得补习中学课程。邓小平插话道：那就干脆叫"清华中学""清华小学"，还叫什么大学？

这席话令查全性感同身受，他在笔记本上原本写了一个大纲。这时，查全性受到会议的气氛影响，激动地站起来，面对邓小平慷慨陈词："招生是保证大学教育质量的第一关，它的作用，就像工厂原材料的检验一样，不合格的原材料，就不可能生产出合格的产品。当前新生的质量没有保证，部分原因是因为中小学的教育质量不高，而主要矛盾还是招生制度。不是没有合格的人才可以招收，而是现行制度招不到合格的人才。如果我们改进了招生制度，每年从600多万高中毕业生和大量的知识青年、青年工人中招收20多万合格的学生是完全可能的。现行招生制度的弊端首先是埋没人才，一些热爱科学、有前途的青年选不上来，一些不想读书、文化程度又不高的人却占据了招生名额。"

"查教授，你说，你继续说下去。"坐在沙发上的邓小平深深地抽了一口烟，探出半个身子，示意查全性往下说，"你们都注意他的意见，这个建议很重要哩！"与会人士抑制不住心头的激动，因为他们知道，大家早已想说想做却又不敢打破束缚的一件大事情，就要发生了。

查全性越说越激动，痛陈当时的招生制度有四大弊端：埋没人才；卡了工农兵子弟；助长不正之风；严重影响中小学学生和教师的积极性。"今年招生还没开始，就已经有人在请客、送礼，走后门。甚至小学生都知道，今后上大学不需要学文化，只要有个好爸爸。"查全性发言时情绪激动，全场鸦雀无声，与会者全神贯注。

查全性提提神，继续他刚才的慷慨演讲。这时人们发现邓小平不时地在笔记本上记录着。查全性建议："大学招生名额不要下放到基层，改成由省、市、自治区掌握。按照高中文化程度统一考试，并要严防泄露试题。考试要从实际出发，重点考语文和数学，其次是物理，化学和外文则可以暂时要求低一点。从语文和数学的成绩，可以看出学生文化程度和抽象思维能力。另外，要真正做到广大青年有机会报考和自愿选择专业。应届高中毕业生、社会青年，没有上过高中但实际达到高中文化水平的人都可以报考。"

查全性一言既出，举座惊讶。因为就在这次座谈会召开前夕，当年的全国高等学校招生会议已经开过，招生办法依然沿用"自愿报名，群众推荐，领导批准，学校复审"十六字方针。有关招生的文件也在座谈会开始的当天送到邓小平手中。也就是说，1977年按照老办法招生几乎已成定局。

没想到，邓小平听完后，向查全性点点头，然后环视四座问："大家对这件事有什么意见？"吴文俊、王大珩等科学家表示赞同查全性的意见。查全性的发言得到了大家的响应，人们开始七嘴八舌地补充着他的发言，心情也越来越激动。

随后，邓小平问了一下当时的教育部长刘西尧，今年改恐怕已经来不及了吧？查全性赶紧插话说，还来得及，今年的招生宁可晚两个月，不然又招20多万不合格的，浪费可就大了。

邓小平又问刘西尧，还来不来得及？刘西尧说，还来得及。邓小平略一沉吟，一锤定音："既然大家要求，那就改过来，今年就恢复高考！"

消息传得很快。第二天，新华社驻会记者找到查全性，开玩笑说："查老师，知不知道你昨天扔了个重磅炸弹？"

是年8月7日，中国科学院、教育部汇编的第9期《科教工作座谈会简报》，共4页，约1200字，上面记载着查全性那次改变千万人命运的一次发言。

几句真话让教育的春天回归

在查全性看来，自己当时提出恢复高考制度，"并不是因为我特别有创见，只是我有机会说几句真话。而我敢于说，主要是觉得说了可能会解决问题"。说这话时，他的语气显得很平淡。

"在参会前，我和大部分大学老师一样，对于大学招生现状是不满的。倒不是说大家对工农兵上大学有意见，只是普遍觉得，政府让工农兵上大学的初衷虽不坏，但是由于入学没有考试，学生的文化程度就没有办法控制。有的学生各个方面很强，有的又差得很。由于没有一个分类、分级，同一班学生文化水平参差不齐。"从1972年开始，武汉大学也招了几届学员。那时候，大学生中有程度好一点儿的，也有程度差一点儿的。因为当时还有一个口号叫做"不让一个阶级兄弟掉队"，所以一切教学都得"就低不就高"——所有的教学工作都是按照文化水平最差的学生来进行的。"这样一来教学水平根本没有办法保证，而且你没有办法控制，你不知道他什么会，什么不会。有些学生甚至连小学的东西都不会，你要让他不掉队，大家都得等他，大学就变成中学、小学了。"对这些情况，许多高校教师与查全性一样都很了解，也十分不满，但又无可奈何。

那次座谈会开始时，查全性等人以为，像邓小平这种身份的领导人，能够在开始和结束时各来一次，顶多再讲几句话，就很不错了。但是出乎他的意料，"会议期间，除了有一个半天小平同志有外事活动，非得走不可，就给大家放了半天假。在会议的很大部分的时间他基本上是听，偶尔问一两句关于一些具体事实，或者有一些听不清楚的，他不作指导性的发言，或者是希望大家谈哪一方面，他都不说，他就听大家谈，很少插话"。这种气氛让大家意识到，"小平同志很有诚意，是想解决一些问题"。查全性补充说，"每天都是邓楠陪他来陪他去，因为小平同志耳朵不太好，所以有些话往往是我们说了以后，邓楠再给他在耳边上复述一遍，这样他就可以听得更清楚一些了"。

扔这个"炸弹"之前，查全性也不是完全没有顾虑。因为，废弃高考、实行推荐上大学，原先都是毛主席决定的，而当时"两个凡是"的旗帜还在高高飘扬，说这种话无疑是"冒天下之大不韪"。但他最后还是决定将真实意见说出来。

"如果说了，兴许会起一定作用，冒一点风险还是值得的；如果不说，错过这种机会太可惜了。小平同志拍板说，今年就恢复高考。这句话我记得非常清楚。从这件事情也可以看到，小平同志倒也不是预先带了一个框框要在这个会议上恢复高考，他的确是听了大家（的意见）以后，然后根据这个情况马上作一个果断，而且是效果非常重大的这么一个决定，就是当年恢复高考。"查全性强调说，"实事求是地说，我谈出来的意见一点儿也不新奇，可以说绝大多数的老师，心里话都是一致的。我在那个会议头两天讨论之后，就有个感觉，在这个会议上谈出来有可能解决问题了，尽管不是绝对有把握，但是觉得比较有把握。"

当场拍板的这个决定得到了全场热烈鼓掌，很多学者热泪盈眶。不出两天，全北京城就知道了这个消息。8月13日，邓小平指示，教育部又召开了第二次招生会议。一年内召开两次高校招生会议，这是历史上从未有过的。

座谈会结束后，查全性回到学校，向学校传达了座谈会的情况，也向家人说了在会上发言的事。

查全性一家5口，夫人张畹蕙是他的老同学，当时担任武大化学系教师；大儿子初中毕业后下农村3年，回城当工人5年，当时在武重车间工作；女儿1976年高中毕业后，下乡到湖北钟祥劳动；小儿子还在读初中。"那时，两个大孩子都在努力适应环境，响应上山下乡的号召，追求进步。虽然心里也想上大学，但当时大学招生的机会绝少轮到他们。所以，他们没有想到自己的人生可能会发生重大改变，更没想到我个人会对这个事有什么影响。"

查全性的大儿子听了情况后，还曾担心地说："假如再搞反右，你

肯定就是头号大右派了。"

高考的正式恢复，即自1977年开始。当年10月12日，国务院批转了教育部根据邓小平指示制定的《关于1977年高等学校招生工作的意见》。文件规定：废除推荐制度，恢复文化考试，择优录取。

似乎恢复高考招生的一切枷锁都已解除，但这时突然有人提出：中国虽然是个考试大国，积压了整整11年的考生一起拥进考场，谁也没有组织过呀？首先需要一大笔经费，其次印考卷需要大量纸张啊。这两件事现在想来根本不可能成为问题，甚至可能是考试主持部门赚大钱的好机会呢！当时不行，全国上下一片穷。问题因此上交到了中央政治局会议。讨论的结果是，中央决定：关于参加考试的经费问题就不要增加群众负担了，每个考生收5毛钱即可，其余由国家负担；印考卷没纸，就先调印《毛泽东选集》第5卷的纸印考卷！

关闭了11年的考场再次敞开大门，一个可以通过公平竞争改变自己命运的时代回来了！

1977年冬天，举行了至今唯一的一次冬季高考，570万人报了名，加上1978年夏季的考生，两季考生达到了1160万人。这些考生从山村、渔乡、牧场、工厂、矿山、营房、课堂奔向考场。多少人的命运由此改变，中国的教育事业也迎来期待已久的春天。查全性的呼声有了回应！

查全性的大儿子、女儿参加冬季高考，一个考上武大物理系，一个考上武大化学系。著名历史学家吴于廑教授与他们同住一楼，有3个子女同时考上大学。捷报传来，张畹蕙在楼下见到吴教授，连连致贺："恭喜！你们家连中三元！"吴于廑也喜不自禁地说："同喜！同喜！我们两家五星高照！"

如今，当年参加高考的学生，许多已成为社会的精英和栋梁。查全性的大儿子、女儿大学毕业后，先后出国深造，获得美国博士学位。查全性说："我那次发言，也使我子女们的人生发生了改变。"

名门之后的科研成就同样名不虚传

1925年，查全性出生在江苏南京的一个书香世家。他的祖父查秉钧为清朝翰林，"这是当时最高的学术职称，相当于现在中国社会科学院研究员吧"。后来，查秉钧当了个知县，为官清廉，辛亥革命后返乡时，甚至难以维持生计。

查全性的父亲查谦受家庭环境的影响，不愿做官，致力教育。查谦赴美留学，选择了物理学作为主攻方向。首次采用蒸发型铂片研究了光电效应的不对称性，界定了不对称性发生的条件，消除了因不对称现象而引起的与量子论的矛盾。同时还指出以光电效应方法测定普朗克常数的正确途径，成为物理界的后起之秀。

查谦20世纪30年代回国后，先任中央大学教务长，不久受排挤来到武汉大学，翌年出任武大物理学院院长。当年，查全性一家就住在珞珈山上新建不久的仿欧式小别墅"十八栋"。查全性说："当时的武汉大学学术空气自由，吸引了一大批像我父亲这样不得志的海归青年，他们成了办学最活跃的一个群体。"武汉大学也因此积攒了雄厚的实力和旺盛的人气，在全国名列前茅。

1937年，七七事变后，国民政府中心搬到武汉，当时正值国共合作，因此不仅是国民党的要员，周恩来等共产党的一些领导人当时也留在武汉——他们中很多人就住在珞珈山上。这时的"十八栋"就不仅仅是教学骨干身份的象征，蒋介石、宋美龄等人的搬入，使它更成为历史的见证者。"那时候我也见过蒋介石、郭沫若、宋美龄、周恩来等人，但他们身边总有人保护，不让我们接近他们。"查全性笑着说。

1938年，抗日战争形势严峻，武大也因此受到波及，不得不迁至四川乐山，等回到武汉已经是1946年到1947年的事了。在此期间，武大"十八栋"和整个校园的命运一样，被日军改造成为军事医院的一部分，原本留在这里看管老建筑的工人也早已离开。直到解放后，"十八

栋"才基本恢复原来的功用，只不过原来的骨干教师们被普通教职工所代替，每栋楼也由一户人家变成两家三家。"十八栋"的光辉岁月也就此画上句号。

"十八栋"的历史，总是令查全性感慨万千。这些印刻着他童年记忆的古老建筑，仿佛就如老人脑海中被时间淘尽后留下的珍珠，散发着美丽的光芒。"我大概是1932年到1933年住进'十八栋'的，那时候很小，刚搬进去就开始上小学三年级。1932年到1938年夏天，以及之后武大从乐山搬回武汉，直到1952年，我都住在那里面。'十八栋'的生活非常惬意，周围的环境很好——那个时候绿化已经建起来了。山上的生活宁静但并不单调，很多教授都很年轻有为，都是30多岁的人，很活跃，周末或者过年过节大家经常搞些聚会。小孩子们也经常在一起玩，捞鱼啊，捉蚯蚓啊。后来因为国家院系调整，我的父母离开武大，我才搬下来。""1956年到1957年我的家人也在那里住过半年。不过那个时候大家已经不大喜欢住在那里了，因为住那里不大方便，交通啊，买东西啊，医疗啊，都不方便。那时教授们上课下课都得有专门的小轿车接送。"在他眼里，"十八栋"是武大的建筑文物。

"我父亲查谦20世纪30年代在武汉大学任教，我的小学、中学都是在武汉上的。武汉大学西迁乐山时，父亲因不服四川水土，于1941年春夏之交举家迁至上海暂住。1947年，武汉大学把我父亲从上海请回来，我也经过统考转学到武汉大学。"1950年，查全性毕业于武汉大学化学系，留校任教。

"您怎么没选择您父亲的专业物理学？"笔者问。查全性笑答："我当时年轻，不想天天都在父亲的掌控之中，所以父亲搞物理我就搞化学，避开他，反正我数理化样样都不错。后来我门门功课都优秀，就被送到苏联留学，来到了学科前沿。"

1957年至1959年，查全性在苏联留学，师从苏联电化学创始人A.H.弗鲁姆金院士。回国后，他一直在武汉大学化学系从事教学和科研工作。

查全性研究的领域是电化学，通俗地说就是利用化学反应来发电，或者用电来实现化学反应；具体地说就是研究电池。他所创建并一直任学术领导人的电化学研究室，已成为国内该领域的研究中心和人才培养基地之一，与世界各地电化学实验室交流频繁。

迄今，他已在国内外学术刊物上发表过近200篇学术论文，其中不少曾在国内外重要学术会议上进行过宣讲和交流。1987年获得了国家自然科学三等奖。他长期在教学第一线工作，曾多次讲授本科生和研究生课程。其编著的《电极过程动力学导论》是我国第一部有关电极过程的专著，至今仍是我国电化学界影响最广泛的学术著作和研究生教材之一。

由于他在科研和教育上的成就，也由于他能针对重大社会问题仗义执言，1980年他被选为中国科学院院士。"当时不像现在这样隆重，我事先一点都不知道，连申请表都没填过，是数学系的李国平教授从北京开会回来告诉我的，他说祝贺你当了院士，整个感觉跟参加一个学会差不多。"除了在1978年至1982年担任化学系主任外，他一直未担任任何行政职务。他说："我不是那块料，个人的能力、性格都不适合从事行政工作。"

查全性大致分析了当前能源的基本状况。目前，主要依靠化石燃料、电网和油气网来提供能源，但情况并不乐观：煤的储存量大约还可以维持200年，而石油、天然气的已知可采储量仅能用不到100年；而且煤的污染非常严重，就算大型的工厂也没有采用有效的二氧化碳处理方法，石油、天然气的分布过于集中，许多国家都要依赖进口。"化石燃料的生成需要几亿年，却只能支撑现代社会三四百年的消费。花几亿年形成的东西几百年就被用完，这个问题严不严重？"

查全性说，我们现在利用的能源只局限于化石燃料、电能等常规能源，然而我们并不缺少能源，地球上的聚变能、地热能，地球外的太阳能、暗物质能等，都能为我们提供丰富的能源。问题在于人类缺少利用这些能量的原创技术。"化石燃料枯竭后将采用什么一次能源？石油、

天然气用完后要拿什么做交通能源？但目前这两大问题都没有解决方案。这意味着我们迫切地需要原始创新。"

恢复高考首倡者同样反对"一考定终身"

31年来，高考和高等教育发生了很大的变化。从70年代末，高考上大学是公费读书、毕业分配工作，到90年代末的高校并轨、扩招、学费增加、自主择业，再到21世纪初的分省命题、自主招生。高考一直牵动着亿万人的神经，在争议中前行。

"目前考生被高校录取的概率越来越高，选择学校与选择专业的灵活性也显著提高。今天的考生要比20多年前的考生幸运多了。然而，高等教育毕竟不是全民义务教育，高考的选拔功能将长期存在，落榜总有人在。即使成绩合格，也还要经受不同学校与专业的挑选。因此，考生和家长以什么样的心态对待高考与高考结果，就特别值得关注。"查全性认为，正确的态度应该是，发挥实有水平迎接挑选，并以平和的心态对待考试和录取结果。要相信高考是公平的。大多数人发挥出了实有水平，就表明考试是公平合理的，就体现了"人人平等"。如果不适当地追求"超水平发挥"，则往往背上沉重的心理压力，产生考试焦虑，其结果往往适得其反。只要大多数考生考试考出了实有水平，则高考成绩就是平时教学状况准确、客观的反映，由此决定的高校和专业选择，也许就是考生的"最合适的位置"。因此，查全性建议家长在考前不要给孩子提出过高的要求，而要帮助孩子客观地分析自己的实力，设定符合实际的奋斗目标。而考生自己也不要去相信什么"超水平发挥"。"超水平发挥"不是经常的，也不会发生在每一个人身上。

查全性说，对高考落榜也需有颗平常心。俗话说，胜败乃兵家之常事。失败有时不可避免，原因也多种多样。一次失败，不是一生失败。更何况成功的路千万条，行行出状元。这是古今中外人才成长规律的正确概括。吸取教训，重新再来，也不失为一种选择。高考竞争是人生面临的许许多多竞争的一种，能以一颗平常心对待高考，就一定能平和地面对人生的许多考验。

对于如今的高考，查全性说，高考肯定要改革，到底该怎么办？还是应该多听专家的意见。他认为，"一考定终身"肯定不是好办法，理想的高考制度是：大家参加统一笔试，再加上学校推荐加面试。这样就可以对一个人得出比较准确的评价。不过，实行后者的前提是社会风气要好。

"如果高校能实行'宽进严出'的招生办法，则会更好。"他曾在阿根廷的布宜诺斯艾利斯大学考察，发现该校每年招生10万，第二年这些人只剩2万，最后毕业时不到1万。通过逐步淘汰，学生质量得到了保证，被淘汰者学到了一定知识，也不太痛苦。他认为，"可惜的是，我们目前的社会风气不允许这些东西。相对而言，目前的高考让大家都经过一个相同的检验过程，对每个人来说都是公平公正，仍是一个比较好的制度。"

针对现在越来越激烈的高考竞争，查全性认为，社会要改变"唯有上大学才能成才"的看法，不同的人有不同的生活教育背景、不同的优点和特点、不同的兴趣和智力水平，应该有适合自身的发展道路。

谈及近年来的研究生扩招，查全性不无忧虑，指出研究生培养质量下降的问题已经日益突出。"为了保证研究生质量，必须层层设卡。首先要'卡'入口关。研究生扩招是大势所趋，而扩招必然会使优质生源'稀释'。因此，必须改革招生方式，采用增加面试比重等方法来提高录取的准确性。其次，要强化中期分流制度。面试毕竟只有15至30分钟时间，对学生的科研素质、治学态度、人品等无法全面考察。而进校一年以后作一次考核，只要认真从事，就会比较客观。"

导师与学生定期进行交流也非常重要。查全性说，扩招以后，研究生导师的数量和质量并没有同步增长，有的导师一届就招十几个学生，有人戏称这种现象为"一个茶壶配十几个甚至几十个茶杯"。有的学生一学期难得见到导师一面，更谈不上研究方向的指引和学术心得的交

流。这种培养模式，很不利于研究生培养质量的提高。

而今，查全性仍在指导博士生。只要天气晴好，他都要到实验室去。闲暇的时候，他爱到珞珈山的小径上散步，"武大的环境很好，在山林中走一走，神清气爽，特别舒服"。查全性说，没事就喜欢到实验室看望学生，有时我们还就某个问题展开激烈讨论。"导师指导学生的职责，不是仅在于帮学生发表两篇论文，以取得毕业答辩资格；还应该在指导学生完成科研的过程中，引导学生的治学兴趣、方向和方法，培养学生的科学思维和创新能力，更有为师者道德水准、人格魅力的感染。"

现在不少研究生把导师叫"老板"，对给"老板"干私活很有意见。查全性说，研究生尤其是理工科研究生参与重大科研项目，是研究生培养的一种重要形式。但如果只是做一些与研究方向无关，或者技术含量低的事情，这就是导师的失职。

高考制度的恢复，改变的不仅仅是个人的命运，对整个国家和民族来说意味着复苏和新生。作为院士，查全性学术成果自是丰硕。然而真正使他名扬天下的，却是那个"恢复高考"的建议。这虽是查全性一生中唯一的一次与邓小平面对面的交流，但在他生命中留下了深刻的印记。

（选自《新中国往事·"第一"解读》，
中国文史出版社 2011 年 1 月版）

1977：亲历恢复高考决策

刘道玉　口述

曹景行（主持人）：这期节目对我自己来说有特别的含义，因为我是1978级的中国大学生。30年前，我在安徽的黄山茶林场下乡已快十年，我在那边结了婚，成了家，生了孩子。我以为我的人生就将这样继续下去。然而，1977年10月21日，收音机里播放的一条新闻改变了我的命运，也改变了上百万甚至上千万人的命运，那一天，中国决定恢复高考。

今天，我有幸请到了当年教育部高等教育司司长刘道玉先生，他要给我们讲述的就是这个关乎国运的重大决策出炉的前前后后。

刘道玉：粉碎"四人帮"以后，全国人民人心大快。同时大家也盼望，能够拨乱反正，澄清"文化大革命"在教育战线上的许多是非问题。如果不经过这个拨乱反正，教育要想大干快上是无从做起。我也正是在这个背景情况下，被借调到北京来筹备全国教育工作会议的。

1977年4月初，刘道玉在武汉大学襄阳分校蹲点，和分校党委一起开展揭批"四人帮"的群众运动。4月12日，他突然接到武汉大学党委书记纪辉的一个电话，要他立刻返回总校，说有要事商量。刘道玉马不停蹄从襄阳坐火车赶了回来。

刘道玉：回来以后，纪辉告诉我说，教育部来电话，要借你到北京去筹备全国教育工作会议。听了以后（我）很希望召开这样一个会议；但是，我又有顾虑，这会不会是刘备借荆州，一借永不还？所以，我当

时就跟纪辉书记说，不去行不行？他说不行。我说那去了以后你负责把我要回来。他说，那当然。他说我也舍不得你去，但是你这一去对武大工作有好处，至少可以及时地得到教育部的一些信息、一些指示。召开全国教育工作会这是一个大局，全国教育战线眼巴巴地盼望开这个会，我希望你去。全国教育工作会议召开之后我一定把你要回来。

曹景行： 就您自己判断，为什么当时教育部要借调您？

刘道玉： 这个问题我估计跟教育部没有关系。虽然（教育部长）刘西尧是我们的校友，但他不认识我，我也不认识他。那么怎么会借到我了？这个事情我也觉得很蹊跷。中央组织部后来就把这问题说明白了，为什么要你来？这是我们中央组织部在全国各大学挑选出来的，考虑到你有苏联留学的背景，经历了国际风云的锻炼，立场坚定。这是当时非常强调的。再有，你在大学做党委副书记，做过基层工作，对教育比较熟悉。现在教育是百废待兴，需要懂行的人来参与教育部的领导工作。他就给我交了这个底。

1977年4月15日，刘道玉到教育部报到。他被安排在办公大楼二楼的一间办公室里住了下来。这个简陋的房间成了他日后的会客室和卧室，也是在这里他开始了在教育部两年的"临时工"生涯。不过，刘道玉并没有意识到他很快将参与到一个关系到千百万人命运的重大决策。一个多月以后，刘道玉被任命为教育部党组成员、高等教育司司长。随即他前往北京郊县、天津、江苏等地学校调研。

刘道玉： 调研的目的是要弄清楚"四人帮"对全国教育战线，特别是对高等教育战线的破坏。大家都说教育是重灾区，重灾区重到什么程度？这是第一个问题。第二个问题，教育战线上有哪些是非需要划清？拨乱反正嘛，什么是乱？什么是正？你必须在乱和正之间划清界限。第三，当前教育战线需要解决哪些问题？第四，今后高等教育如何改革？如何制订长远发展规划？

这次调研的结果给刘道玉很大的震动。调研归来，6月，教育部党组开会，作为教育部核心领导小组成员之一的刘道玉参加了会议。

在发言中，刘道玉提到了一个当时很多人都不敢触及的敏感话题。

刘道玉：党组会议研究拨乱反正，我说拨乱反正绝对是要作为中心工作来抓的，但是拨乱反正有一个根本问题，就是"两个基本估计"。如果这个"两个基本估计"不推翻，高等教育战线上拨乱反正是无法进行的。为什么说这"两个估计"是一个紧箍咒紧紧地束缚着广大知识分子、成为束缚知识分子的精神枷锁呢？这"两个基本估计"是谁做出的？1971年4月15日到7月31日，在北京前门饭店开了一个全国教育工作会议，那是"文化大革命"期间召开的。这个会议从4月15日开到7月31日，整整108天。当时参加会议的全部是各地的军代表。

曹景行：工、军宣团，工、军宣团的代表。

刘道玉：都是他们。都住到北京前门饭店里开神仙会。从这108天会议来看就说明了教育战线上思想分歧很大，思想斗争很激烈，认识很难统一，不然怎么开了108天呢？最后在周总理的主持下，会议形成了一个《纪要》（《全国教育工作会议纪要》）。这个《纪要》的核心问题是"两个基本估计"。第一个基本估计，17年教育战线基本上执行的是修正主义教育路线；第二个基本估计，17年培养的人的世界观基本上是资产阶级的。那也就是说，17年教育是一条黑线，是黑线专了无产阶级的政。这个17年就是从1949年到1966年。这个《纪要》是周总理亲自审定、毛主席圈阅的，那可以作为最高指示，是权威文件。正因为有了这么一个《纪要》，所以，"两个基本估计"就成了束缚广大知识分子的一条精神枷锁，不能动弹，什么解放思想，什么教育战线大干快上都谈不上。所以，我在会上说，我是从基层来的，基层的教育状况和广大知识分子的思想状况我清楚。正是这"两个基本估计"束缚了大家，所以就必须推翻。不推翻没有办法拨乱反正，没有办法解放思想，也没有办法调动广大教师的积极性，也就不可能实现教育大干快上。当时刘西尧下来以后，他说我听了你这个话以后吓了一跳，刘道玉怎么是个冒失鬼？竟敢在会上提出来要推翻"两个基本估计"？他说这是毛主席签阅的文件。就这么一回事。

曹景行：那你提出来以后会上有人讨论吗？有人发表看法吗？

刘道玉：没有，大家沉默不语，因为这是一个敏感问题，既不敢赞同，也不敢反对。

　　刘道玉向来口无遮拦，无所顾忌。因此，当他在党组会议上提到只有推翻"两个基本估计"才能在教育界拨乱反正的时候，只是觉得自己讲了一个基层教育工作者的心里话，但在当时的情况下，这的确是一个超前的敏感的议题，这也是其他人都避而不谈的原因。让刘道玉没有想到的是，一个多月之后邓小平给了一个明确的回答。这一年7月底，教育部接到中央通知召开科教座谈会，请科学院系统和教育部所属大学各选拔15名代表来参加座谈会。

曹景行：在筹备这个座谈会的时候，要开成什么样的？有没有一个……

刘道玉：我们不知道，那时只有邓小平心中有数，没给我们交底，只要求选人，就是要我们选人，也没有说做什么、准备什么时候开会。

曹景行：邓小平当时到底是什么身份呢？

刘道玉：当时还没有职务，好像，仅仅是中央要他出来，就所谓解放吧，我们都是称小平同志嘛。他受中央的委托来召开这个会议。虽然小平同志当时没有身份，但是反映了教育界、科学界，甚至是全国民众的一种期盼。

曹景行：那些参加会议的人，包括您，有没有一点担心呢？对这个政治局面。

刘道玉：你这个问题提得很好。从我本人，依据我们参加会议的代表来看，没有这个情绪。大家一直是很高兴的，希望小平同志复出，希望小平同志用他的威望和魄力来抓教育和科学，这是我知道的。但是，你说的那个问题确实存在，有，在教师当中，在全国教育战线当中，担心邓小平又走资本主义道路。因为我在教育部，就收到了武汉大学的一个党总支书记给我写的一封信，他就说："走资派又在走，当年的刘邓，全国最大的走资派现在又出来了。"当然，这个人后来我们没有采取过去"四人帮"戴帽子、打棒子的那个态度，我把这事情告诉了武大党委书记，我们做了很好的工作，给他个别谈，怎么认识这个问题，这个干部后来转变了。

曹景行：教育部呢？教育部里边？

刘道玉：教育部里也可能有，但是我没听到有。因为，你知道我们是从那个"十年动乱"下出来的，包括我都是九死一生，你说没点儿这个顾虑呀，没有心有余悸呀，那不符合实际。

1977年8月2日，科教座谈会在人民大会堂四川厅召开，来自科学院系统和教育部所属大学的30名代表参加了会议。

曹景行：整个会场是怎么样的一个气氛？

刘道玉：都是沙发围起来的，一圈都围着沙发的。中间也都是沙发，摆得稍微集中一点。有些工作人员，随行的秘书，大概都坐在后边，沙发的后边。

曹景行：那谁主持会议呢？

刘道玉：主持会议？就是小平自己主持。他一开始就说了，我好多年不工作了，中央让我管一管教育和科学。教育是重灾区，怎么管？我想找大家来，听听你们的意见，请你们出出主意，看教育科学工作怎么抓。

曹景行：那比如说哪一位，周培源发言，谁要发言是他点名呢？还是大家就自己……

刘道玉：据我记忆，不存在冷场的问题，他一开了头以后大家都踊跃发言，争先恐后。有的时候一个人讲，别人插话，小平自己也插话。因为小平同志开始说了，他说，大家在"文革"中都吃了不少的苦头，被作为反动学术权威，执行修正主义路线的领导，都被打倒了。现在你们不要有顾虑了，"四人帮"粉碎了，不要再心有余悸了，你们想怎么讲就怎么讲。

曹景行：我比较好奇，他（邓小平）抽烟吗？整个会场上，您还记得吗？

35

刘道玉：抽烟，抽烟。

曹景行：他耳朵是不是不好？

刘道玉：不好，是的。

曹景行：听得清大家讲吗？

刘道玉：他有时候是需要邓榕跟他咬咬耳朵，大部分时间，他还能听得清，从他插话的反应来看，他都能够听见大家的意见。

1977年8月2日，在人民大会堂，邓小平主持召开了科教座谈会，这是他复出以后第一次公开参加的重要活动。而对于刘道玉来说，这也是他自"文化大革命"以来第一次参与的一个别开生面、畅所欲言的座谈会。与会代表大多是中国科学界的泰斗，比如说钱三强、周培源、张光斗、苏步青等，他们在"文化大革命"当中曾经首当其冲，受到批判，身心都受到严重的摧残，但是，他们不计较个人恩怨，仍然心系国家的千秋大业。各抒己见的情景十分令人感动。而在邓小平的倡导下，大家真正做到了知无不言、言无不尽。

刘道玉：周培源先生首先讲话，因为他的地位和学校的地位，他都是老大哥了。周培源先生讲得最集中的就是迟群对北大的破坏，特别是提到了"四人帮"时期北大被迫害致死的教授，像翦伯赞、俞大维的妹妹俞大。俞大的丈夫是我的老师曾昭抡先生，后来被打成"右派"，把曾昭抡从北京下放到武汉大学，我就是他的助手。这都是"文革"迫害致死的，而且北大教授很多的文物、书稿、古玩全都被查抄了。所以周培源先生就讲，希望中央尽快地作出决定，归还被查抄的书稿、文物、古董，尽快地为含冤去世的这些知识分子平反昭雪。讲到这儿，小平说，这个问题一定要解决，尽快组织专人来落实这件事情。又比如说，南开大学校长杨石先先生提到了，他说这么大的一个国家，没有国家科委，就仅仅有一个科教组，怎么能够领导国家的教育和科学？应当恢复国家科委，归还被部队强占的国家科委的大楼。讲到这里，邓小平说，这个问题马上解决，尽快恢复国家科委，部队要腾出被占的国家科委房子。他说马上解决。他的作风就是干脆，说一不二。

曹景行：关于"两个估计"在会上是谁提出来的？

刘道玉：苏步青先生他就讲到黑线专政嘛。苏步青先生就说，这个17年"两个估计"，说17年执行了修正主义路线，是黑线专了政，我们想不通，那我们所做的一切都怎么估计？我们所做的都算什么？到底是为资产阶级服务还是为社会主义服务？提得很尖锐。在这个时候，小平同志讲，17年不是黑线，是红线，是党的领导嘛，怎么能说是黑线呢？说黑线讲不通嘛，是在共产党领导下嘛。讲的就是这个问题，这个很重要。我们当时还是臭老九啊，那个时候还是工人领导一切啊，毛主席指出来工人阶级必须领导一切，知识分子要接受工人阶级再教育，那个时候还处在这个时代，所以知识分子还都是臭老九。所以，有代表提出来，这个知识分子臭老九压得我们抬不起头来。小平同志说，知识分子怎么是臭老九啊，知识分子是工人阶级的一部分嘛，也是劳动者嘛，脑力劳动者嘛，是分工的不同嘛，怎么是臭老九呢？所以他都留意，都有插话。

座谈会上与会代表还就与高等教育相关的其他问题，比如学制、修订教学计划等都进行了讨论。会议气氛之热烈、大家发言之踊跃让刘道玉受到很大启发和震动。不过，他还注意到，还有一个问题没有人谈及，那就是恢复统一高考的问题，联想到一个多月前自己在一些地方所做的调查，刘道玉感觉到说话的机会来了。

刘道玉：我不是到了天津、辽宁、江苏、北京？对我触动最大的是在北京顺义县调查。当时北京顺义县，那时候还是革命委员会。当时顺义县一个革委会的副主任，姓姜的，姜子牙的姜。我就是调查，你们这个教育拨乱反正要解决什么问题？这位革委会副主任给我明确提出来要恢复高考，说现在这个"十六字"方针，说起来十六字是："自愿报名，基层推荐，领导批准，学校复审"，但实际上就是四个字——领导批准，就这四个字，学校也没有复审权，基层推不推荐是个过场，你报不报名没关系。所以他说，必须要改，恢复统一高考。他说也可能（有

人）以为恢复统一高考又会重走资产阶级专了无产阶级政的老路，其实不然，我们工农兵不怕考。这个话对我震动很大。我们工农兵不怕考，不服气。你调查一下"文化大革命"（以前）上大学的，还是工农兵子弟占多数，是的。

曹景行： "文化大革命"以前？

刘道玉： "文化大革命"以前统考的时候，还是工农兵子弟上大学占多数。所以这给我留下了非常深刻的印象，对我震动很大，也引起了我的共鸣。这个时候在我思想上就形成了一个概念，这个"十六字"方针要推翻，但是我没有想到怎么推翻。

曹景行： 在会前，座谈会之前，这个话题在教育部里面没有议论过？任何会议没有？

刘道玉： 没有议论过。在教育系统，在其他大学，比如在大学里边有议论，议论不是说要恢复统一高考，是说这样招生。在大学里面老师们都议论纷纷，说，没办法教，有小学文化程度的，有高中文化程度的，你说怎么教？所以，用当时的话来说嘛，有的吃不饱，有的吃不了，所以教师很为难，觉得这个不行。但是，是不是要明确提出来要恢复统一高考呢，还没有人提，就感觉这个招进来的学生不行，保证不了质量，有这些议论。

　　刘道玉说顺义县革委会副主任的话给他震动很大，他当时想到这是一个很重要的问题，而教育界要拨乱反正当然要解决这个问题，但是怎么解决？他脑子里也没有形成一个想法。

刘道玉： 如果说我进一步受到了震撼，那是在小平同志这个座谈会上，在听了其他专家代表讲话以后，我又一次受到了启发，受到了震动。我又想起顺义县革委会副主任的意见，何尝不利用这个机会，当着邓小平同志的面，把这个问题提出来，这可就是通天了嘛。

　　1977年8月4日，科教座谈会已经开了三天，再过一天会议就要结束了。在会下刘道玉遇到了来自武汉大学的代表查全性。

刘道玉： 因为查全性是我的老师，虽然没授过课，但是我们都比较熟悉。这个人嘛，他是爱思考，平常不爱讲话，话不多，讲话的时候也有一些口吃，但是他不讲则已，一讲总是有一点新意。

但是在这三天的会议当中，查全性一直都没有发言，刘道玉在和查全性的闲聊中谈到了恢复统一高考这个话题。

刘道玉：我就跟查先生建议，我说其他的代表提的问题都很重要，但是有一个问题没提到，就是恢复高考的问题，因为这个问题很敏感，搞不好就成了重蹈资产阶级专无产阶级政的老路（的问题），所以比较敏感。我跟查先生说，这个问题既是个敏感问题，又是个非常重要的问题，别的人没提到，不知道你怎么样？他说我也觉得是个问题，这个问题不解决，没办法保证质量。他说我可以讲。所以我们看法完全一致。

8月5日上午，武汉大学代表查全性首先发言，一言甫出，举座哗然。

刘道玉：他讲得非常好，讲得也很动情，很激动。他说，解放以前，上大学靠钱，你拿钱（就能上学）。17年靠分（数），现在是靠权，学会数理化，不如有一个好爸爸。只要你爸爸有权，你就可以上大学。（他说）我有个典型的例子，全国有个知名作家叫熊召政（2006年的第六届茅盾文学奖获得者，《张居正》的作者），也是我的学生，是武大作家班的学生。本来1976年他是英山县文化馆的一个文化员，被基层推荐上大学，上武汉大学，武汉大学愿意录取他，后来县革委会主任找他谈话，熊召政，你今年就不上了，明年我们推荐你上北大。县革委会主任的儿子顶了他。这是我亲自经历的例子，所以你学会数理化，不如有个好爸爸。

曹景行：他后来还讲什么，他除了讲这个还有哪一个？是邓小平在当场？

刘道玉：他讲嘛，当然也是讲学校实际情况。他说，现在从武汉大学实际来看，这个"十六字"招生方针，群众议论很大，开后门，严重地影响了党群关系。群众对一些党的干部利用特权招收自己的子女非常不满，这是一个。再就是学风的问题，就是工农兵们上大学以后提出个

什么东西呢？上大学，管大学，用毛泽东思想改造大学。

曹景行： "上、管、改。"

刘道玉： 简称就是"上、管、改"。他说，那就是工农兵学员提出来的，他们自己上大学，而且要管大学，这个管大学倒不一定是完全错误的，学生参与管理当然是可以的。问题在于，他以掌权者自居，把教师都当作改造的对象，这就错了。为什么这是一个很敏感的问题呢？因为，我亲身都经历过，"文化大革命"以前，由于学习成绩不好的工农子弟被退学了，在"文化大革命"当中批判修正主义教育路线的时候又把这些退学事宜的学生请回来，控诉修正主义教育路线，当年亲手处理退学事宜的这些人都要上台接受批判。所以一恢复高考，很多人不由得就想起来这个接受控诉、批判的情景，当然心有余悸。所以，这是一个敏感问题，就在于"两个基本估计"把大家束缚了。

曹景行： 那在查教授8月5日讲话之前，您说其他的参加座谈会的代表有没有人把招生问题、学生质量问题提出来？

刘道玉： 在他发言之前，关于恢复高考的问题，关于"十六字"方针问题，基本上没有人提及，但是查全性发言以后，那是举座哗然、议论纷纷、交头接耳。大家都感觉这个问题提得好，切中要害。这个问题不解决，我们大学没有办法办，粉碎"四人帮"以后提出的多出人才、快出人才、出好人才嘛，要解决青黄不接的问题。这个招生问题不解决，我们怎么出好人才？大家纷纷补充查全性先生的意见，认为（有）必要，希望中央下决心推翻这个"十六字"招生方针，恢复统一高考，当时没有不同的意见。

曹景行： 邓小平的反应，当场的（反应）是怎么样的？

刘道玉： 查全性讲了以后，他就问了一个问题。他说，今年恢复来不来得及？刘西尧就说来不及了，招生会议开过了，要恢复就从明年开始。这个时候小平第二次插话，就说看准了的不要等，统一高考从今年恢复。他的表情很严肃。

曹景行： 小平作了表态之后对会议怎么样？参加会议的人后来对这

个问题有什么看法？

刘道玉：都很高兴，大家都说查全性同志你做了件好事，其实你讲了大家的心里话，也反映了大学广大教师的愿望，这一下高等教育保证教学质量就有望了。总的来说都还是表示赞同的。

曹景行：会议之后在会场以外对恢复高考有没有不同的看法？

刘道玉：没有，就包括这个会，当然，5日会后就散会了。

曹景行：5日是最后一天？

刘道玉：最后一天。可以说，这个恢复高考的事是小平同志科教座谈会的压轴戏，是在高潮中结束的。

　　据刘道玉回忆，查全性的讲话大约一刻钟，包括邓小平插话表态直到最后的拍板，整个过程也就是20分钟。但这短短20分钟改变了当时数以百万计中国青年的命运，1977年10月21日，新华社、《人民日报》、中央人民广播电台等媒体都以头条新闻发布了恢复高考的消息，这个消息很快传遍了中国的城乡。1977年12月10日，关闭了11年之久的中国高考大门再次打开，570万考生走进考场。这是迄今为止唯一的一次冬季高考。这一年冬天被很多人称为一个国家和时代的转折点。

刘道玉：1978年春天，恢复高考后的第一批新生入学，27万人荣幸地成了"77级"。到2007年，高考恢复30周年。30年来，高考共为国家选拔人才3600万人。

（原载于《纵横》2007年第8期）

新起点，新征程

——高考恢复40年的回望与启示

钟秉林　口述

高　芳　采访整理

印象1977

　　我们国家的统一高考招生制度是1952年建立的。新中国成立初期，百废待兴，经济建设急需大量的专门人才。但是，当时的中国，不用说高等教育，整个教育发展水平都非常低下，严重滞后于经济社会发展的需求。有限的高校，不足的生源，各专业招生的不平衡……在这样的背景下，国家提出了发展专业化、正规化教育，扩大教育规模的战略。1952年建立统一高考制度，实行统一计划、统一组织、统一考试、统一录取调配。然而，14年之后，1966年，"文化大革命"开始，这一制度中断。1977年，高考制度恢复，到今天已是第40个年头。

　　1978年初，通过高考的1977级大学生进入到高校学习深造。我于1977年初南京工学院（东南大学前身）毕业后留校任教，当时担任这一级学生的辅导员和班主任，同时作为助教承担《高等数学》的辅导和习题课工作，和他们接触比较多。从他们进校报到直至安排宿舍，都是我们教师负责，我还记得当时自己蹬着三轮车帮助学生运行李。因为这是恢复高考后迎来的第一批学生，大家都很兴奋。

当时对这批学生的印象，一是年龄差距比较大。1977年的报考学生包括了从66届到77届共12届的高中毕业生，当时也允许一些1978年毕业的优秀学生参加高考，这样算的话涉及13届的学生。我记得当时班里最小的学生是16岁，大的超过了30岁。

二是学生学习的主动性和对知识的渴望非常强烈。十几届的学生集中在同一年高考，使得1977年全国的高考报名人数超过570万。当时我国高等教育普及化程度很低，尽管学校挖掘潜力搞了一些扩招，但实际录取人数也就27万出头，录取率为4.8%；今年高考报名人数942万人，招生计划接近740万人，高考录取率接近80%。而当年每100人里只有不到5人能够有幸进入大学深造，通过这样激烈的竞争，筛选出来的都是学习基础比较好、学习欲望非常强烈的学生，学校的学风也非常好。说实话，这种精神风貌也是激励我本人几年后攻读硕士学位和到国外攻读博士学位的动力之一。

三是大多数学生都有比较丰富的社会经历——插过队的、当过工人的、当过兵的……所以总的来讲，自我管理能力很强。班上选好班长、选好团支部书记，我基本就不用操心了。学生们开展各种活动，无论是学习交流、文体活动或政治活动，都非常自觉顺畅，而且没有什么功利性。后来的学生在这一点上就有差距了，这也是当时特殊的历史原因造成的。

另外，教师的积极性也空前高涨。高考中断了十几年，其间虽然招收过工农兵学员，但是由于总体上文化基础薄弱并参差不齐，还有政治因素的干扰，以致教学非常困难。而77级学生的基础比较扎实和整齐，精神面貌积极向上。教师们也因此焕发了青春，大家都加班加点，一门心思把精力放在教好学生上。

历史性的1977

决定恢复高考是在1977年的8月。当时，"文革"还没有最终定

性，"两个凡是"的思想还在盛行，党的十一届三中全会也还没有召开。可以说，恢复高考是"文革"结束后我们国家开始拨乱反正、转向经济建设的第一件大事，它不仅改变了一批学生和家庭的前途和命运，也改变了中国的未来。所以，这不只是中国教育史上的一个标志性事件，更是社会改革进程中的重大事件，其历史意义远超出教育的范畴。

到20世纪末实现农业、工业、国防和科学技术的四个现代化，培养和造就大批又红又专的建设人才，这是当时确定的人才培养目标。在这种情况下，当时主持中央教育工作的邓小平同志，在参加了多次激烈的讨论后，果断地认为不能再拖，于是收回这一年已经发出的工农兵学员招生通知，另外发出了新的通知。这样，8月作出决定后，经过紧张的准备，各省在12月举行了高考，加上后面的录取工作，直到1978年3月，恢复高考后的第一批大学生才正式入校，个别地方还要更迟一点。所以，当时出现了1977级、1978级两级学生同一年进校的情形——一个在3月，一个在9月。

在1970—1976年间的高考中断时期，全国高等院校招生培养了90多万名工农兵学员。应该说，工农兵学员中有相当一批通过个人努力而学有所成，并为国家建设作出了贡献。但是，相比1977年高考招生而言，招收工农兵学员虽然也有一些必要的考试，但都很简单。另外，两者在招生对象上也是不同的。以往是从工、农、兵中招生，高中应届毕业生必须经过两年以上实践才可以上大学；而1977年高考的招生对象是工人、农民、上山下乡和回乡知识青年（包括按政策留城而尚未分配工作的）、复员军人、干部和应届高中毕业生，年龄20岁左右，不超过25周岁，未婚；对实践经验比较丰富并钻研有成绩或确有专长的，年龄可放宽到30岁，婚否不限；另外还特别提出要注意招收1966、1967两届高中毕业生。这就为一大批学生深造创造了机会和条件。

1977年高考在选拔标准上也较以往发生了变化。第一，过去要看家庭出身，而且把政治审查放在第一位；而这一年强调的是"政治历史清楚，拥护中国共产党，热爱社会主义，热爱劳动，遵守革命纪律，决心为革命学习"——政治上有要求，但主要是看个人的政治表现，而不是"唯成分论"、受家庭背景的影响。第二，明确提出要具有高中毕业或者相当于高中毕业的文化水平，不像工农兵学员招生那样没有文化要求。我本人"文革"中从北京四中初中毕业到延安插队，在窑洞煤油灯下自学了高中课程，1973年作为工农兵学员上的大学，当时也通过了一些考试，但那种考试很简单，最后录取也并不是按照考试成绩。第三，要求身体健康。这体现了对德智体全面发展的要求，较之过去也是一个重大突破。

招生办法上强调自愿报名、统一考试。过去考试要先由领导批准，后来小平同志提出，本人愿意上大学，也具备条件，万一领导由于各种原因不批准怎么办？后来就把这条取消了，采取地市初选、学校录取、最后省（自治区、直辖市）审批这样一种方式。

当时还有一个很重要的情况，那就是考场条件、安全保卫条件跟现在比起来不可同日而语，但是确实极少出现作弊现象。因为这是中断十几年后的第一次高考，大家都看得很神圣，考生非常自觉，就是自己做题、交卷、安安静静出考场，应该说是一种比较纯朴的考试环境。

另外，当时还特别强调反对"走后门"等不正之风，有揭发走后门问题的要及时调查了解，情况属实的不予录取，已经入学的退回原单位，对走后门人员进行批评教育，情节恶劣的要进行必要的纪律处分。邓小平在与长沙工学院负责人谈话时明确指出，不管招收多少大学生，一定要考试，考试成绩不合格不能要。不管是谁的子女，就是大人物的也不能要。他还提到了他自己，说：我算个大人物吧！我的子女考不合格也不能要，不能"走后门"。所以，当时在净化录取环境的各个环节、保证风清气正方面做了很多努力。到现在40年过去了，高考依然是我们国家社会公信力最高的考试，这跟当年开的好头是分不开的。

继承1977

恢复高考不仅对当年拨乱反正具有重要的进步意义,而且对迄今为止的40年高考改革也有着深刻的影响。可以说,1977年恢复高考奠定了中国特色现代考试制度的基本框架,之后的历次高考改革,都是在当年制定的制度框架之下,针对现实问题进行的调整和完善。

1977年高考对后来高考改革的影响,第一,体现在对学生全面发展有要求。1977年高考的政治审查,主要是看个人政治表现,不再唯成分论、血统论,另外也放宽了年龄限制,后来到2001年取消了年龄限制。2014年颁布的《国务院关于深化考试招生制度改革的实施意见》强调,拓宽社会成员终身学习通道、扩大社会成员接受多样化教育机会,更是从终身学习的角度进一步拓展了考生的报名条件。

第二,选拔标准注重对学生的文化考查,择优录取。"文化大革命"期间取消了对考生文化条件的要求,影响到教育质量,造成人才的青黄不接。1977年恢复高考后,重视对考生的文化考查,重视教育质量。直到今天,新一轮高考改革探索"两依据一参考"的人才选拔模式,力图破除"唯分数论"的应试教育弊端,但依然把文化考试作为非常重要的标准,强调择优录取。我想,这应该也是公认的社会准则,在科学选才的同时可以避免不公平的产生。

第三,高考录取注重效率优先,确保质量。1977年高考录取学生要优先保证重点院校。全国重点院校按规定的录取分数线在某些地区不能完成招生任务时,允许调整到成绩较好的地区录取。因此,当年才会出现高分考生录取的大学比自己填报的第一志愿更理想的情况。但是不管怎么样,高考还是把效率放在第一位。实际上,包括大学的建设,无论是211工程、985工程,还是现在刚刚启动的"双一流"建设,都体现了效率优先的原则。国家投入的教育经费总归是有限的,要讲求效益。

第四,注重效率的同时高度重视公平。1977年取消家庭成分的限制，使大家能够在公平竞争的环境之下，靠个人的努力、个人的政治表现和学习成绩争取上大学机会，这是很重要的一种公平。当年高考录取率只有4.8%，那时就是选拔尖子人才、纯粹是精英教育。无论对于哪个省、无论对于城市还是农村，入学都很困难。现在，高等教育普及化程度越来越高，去年我国高考录取率超过76%，高等教育毛入学率是42.5%，到2020年将达到50%，就进入高等教育普及阶段了。在这种情况下，新的公平问题也日益显露出来。

发展1977

恢复高考后的几十年里，我国经济社会飞速发展，人民生活水平不断提升。我们国家现在有两亿六千万的受教育人口，51万多所各级各类学校，1500多万名各级各类学校专任教师，如此庞大的教育规模，不可否认，我们的教育取得了举世瞩目的进步。

几十年来，在我国高考制度改革上强调公平、效率，强调正确的培养目标和选拔标准以及全面发展，等等，这一直是不变的。同时也要看到，伴随经济社会与教育事业的发展，高考也要与时俱进，针对新情况、新问题进行调整、进行改革。

1977年之后，高考经历了两次比较大的改革，一次是1999年，从原来单纯的文理分科改为"3+X"，再有一次就是2014年。1999年的改革，当时我正担任教育部高等教育司司长；2014年开始的、现在正在进行的这一轮高考改革，从政策制定到跟踪调研，我也参与其中。

1999年，处于世纪之交，我国高等教育管理体制改革进入攻坚阶段，高校开始大规模扩招。面向21世纪，高等教育的人才培养工作应摆在一个非常突出的地位，提高人才培养质量应成为新世纪高教改革的重中之重。当时国家在高教管理体制、高考制度、招生就业制度、人事分配制度和后勤社会化等方面实行了一系列改革措施。在高考招生制度改革方面，改革目的是有助于高等学校选拔人才，有助于高等学校面向社

会自主办学，有助于中小学实施素质教育。

1999年的高考改革包括四个方面内容。一是考试科目改革，例如"3+X"形式的考试。"3"是指语文、数学、外语三门必考科目，"X"是指由高等学校根据本校层次、特点的要求，从物理、化学、生物、政治、历史、地理六个科目或综合科目中自行确定一门或几门考试科目。综合科目又分为文科综合、理科综合等，这种综合不是不同科目的"拼盘"，而是一种考察学生理解、掌握和运用知识能力的测试，强调对考生的能力和运用的考察。二是考试内容的改革，注重对考生能力和素质的考察，将命题的知识立意转变为能力立意，注重考察学生的跨学科综合能力。这是高考改革的重点和难点，要在几页的考卷中实现对几百万考生综合素质和能力的考察目的是很难的，稳中求进，小步走、不停步是当时特别强调的考试内容改革的原则。三是录取方式的改革，充分利用现代化技术手段，实行网上录取，提高效益的同时也能进一步保证高考的公平性，避免人为干扰。事实证明，以技术手段实现公平，也是近年来促进高考公平行之有效的重要手段。四是考试形式的改革，在保持全国统考形式不变的前提下，探索一年两次考试的方案，在有些地区实行春季高考，探索改变"一考定终身"。目前上海等省份依然将春季高考作为探索高考改革的重要领域。

关于2014年启动的新一轮高考改革。一、改革的动因，即为什么要改。40年来，高等教育的发展水平有了很大的变化。高等教育已经从过去的精英教育进入大众化阶段，并将很快进入普及化阶段。在这样的背景下，高校分层、分类趋势明显，不同层次、不同类型的高校，人才培养的目标和规格要求是不一样的，如有的以培养学术性人才为主，有的以培养应用型人才为主，还有的以培养复合型人才为主，满足经济社会发展多样化的需求。另外，学生个体也存在差异性，有的搞学术研究比较擅长，有的实践动手能力很强。因此，高考招生已经从过去精英教育阶段的从大量考生中筛选少数尖子学生进入大学深造，转变为通过选拔使每个考生能够进入适合自己的高校深造，接受适合自己的教育。显然，大一统的考试录取方法已经不能适应高等教育发展需求。另外，随着基础教育全面普及，中小学校的发展重点转向深化课程改革、加强教师队伍建设、促进学生核心素养和全面素质提升等方面，包括高考招生制度在内的考试评价制度应该为基础教育改革发展服务。

改革的另一个动因是维护高考的公平性。这涉及两个方面。第一，制度设计的初衷是好的，但是在执行过程中出现了偏差。比如高考加分政策，主要分为两类，一类是政策补偿性加分，如对于少数民族子女、烈士子女、华侨子女等，在录取时给予适当加分，体现社会公正，今后还要坚持，但执行时要更加严谨；另一类是奖励性加分，对具有体育艺术特长、科技竞赛获奖、三好生、优秀学生干部等资格的考生，在录取时给予适当加分，目的是打破一考定终身、唯分数论，引导学生全面发展。这类加分政策的设计初衷无疑是好的，但在执行过程中出现了偏差甚至局部失控，导致加分名目繁多、幅值过高，更严重的是出现了身份作假现象，通过非正常的手段取得加分资格，严重违背了教育公平。这就要进行必要的调整和改革。第二，一些新情况新问题的产生，对公平性带来了新的挑战。如异地高考问题，5年前、10年前，外来务工人员的子女还都很小，这个矛盾不突出，随着时间的推移，这些孩子渐渐到了上大学的年龄，异地高考问题就突出了，就要针对这个问题加以解决。

二、改革的目标和任务，即怎么改。这次改革的基本目标，一是要科学选拔合适人才，二是要促进教育公平，三是要引导学生全面发展和中小学教育改革。具体到改革任务和内容，归纳起来有三个方面。第一，调整招生计划分配，促进入学机会公平。比如：招生计划的增量投放到西部地区和人口大省，缩小省和省之间的高考录取差异；重点大学安排专项计划，面向贫困地区农村学生定向招生，增加农村学生上重点大学的人数；等等。这些问题比较敏感，去年两个省为公布招生计划的事情闹了一场风波，今年讲清楚了，就比较平稳。第二，改革考试方式和内容，增加学生自主选择权。比如：分类入学考试，将高职高专和本

科的入学考试分成两种试卷，有些高职高专院校可以注册录取；英语一年两考，取最好成绩计入统考成绩；学生自选3科，文综或理综不再统考，文理不再分科，学生从高中课程中6选3或者7选3，参加等级考试；等等。第三，改革招生录取机制，增加高校招生自主权。对学生进行综合评价、多元录取。所谓综合评价，就是"两依据一参考"：依据语数外的统考成绩，以及自选3科等级考试加权赋分的成绩，并将学生综合素质评价结果作为高校录取的重要参考。所谓多元录取，即除了每年统考录取之外，还探索其他录取方式，比如：自主录取，有90所大学进行自主招生的试点；定向录取，招收贫困地区的农村考生；注册录取，上海、浙江的高职高专已经在进行尝试；破格录取，有特殊贡献和才能的该破格还要破格。但所有这些录取方式都要在阳光下实施，清理规范加分政策，加强自主测试等环节的安全性，进行网上公示，主动求得社会、媒体、老百姓的监督和政府问责。

新时代起点上的思考

1977年恢复高考，被舆论称作是国家和时代拐点中的一件重要大事。亲历1977，见证我国高等教育40年来的发展变迁，感慨良多。高考，作为一种人才选拔机制，40年来改变了无数人的前途和命运，为我国社会各行各业培养了数以亿计的精英人才。习近平总书记在十九大报告中指出："建设教育强国是中华民族伟大复兴的基础工程，必须把教育事业放在优先位置。"全面建成小康社会，面向未来，要实现人力资源大国向人力资源强国的转变，实现中华民族的伟大复兴，高等教育和高等学校责无旁贷。2017年，浙江和上海率先启动的高考综合改革平稳落地，第一届经历"新高考"的学生进入大学校园。作为我国重要领域和关键环节的改革，高考改革在过去五年取得了突破性进展。

我们纪念1977这一历史性的时刻，要清醒地认识到高考改革依然在路上。

首先，不忘初心，坚持高考改革的方向不动摇。育人为本、科学选才、确保公平是新一轮高考改革的基本原则。浙江和上海高考综合试点改革增加了学生和高校的双向选择权，促进了学生的全面发展，高校、中学、学生各方获得感显著增强。但同时，改革初期的各种不确定性因素也增加了各方的焦虑和质疑。对新一轮高考改革政策制定的初衷，要有充分的肯定，并坚持这一改革方向不动摇。

其次，对高考改革面临的问题要有客观和理性的认识。十九大报告中指出："我国社会主要矛盾已经转化为人民日益增长的美好生活需要和不平衡不充分的发展之间的矛盾。"反映在高等教育领域，是人民群众接受优质高等教育的迫切需求与优质高等教育资源供给严重短缺且不均衡之间的矛盾。在当前历史阶段，高考改革必须正视这一矛盾，兼顾效率与公平、科学与正义，妥善处理人民群众日益增长的多元化利益诉求，确保高考改革的公平、公正。

再次，落实分类管理，扩大高校招生自主权。十九大报告强调指出，"转变政府职能，深化简政放权，创新监管方式"，"赋予省级及以下政府更多自主权"，推进"管办分离"，"加快一流大学和一流学科建设，实现高等教育内涵式发展"。高考改革应回归科学选拔人才的基本功能，坚持落实高校招生自主权，稳妥扩大综合评价招生试点高校范围。以"双一流"建设为契机，探索"两依据一参考"综合评价招生。

最后，坚持党的领导，完善多元协商、人民参与的科学决策机制。十九大报告提出，"加强协商民主制度建设，形成完整的制度程序和参与实践，保证人民在日常政治生活中有广泛持续深入参与的权利"，"加强人民政协民主监督，重点监督党和国家重大方针政策和重要决策部署的贯彻落实"。高考改革事关国计民生，高考是多元利益主体博弈的战场。这就要求在高考改革过程中，吸纳各方利益群体的广泛参与，依据专业的团队和科学的证据，谨慎地平衡各利益主体的诉求，实现科学民主决策。上海、浙江平稳完成第一轮高考综合改革试点任务，与两

地党委和政府坚持党的教育方针，全面贯彻执行党中央、国务院的战略部署，重视政策解读、培训和宣传工作，吸纳多方利益群体的广泛参与密不可分。

（原载于《纵横》2017 年第 11 期）

昔日人生观大讨论主角
"潘晓"的人生之路

郭海霞

不久前，笔者有幸访谈了引发80年代那场闻名全国的人生观大讨论主角"潘晓"的原型之一——黄晓菊。1955年出生的她，经过几十年岁月磨砺，走过了什么样的人生道路？笔者就此问题对她进行了采访。

见面时，黄晓菊给人感觉很坦诚，语速很快，对于笔者的提问，她直抒胸臆，正如她对自己的评价一样，"喜欢表达，而不是憋在心里"。她有一句口头禅："您懂我的意思吧？"她愿意坦诚相见，渴望别人能读懂她的内心世界。她认为真诚是最重要的品质。

磕磕绊绊几十年岁月中，黄晓菊一直在追寻人生的意义，寻找心灵的家园。童年的亲情缺失对她的影响是深刻的，但她没有因此而变成孤僻的人，而是更加渴望与人沟通。她努力坚持"站着挣钱"的自尊，面对失业、离婚等一系列生活的磨难，她仍然坚持自己敢想敢说敢做的真性情。而对于年轻时的"文学梦"，她仍然念念于心。

成为"人生观大讨论"主角

　　黄晓菊的母亲是北京人，年轻的时候自愿响应国家号召支援边疆建设，到包头去开拖拉机。在组织的介绍下，母亲与一位军人结了婚，留在了包头。黄晓菊是家里的长女，出生时条件很艰苦，母亲奶水不够，奶粉、牛奶在当地都很缺乏，因此她自小身体就很弱，患上了黄疸型肝炎，因严重缺锌，还患上异食癖，到处吃土。为了加强营养，黄晓菊从1岁就被送到了外祖父家，后来父母又生了两个弟弟和两个妹妹。本来父母打算让她过一段时间就回内蒙古去，她每年放寒暑假也都回父母家，但是随着年龄增长，她已经适应了北京的环境，而且从小离开家，与父母和弟弟妹妹在感情上很生疏，也就不愿意回去了。

　　1972年，黄晓菊初中毕业。那届初中毕业生，1/3上高中，2/3插队，她因患有严重的关节炎而免修体育，因此没有资格上高中，也不能去插队，在家待业了两年，整天为前途而担忧。当时她一个同学的妈妈是月坛街道办事处的工作人员，让她把情况写下来，向组织上寻求帮助。1974年，黄晓菊被分配到了北京市第五羊毛衫厂当工人，从此干了七八年。她有了新的烦恼：难道就这样一辈子与机器打交道吗？

　　为排解精神上的苦闷，黄晓菊读了很多名著，比如《怎样做人，为谁活着》《简·爱》《红与黑》《约翰·克里斯朵夫》《呼啸山庄》等。"我在书中找到了共鸣，原来书里主人公也有和我一样的苦闷，并不是我一个人有这样的感觉，因此感觉很亲切。如果一辈子只读一本书的话，那么我选择《简·爱》。"《简·爱》女主角对社会命运的不妥协，对自我的勇敢探索，对平等、独立爱情观念的坚守，给黄晓菊留下了终身难以磨灭的印象。通过读书，黄晓菊发现了未知的自己，自我意识逐渐觉醒。

　　1978年、1979年，黄晓菊参加了三里河工人俱乐部一个文学培训班，在这里遇到了李燕杰老师。李老师在课上有许多个人感悟跟学生们交流，他也不按考试大纲来提问，而是很自然地触及个人的经历，引发大家的思考。黄晓菊说："李老师当时讲的课，我记得是'德才学识与真善美'这个主题。他把'德'排在第一位，然后才是'才学识'；'真善美'中'真'是首要的，没有真，哪来的善和美。他当时讲的内容现在看来都很时尚、很不一般。我经常在课堂上提问题，也不局限于小说，很多都是探讨人生问题。李老师在生活中也愿意用自己的热情去影响别人、正面引导别人，这对我起到了积极的影响。直到现在，我也不太关注物质层面的东西，我的奢侈品是希望人能够懂我。"

在李燕杰老师的帮助下，黄晓菊与同学祁大伟采访了诗人艾青，并将采访经过发表在《艺苑蓓蕾》杂志上。

1980年初，《中国青年》杂志编辑部收到了很多来信，都在诉说青年的人生苦恼，于是该杂志酝酿在青年中发起一场人生观的讨论。具体负责这一工作的编辑马丽珍和马笑冬深入北京的机关、学校、商店、工厂，召开座谈会。其中一次座谈会，邀请了一些大学毕业生、在校生、在职工人、回城知青等参加。正在三里河工人俱乐部文学培训班学习的黄晓菊被俱乐部推荐给编辑部，作为街道工厂的工人作了发言。

《中国青年》杂志的编辑觉得黄晓菊的经历和思想很有代表性，请她把自己的想法毫无隐瞒地写出来，供青年讨论。于是黄晓菊用长诗的形式给编辑部写了一篇稿子。最后见刊的那封信，许多内容都取自于黄晓菊的稿子，此外还糅进北京经济学院学生潘祎的一些话。最终发表的时候，编辑从黄晓菊和潘祎的名字里各取一个字合成了"潘晓"这个笔名。这封信于5月1日刊发，半年内编辑部收到6万多封读者参与讨论的来信。

在这场轰动全国的人生观大讨论中，黄晓菊一夜成名：经常有陌生人堵在工厂门口要求见她，要跟她"谈理想、谈人生"；还有给她写信的，有邀请她作报告的，有一些人甚至与她成为多年的好朋友。其中有一位北京化工学院毕业的大学生，后来成为了她的丈夫。

但成名也带来很多烦恼。黄晓菊在工厂的处境变得更加艰难，在

《中国青年》杂志的帮助下，她被调进了中国青年出版社发行部。当时出版社职工子女大学毕业找不着工作，就会被安排到这个部门做事。在黄晓菊眼里，这样的岗位与她"到一个书多、读书人多的地方"的期待还是有很大距离，于是她又"不安分"了。

这时，黄晓菊应聘当上了中国社科院民族研究所的图书资料员，负责整理十几种杂志。她在为单位订阅杂志时，想到社科院是研究"人"的单位，于是在专业杂志之外又选择了些"有人味的"，比如《世界博览》《世界电影》等。可是在单位机制改革时，她却遭遇停聘，"罪状"之一就是"未经领导允许，超范围订阅各种自己喜欢看的杂志"。"停聘就停聘，"黄晓菊想，"年纪轻轻难道还怕养不活自己和孩子吗？"于是拿着社科院给的三个月工资回家了。而在丈夫眼里，所谓"与众不同"的"潘晓"，在家庭生活中与其他妇女也没什么区别。失业的煎熬再加上与丈夫的诸多分歧，两人决定离婚。

在生活的重压中打拼

1988年离开社科院后，背负"潘晓"标签多年的黄晓菊在痛苦地反复思索"我是谁"的问题。既然离开体制内的工作，何不趁此机会到改革开放的前沿去闯一闯？黄晓菊想脱离这个标签，证明自己的价值，证明自己在普通人的人群中能生存下去。

于是，她把孩子托付给自己的姨妈，去海南找工作。她在海南特区报找到了工作，但是整天要低声下气拉广告，她无法忍受，于是毅然离开这家报社，打算去深圳碰碰运气。

从海南去深圳的时候，黄晓菊30多岁，由于不会熟练使用电脑，英语也欠缺，远远不如20多岁的年轻人有竞争力，所以到处碰壁。当时甚至有社科院教授拿着一摞自己写的书去找工作，用人单位说："我们这缺扫地的，你扫吗？"当时深圳就是这样一个经济快速发展的环境，不管你过去的资历如何，都要从头开始。

　　就在黄晓菊要放弃、想打道回北京的时候，朋友介绍说，一个日本人家里需要一名家政人员。刚开始说就是需要一个普通话讲得好、有一定文化程度的人，代替雇主与政府部门打交道。黄晓菊到雇主家实地一看，根本不是那么回事，买菜、做饭、打扫卫生样样都得干。男雇主是一家工厂厂长，重度残疾，他的妻子是韩国籍，叫索荣花。索荣花知道黄晓菊不会干家务，但离婚后急需挣钱养家，便说服丈夫留下她。日本人的地板需要跪着擦，黄晓菊从来没干过这样的活，索荣花就手把手地教她，把地擦得一尘不染。黄晓菊本来就有关节炎，再加上要经常跪着擦地，双膝跪得生疼。好在这家日本雇主的饮食比较简单，早饭总是面包片加煎鸡蛋，正餐基本上都是米饭加白灼海鲜，所以也能应对；并且工资每月3000元港币，而当时北京平均工资只有几百元。黄晓菊之所以能留下来，一方面是迫于生活的压力，另一方面源于索荣花对她的信任与尊重，后来她们还成为掏心掏肺的好朋友。

　　当时深圳有一档女性广播节目叫"月亮湾——女人的港湾"，节目组负责人通过熟人找到黄晓菊。刚开始只是去做嘉宾，后来变成热线，黄晓菊从此成了"知心姐姐"，要回答听众们打热线进来提的各种问题。过了一段时间后，黄晓菊觉得，她的热线电话只能做到让听众抒发一种情绪，不能为他们提供任何实质性的帮助；而她自己在走出广播电台的大门之后，为维持生计，还要回到雇主家继续做自己的家政工作，感觉自己的回答特别虚伪、苍白无力。于是她再一次选择了离开，告别了"知心姐姐"的角色。

　　黄晓菊的深圳之行，使她从众人瞩目的"潘晓"做回了尘世中的黄晓菊，使她对自我价值有了更客观的认识。经过很多激烈的思想斗争与困惑，她对自己真正的生存状态有了更清醒的认识，它不是理想中空洞的想象，不是别人眼中预设的形象，而是在生活的"泥与土"中生存，真正面对生活的种种不完美，凭着每一天的努力劳动挣取自己和家人的面包，那是一种脚踏实地的感觉。这是她的最大收获。

坚持"站着挣钱"

在日本雇主家工作了两年多，黄晓菊联系到自己的成长经历，感觉长期离开孩子不利于他的成长，而且这种缺憾今后将无法弥补，于是从深圳回到北京。

1993年，黄晓菊回北京加入朋友的服装公司，后来干脆自己干，将面料加工为成衣销售。黄晓菊在纸上将衣服款式画下来，交给裁缝做出样衣，再去木樨园进行批量加工销售。这些服装摆进了北京各大商场，但因为不善于跟大商场负责人拉关系，黄晓菊的服装常被撵到最不好的位置。她说："我的服装有特点，有特别强的时尚感，不怕积压，三年前做的服装，三年后仍然能卖得出去。我的生意没做那么大，因为我的心思一直在生意之外，做生意挣点儿钱，踏踏实实养孩子，然后赶紧做其他我喜欢的事情去。"

她单枪匹马在市场里头闯荡了十几年，后来服装的大品牌全面进驻，个体户被一个个挤出了大商场的柜台。她说："在每个大商场我都是坚持到最后的个体户，这是让我感到很骄傲的事情。商场换了一任又一任的领导，但是我还在。"

后来她在广播电台对面的一个铺面开起专卖店，又坚持了几年。但是由于受到了网络购物的冲击，即便每天坚持10—12个小时的工作，也经常是无效的劳动，成交率是零。随着聘用的导购一个个离开，黄晓菊不得不自己每天在服装店看店。"在那会儿还看了不少的书，有时还看得痛哭流涕，顾客来了赶紧把书收起来，很可笑。但那是我的乐趣，我感觉就是小姑娘的情结一直没有得到释放。"最后，某干果专卖店以高于原房租的价格一下子与房东签了十年的合同，她不得不离开那里，结束了自己的生意。由于入了社保，黄晓菊在年满50岁的时候办了退休手续，享受到了退休工资。

黄晓菊通过卖服装解决了生活问题，独自养大了孩子，还把三里河外祖父母的老宅子也买下了。说起做生意，她自认是个有能力的人，"强迫症"般地负责任，有很强的时尚感，服装款式"可以一眼看十年"，把自己的特点发挥到了极致："我很善于跟顾客沟通，但是我很多时候不愿意这么做，而是很情绪化。如果我喜欢一个顾客，会跟顾客聊上半天，卖不卖出去东西都无所谓。而喜欢跟我聊天的顾客，聊着聊着可能一下子就买了好多东西。大部分时间我都是'各色的'、不亲和的，有的顾客很挑剔，我就不能忍受，就会跟顾客吵起来，你认为我的东西不好，我还认为你不是我的顾客呢。我挺明白姜文那句话的意思，'站着把钱挣了'。蹲着跪着能挣100块，站着可能只能挣60块，但是我不愿意受那40块钱的气，我就站着挣钱。"

黄晓菊很自豪能将自己的个性坚持到底："从年轻的时候交下的朋友，包括因为'潘晓'交的朋友，再见到我的时候，大家都会说：'哟，还那样！'不能说一点儿没变吧，但仍然保持那种真性情。做生意这么多年，变化肯定是有的，但根本的东西没变。"

再续"文学梦"

对于青年时的梦想，罗曼·罗兰是这样说的："很多人在半途迷失了，只有极少数人能有足够的耐心在任何情况都坚持不懈、不屈不挠地等着这束光舒展开来，将这一丝微光牢牢地握在手里。"

退休后，黄晓菊终于可以不用再为生计奔波，这些年在谋生的压力下变得有些模糊的文学梦又渐渐清晰起来。"这么多年来，我一直坚持在写随笔，每天都要把自己的所思所想记下来。许多朋友都劝我发表自己的作品，但我从内心来讲缺少这种原动力，我不需要再用这种方式证明自己。"尽管在"潘晓"来信中已显露出一定的文学才华，在出版业发达的今天，个人出版也不再困难，但经历了年轻时的意外成名，又遭遇了之后一系列的生活波折，黄晓菊更加感觉到名利的荒诞，所以刻意地回避可能与之有关的事情。

　　但是，经过漫长岁月的沉淀，黄晓菊感觉还是有很多话想说，于是加入了一个电影公司。这个公司专门拍一些文艺片，获得很多国际奖项。

　　黄晓菊说："其实，我对电影的热爱由来已久。当年在开服装店的时候，宁肯损失每天将近千元的租金，关上店门，我也要去电影资料馆一场接一场地看电影节展演。因为好多是平时难得看见的资料片，我总是从早看到晚，一天能看四部电影。进入电影行业后，为了获得镜头感，我现在一年要看300多部电影。我善于表达，善于用语言传递内心的感受，又有经历、有生活的积累；我的当下感也很强，不落伍，所以善于跟'90后'的导演沟通。我想影片获奖不是目的，生活中有许多可歌可泣的故事，能不能再深入一点，再人性一点，挖掘出来，用真情打动人？它们可以充分表达内心纠结的过程，拥有虽然不完美但一定是光明的结局……我希望这些能鼓舞人的、真实恳切的故事，能被大众所接受；我希望能在电影中实现我的文学梦！"

　　回望来路，当笔者问她"对于在80年代人生大讨论中所持的观点是否有变化"时，黄晓菊说："'主观为自己，客观为他人'的提法太简单机械了，不完善、不准确，我愿意修正这个观点。当时的提法'为自己与为他人'有先后之分，我（现在）认为不应该是有先有后，而应该将二者融在一起。"

（原载于《纵横》2019 年第 1 期）

第一所中外合作办学的盲人特殊教育机构

夏荣强

改革开放，使中国经历了前所未有的发展与腾飞，使中国的面貌发生了翻天覆地的变化，使中国人民感受到从未有过的欣慰和自豪，使中国在世界舞台上从未像今天这样享有崇高的威望。

作为亲历改革开放的13亿中国人民中的一员，我欣喜地看到改革开放在促进我国教育事业发展方面所展现的丰硕成果，在我国残疾人特殊教育中外合作办学方面也写下了浓墨重彩的一笔！

创办海德里盲人学校中国福州分校

1988年9月，我肩负着全国广大有志学习英语的盲人朋友们的重托，怀着提高我国盲人的英语文化素质和水平、进而提高我国盲人的国际地位的坚定信念，在东海之滨美丽的历史名城福州，创办了我国现代史上第一所盲人特殊教育中外合作办学机构——海德里盲人学校中国福州分校。

海德里盲人学校中国福州分校（以下简称分校），是美国海德里国际盲人免费函授学校设办于中华人民共和国的一所函授分校，也是我国唯一一个面向全国盲人提供免费英语函授教学服务的民办非企业残疾人特殊教育中外合作办学机构。分校的服务宗旨是：为盲人有一个光明的、鼓舞人心的未来而努力！

分校办学目的是：为使我国广大有志学习英语的盲人，也能像健全人一样有机会学习外语，不断提高我国盲人的英语文化素质和水平；开拓和促进我国盲人与国际间盲人的友好交往，增进友谊，进而更加提高我国盲人的国际地位；拓宽盲人的就业渠道，培养和推荐具有高水平英汉翻译能力的盲人从事英语翻译工作；积极向我国需要盲人外语人才的机构和盲校推荐德才兼备的盲人英语人才。

分校创办之前，由于没有盲文版的英语教科书等学习资料，我国盲人想学习和深造英语十分困难。分校的创办，结束了我国盲人学习英语无门的状况，为我国广大有志学习英语的盲人开辟了一条学习和深造英语的绿色通道。

发展历程

办学20年来，分校已走出了一条令人瞩目的发展道路。从办学初期仅有3位办学人员，发展到今天的15位教职员工；从一开始仅开设四门英语函授课程，发展到如今开设有21门各类英语学习和英文版专业知识方面的课程以及盲童家长指南课程；从办学第一年的63位盲人学员，发展到今天的2500多位在册学员；从当初仅有两台盲文打字机，发展到如今拥有23台套现代化的办公、教学和盲文教材生产打印设备。

20年前分校创校初期，仅向盲人学员提供若干门单一的英语课程函授教学指导服务。如今，分校不仅扩大了函教服务的课程范围，而且还开拓和完善了分校的其他各项服务。

分校的盲人英语图书服务中心已粗具规模，不仅向学员提供有声读物的免费借阅和翻录服务，而且还开展盲文英文图书和大字版英文文学作品的免费借阅，现已成为我国唯一一个具有三种类型图书、面向广大盲人开展免费借阅业务的综合性盲人英语图书服务机构。

分校的学员英语交流俱乐部更富有特色。它不仅为盲人学员提供了一个将所学英语知识运用到实际中去的广阔空间，而且还开展国际交友活动，让中国盲人通过这一窗口了解世界、促进交流、增进友谊，不断提高我国盲人的国际地位。

为了方便分校盲人学员与分校的联系，为了让社会各界更好地了解分校的办学、服务及发展情况，分校从2000年以来，陆续开通了800免费咨询服务电话，建立了自己的国际互联网站并开设了由美国老师和分校指导教师为盲人学员提供英语口语培训和函教指导服务的远程教室。

如今，分校的教学工作，已从传统的单纯函授教学形式，发展到通过信函、800电话、电子邮件以及远程教室分校指导老师和美国口语老师零距离直接对学员进行学习辅导的立体、全方位教学模式。所有这一切，都为分校在新世纪与时俱进、开拓进取，奠定了一个更加坚实的发展基础。

分校为我国31个省、市、自治区以及香港和澳门特别行政区的数千位盲人英语爱好者提供过服务。录取参加学习的盲人学员中，已有3000多人次获得了单科结业，领取到由美国海德里盲人学校总校统一签发的单科结业证书。不少盲人学员正在用他们所学的知识服务于社会，与国际间的盲人建立了友好交往和友谊，谱写着自己人生的崭新乐章。分校也已成为我国有志学习英语的盲人学习、深造和提高英语文化素质和水平的专业殿堂，成为中国盲人与国际间盲人进行友好交流与交往、增进友谊的桥梁和纽带。

今天，我们又在进行新的创新思维，一个"中国盲人高级翻译培训班"正在应运而生。在这一培训班为期两年的全日制强化学习和实践训练过程中，10名18岁左右的年轻盲人在中、美老师的共同打造下，将被培养成为改革开放以来我国第一批年轻的中国盲人翻译人才。海德里盲人学校中国福州分校将继续以自己不懈的努力和创新型的开拓，为拓宽我国盲人就业的新渠道而继续做出自己积极和应有的贡献！

（选自《大潮·口述："第一"的故事》，
中国文史出版社 2018 年 7 月版）

一代名医肖龙友先生逸事

肖承熹

肖龙友先生为先祖父，他生前对祖国医学贡献很大。自民初至1960年病逝，在北京行医凡50年。由于他的医道精深，医德高尚，力起沉疴，妙手成春，使患痼疾而能霍然而愈者，不可胜数。以此，被北京市人民誉为中医"四大名医"之首，深孚众望。新中国成立后，毛主席、周总理制定了继承、发扬中医的政策，使我国古老的医术更加完善。自1954年起，肖龙友先生连续当选第一、二、三届全国人民代表大会代表；1955年又当选中国科学院生物地学部委员。

肖龙友先生生平业绩多有论著，今仅择其饶有兴趣的逸闻数则简述于下，以飨读者。

首先，慕其名而就诊的患者，论地位——至高；论人数——至多，论职业——至广，各行各业，无论贫富，莫不以就其一诊为慰。患者中，上至中华民国临时大总统孙中山先生和中国国民党总裁、"中华民国总统"蒋介石先生，军阀中的吴佩孚、徐世昌、段祺瑞、靳云鹏诸先生，抗日将领中马占山、冯占海将军和著名文人、戊戌六君子之一梁启超（任公）先生（有的从其诊病，有的则与其交往甚厚）；下至一般平民百姓，无不对之敬若贤士。即使侵略中华、视我中医中药如草芥的洋医院，对肖先生亦每刮目相看。如美国的协和医院、德国医院等，在其面对疑难大症束手乏策时，亦不得不屡屡礼邀肖先生前往会诊，当肖先生用两三服药而力起沉疴后，洋人亦目瞪乎其后，始信汉医汉药之不可小觑也。新中国成立后，我党和国家领导人患病时，肖先生也多往诊治，且更加用心尽力。

肖龙友先生生性恬静，不苟言笑，仪态端庄。一日，门诊既罢返至后宅休息时，竟情不自禁地暗笑起来。在周围的家人忙问其故，他始则摇头，经再三诘问，方说："有时面临绝症，也能逼出办法来。日前患者中有一英籍老太婆，据我诊断为'噎膈'（即食道癌）。开始，我因她进食尚且不能，服药岂不更难！思之再四，服药已不能，莫若调为闻药，用鼻吸入，或者可以奏效。英籍老太婆遵我嘱用药后，现已大痊，已能进餐了！"仅此一例，可见肖先生医道根底之深。其用医用药，辨证施治，各尽其妙，故可奏奇效。

梁任公先生与肖龙友先生相与甚笃，经常来往。时值梁公暮年，正于清华执教。一日，他偶觉腰部疼痛，欲做检查。梁先生素信西医，故径往协和医院作肾囊造影。造影显示左肾有黑斑一处，经洋医斟酌竟确诊为肾盂肾炎。当时"栾琴"刚刚问世，经X线照视，犹如亲见肺肝，莫说崇信西医者，即使一般国人亦当坚信不疑，于是任公先生就决定恪遵医嘱切除左肾了。正是因为梁先生和肖先生关系非常，于手术前，梁又请肖先生一诊，并征求中医意见。经切脉后，肖先生一味摇头，斩钉截铁地说："肾脏无病！"并劝任公先生切勿草率从事，后果堪虞！奈何任公先生不以为然，遂戏谑地说："战士死疆场，教师死讲堂，死得其所，何惜之有？！"旋赴协和手术。孰料结果竟为肖先生不幸而言中，术后，见肾囊完全健康，而任公先生却因此溘然长逝了。该全过程，任公先生公子梁思成教授于治丧时，在讣告后所撰梁任公先生"行状"《一生事迹传略》中悉予披露，痛斥了协和医院庸医杀人的罪愆。

当然，肖先生治病救人而流传于北京市井间的近似传奇的故事亦不少。如据原全国文联干部×××同志讲，其弟出生于20年代初，3岁时患空洞性肺结核，危在旦夕。协和坚持手术，切除坏肺。但因当时外科尚不发达，胸外只能切开前胸，故必欲断其三根肋骨，手术方能进行。病儿家属不忍睹此惨状，遂改服肖龙友先生中药。本来全家对病儿已告

绝望，孰料肖先生三服中药落肚竟霍然而愈了。

著名中医徐菊人先生所著《菊人医话》一书中也曾记述了肖龙友先生的超人之处。他记述了某人患重病多年，经中西医精心治疗无效。先后有18名中医均诊断为结核，唯肖先生坚持为实症。结果循此治疗，大奏奇效。

此外，肖先生曾多次治愈黑热病等重症（属热带病），为此，热带病学专家钟惠澜教授曾与肖先生多年合作以总结这种病的治疗经验——这一点1955年5月号《人民画报》也有披载。

肖龙友先生虚怀若谷，不仅一直学习不辍——即使于出诊时在汽车内也不放过读书的机会，而且不善张扬。他绝不像某些医生那样在大门前高悬"妙手回春""华佗再世"和"悬壶济世"等匾额以资炫耀，反之，他的大门口却只在左上方门框上挂一面长约尺半、阔约三寸的小木牌，木牌仅刻着自书的"肖龙友医寓"五个小字，使就诊者略能辨识而已。那么，肖先生竟无人馈赠赞誉的匾额吗？不是。如吴佩孚、徐世昌、冯占海、马占山以及各界名流所赠的良木匾额（木质优良且高厚宽大）不是打入冷宫，就是刨平后改制了各种日用家具，连一方都没有悬挂出来。肖龙友先生70寿辰时，为了谢绝别人的厚赠，他精心自制了木刻凸版水印的诗画笺四百余张，分赠全国名艺术家和诸亲友好，仅求赐墨宝。这年正月十四，在原西单报子街聚贤堂饭庄里的寿堂上，这四百余幅名人书画全部张挂起来，真是琳琅满目，美不胜收。其中有齐白石、陈半丁、张伯英、汪霭士、蒋兆和等名家的书画，还有四大名旦梅兰芳、程砚秋、尚小云、荀慧生等京剧表演艺术家和各界名流的佳作；简直是一次全国性的空前书画展览，在贺客中引起极大兴趣。可惜事后未经很好保管，这些佳作都荡然无存了。

肖龙友先生50年来行医不分贫富，更没有所谓名医的派头儿，反之，他还特别照顾贫苦患者。在诊疗过程中事必躬亲，即使是开处方也是亲自动手；即使已成了年逾八旬的老翁，依然是这样。此外，他还自制一些时令药品免费奉送贫苦人民。在夏季就有治疗中暑和腹泻（包括痢疾）的药奉送，数十年如一日。此外，如有实在无力应诊的患者，不仅全部免费，而且可在乐家药店和西鹤年堂等中药店记账抓药，年终由肖先生一力承担付费。因其处方上书有"各号"二字，是个极明显的标记。正因如此，北京市民无不感戴。

（原载于《纵横》1985 年第 2 期）

誉满京华的名医施今墨

祝肇刚

1969年8月22日，一颗中医界的巨星陨落了，施今墨先生安息了。他那双诊治过无数患者的手，手指微微弯曲，像还在为患者诊脉；那双洞人肺腑的眼睛，轻轻闭着，像还在思考着疑难的症结；那额上的皱纹，记录着一代名医创业的艰辛。为了缅怀施今墨先生，我们特请施今墨先生的外孙祝肇刚医生撰写了一篇回忆施老高尚医德的文章，刊登于此，以之纪念。

历经坎坷　终入杏林

我的外公施今墨先生生于1881年3月28日，祖籍浙江萧山县，原名施毓黔，因其祖父在云南和贵州做过官，施今墨出生在贵州，故起名"黔"。他年幼时，其母多病，遂立志学医，他的舅父、河南安阳名医李可亭因为看其聪颖，从13岁即教他学习中医，并常对他说："良田千亩，不如薄技在身。"所以施今墨学医刻苦，20岁左右已经通晓中医理论，可以独立行医了。他的父亲认为仕途才是正道，就送他进了山西大学堂。在那里他由于受进步思潮影响从而萌生了民主与革新思想，后因反对山西大学堂西斋主持人、传教士李提摩太的专制，被校方开除，转入山西法政学堂，因成绩优秀被保送至京师法政学堂。这时经人介绍认识了黄兴，并由黄兴介绍加入了同盟会，从此开始了革命生涯。他以医疗为掩护，随黄兴奔走革命，至1911年辛亥革命成功，推翻了清封建王朝。施今墨作为山西代表，在南京参加了孙中山先生就职大总统的典礼，并以客卿身份协助陆军总长黄兴制定陆军法典。在《陆军刑法》《陆军惩罚令》《陆军审判章程》中都有施今墨先生的手笔。后来袁世凯篡权，孙中山出走，黄兴病故，施今墨应湖南督军谭延闿之邀，出任湖南教育厅厅长。但那时军阀正忙于混战根本无人过问教育，施今墨壮志难酬，不久又应顺直水利督办熊希龄的邀请，出任北京香山慈幼院副院长之职。当时他想在香山慈幼院创造一个与世隔绝的理想境地，让孤儿们自食其力，在自己开办的工厂、农场中从事各种工作，让这里充满自由、平等、博爱。但社会的腐败、官场的倾轧、某些官太太的骄横，使施今墨的理想难以实现，他因此愤而辞职，决心弃政从医。1921年，他自己更名"今墨"，取义有三：其一，纪念诞生之地，"今墨"同"黔"；其二，崇习墨子，行兼爱之道，治病不论贵与贱，施爱不分富与贫；其三，要在医术上勇于革新，要成为当代医学绳墨（今之墨准之意）。施今墨在法政学堂以及后来在参加同盟会革命从政时，都经常为人诊病并小有名气，此时一旦专心医业，精研医术，立刻医名大噪，誉满京师，门前经常摩肩接踵，车水马龙。

1925年，孙中山在京卧病，施今墨先生亦应邀参加会诊，提出中肯建议；1930年，出诊西安，为杨虎城将军诊治，药到病除，载誉而归；1935年，国民党政府颁布中医条例，规定了考核办法及立案手续，北京第一次考核时，当局挑选医术精湛、民众信誉好的医生负责，施今墨和肖龙友、孔伯华、汪逢春被举为主考官，负责出试题及阅卷，嗣后即有"北京四大名医"之说。

为民请命　挽救中医

1927年后，由于帝国主义的文化侵略，西医之势渐旺。1928年，国民党政府扬言要取消中医；1929年，余云岫首先发难，提出取消中医议

案，国民党政府拟正式决议……中医生存，岌岌可危。消息传出，举国大哗，施今墨先生奔走南北，团结同业，成立中医工会，组织华北中医请愿团，数次赴南京请愿，以求力挽狂澜。当时国民党少壮派汪精卫只相信西医，又主持行政院工作，大有非取消中医不可之势。适值汪精卫的岳母患痢，遍请西医，未见少效，行将不起，有人建议请施今墨先生诊治，汪精卫无奈，同意试试。施公平脉，每言必中，使汪精卫的岳母心服口服，频频点头称是。处方时施老说："安心服药，一诊可愈，不必复诊。"病危至此，一诊可愈？众人皆疑。一张处方仅服数剂，果如施公之言。汪精卫这才相信中医之神验，题字送匾"美意延年"（庄子语），自此再不提取消中医之辞了。后来在全国舆论压力下，国民党政府只得收回成命，批准成立中央国医馆，任命施今墨为副馆长，中医终于以妙手回春的实际疗效，赢得了生存的权利。

兴医办学　结合中西

许多人问施今墨先生的医术为什么这么神？其实施老不神，除了自身聪明隽智之外，尤其善采百家之长，总结经验，以不断充实自己。他听说上海名医丁甘仁医学造诣很深，曾乔装病人，多次前往求医，仔细观察了诊病过程，很得启发，认为丁甘仁的理、法、方、药运用规范，临床医案经过整理后，颇有参考价值。为利于学生学习，他在自己兴办的华北国医学院以丁甘仁医案为教材，亲自讲授。施老还盛赞上海名医王仲奇说："经方盛行北方，在江南能运用经方而出名，甚为难能可贵。"施老在临床上，不分中医西医，不别经方时方，只要对病人有利，随手拈来。为了振兴中医，他开过医院，办过药厂，虽最终都失败了，但施先生最后认识到：振兴中医在于人，要有高质量的中医人才，必须办学，使自己的学术思想为更多的中医所掌握，中医事业就会有长足的发展。1931年，施老筹办了华北国医学院。他对学生讲："我以为中医的改进方法，舍借用西医的生理、病理以互相佐证，实无别途。"

所以在课程设置上以中医理论为主，设《内经》《伤寒》《金匮》《难经》《温病条辨》等。以西医理论为辅，设置了生理、病理、解剖、药理等课程。施老注重实践，在带学生实习时，吸收了西医的检查和化验手段，并经常和西医专家姜泗长等，共磋医疗方法，所以施今墨先生的学生思路都比较宽。他曾对学生说："全面精察、苦心探索、灵活运用、谨密掌握、选方准病、选药准方，不可执一方以论病，不可执一药以论方，不可循一家之好而有失，不可肆一派之专而致误，其有厌学图便者，只敦用少数之成方、单方以统治万病，非吾之徒也。"学生对经方、时方无门户之见，能灵活运用，在临床上都有较好的疗效。华北国医学院学生的毕业论文也具有较高水平，获得中医界赞许。在施老先生办学的十几年中，共办16期，毕业学生600余人，现分布在全国都是中医的骨干。

我曾亲见施老诊病，坐在八仙桌一侧，病人坐在另一侧，他用手抚着病人的脉，认真地听病人诉说，不时问几句，有时也简单回答几句，脸上始终是慈祥的、平静的，令人信赖。然后取毛笔在处方笺上开方，交给病人时再嘱咐几句，像对家人一样亲切，病人总是捧着药方，千恩万谢地告辞出来。我的父亲（祝谌予先生）曾对我说："当年我和李介鸣先生一起随你外公学医时，一上午挂100个号，你外公一直看到过午，然后在汽车上边匆匆吃午饭边赶去人家出诊，一下午总有七八家呢。有时施老自己病了躺在床上，还对我们说：不要将远来的病人拒之门外，实在病重领进来我给看看。你外公对病人真是有着特殊的感情啊。"施老对病人的这种感情凝练着医生的责任、品德、良知和对病人的爱心！

殷勤师徒　对药层出

我学医时父亲常给我讲：施先生说过，看一个医生医术高低，不是看他会背多少经典，而是看他理论与临床疗效是否相符，临床治疗才是检验医生理论的依据。施老曾请著名的周介人老先生为学生们讲解《内

经》《难经》《伤寒》《金匮》等，周老先生讲书极好，许多学生都深受其益，打下坚实的中医理论基础。施今墨先生读书极多，可说是学富五车，博古通今，但他不是读死书，而是善解其意，融会贯通，纵横联系，师古而不泥古。讲起医理，皆是古人精华而又具有自己的新意。比如流传于世的"施今墨药对"是父亲祝谌予在随施老学医时，发现其在处方时往往双药并书，"白茅根、白苇根""桑叶、菊花""车前草、旱莲草"……于是就留心收集，整理了100多对药，请教于施先生。施先生讲自己在阅读古方书时，发现古方中有许多起关键作用的药物，往往成对出现，或一寒一热，或一升一降，或一气一血，或一散一收，非常符合中医理论"阴平阳秘""以平为期"的原则，起到正反双向调节的作用。写者无心，读者有意，施先生就自己默默记下来，验之于临床，发现确实药少而效著，于是就一对对积累起来，形成自己的用药特点。而祝谌予发现了老师的用药特点，又刻意收集整理成为"施今墨药对"，这使老师对这个学生大为满意，认为那么多学生中唯独这个学生肯于钻研，可以继承自己的学术思想，以后就纳为门婿。父亲也确未辜负施老厚望，在任北京中医学院教务长时，向同学们介绍了"施今墨药对"，同学们纷纷传抄。学生吕景山毕业后将"施今墨药对"又加工整理，1985年出版了《施今墨药对临床经验集》，作为对施先生的纪念。

巧思治病　妙手回春

我学医后，开始阅读施老医案，常为施老临症的巧思而惊叹。1928年初春，施先生曾应邀至天津出诊。患者50余岁，住张园附近。患者已高烧十余日，西医诊为肠伤寒，中医诊为湿温。施老诊视时，见患者口唇枯裂，面目黧黑，神志昏蒙，时醒时迷，大便秽溏，污染袴褥，呼吸促急，脉细如丝，生命垂危。施先生索前医所诊方剂视之，清解、调和、芳香透络、消炎、泻热、通利二便，各种必用之法无不遍施；所用药味，桑菊、银翘、三黄、石膏、安宫、紫雪、至宝各种必须之药，无不遍选。考虑不算不周，处理未为不当，而病势日重，其原因何在？施先生经过反复考虑，又从头详尽辨析，终于发现前医施治药虽对症，但祛邪与扶正的关系处理不当。攻邪怕伤正，结果攻邪不力反留邪；扶正怕助邪，结果扶正不力反助邪，屡成助邪伤正之势，反复如此，恶性循环，导致正气衰微。施先生决定祛邪扶正同时并进，充分祛邪，大力扶正，集中优势，方见柳暗花明。于是嘱用大枝西洋参三钱（约10克）浓煎，送服局方至宝丹一丸，好似于灰烬中利用星点火头，吹火燃薪，气大亦灭，气小亦会灭。施先生凭自己数十年功力，遣方用药，到底使死灰复燃，患者仅存微弱阳气，经他的救治，复发勃勃生机。当西洋参累计用过三两、局方至宝丹服过10丸时，患者烧退眠安，神识已清，饮食恢复，大便成形。原方再用一周后，加入饮食调养，月旬遂告痊愈。祝谌予为之解析：局方至宝丹与安宫牛黄丸、紫雪丹并称中医三宝，紫雪长于解热通便，安宫长于退热止痉，而局方至宝丹长于化痰醒脑退热。施先生于临床体会：局方至宝丹还兼有解外邪之功。西洋参扶正而滋阴，药性和缓用于久虚伤阴之人甚当。此人此病选此药此量，症药相对，药量适当，可谓丝丝入扣，故能起死回生。

妙用人参　巧治"猪仔"

我父亲祝谌予还讲过：施先生在用参、认参方面，堪称专家，一枝人参在手，掂掂分量，嗅嗅气味，看看色泽，即可说出这参的产地、品级、药效等。父亲还给我讲了外公用参的往事。

那是在民国年间，曹锟贿选总统，他玩弄权术，捞取选票，收买傀儡议员，故人称议员为"猪仔议员"。有一广东议员，因在议会上与人争执，笔砚横飞，大打出手而致暴怒吐血，回至金台旅馆延医诊治，服药后不但吐血未止，复加便血，遂延请施先生出诊。施先生到西河沿金台旅馆，其家人引至病人房中，待施老进屋后，其家人将门从外反锁，告诉施先生：此人救活则放你出来，治死则要你同葬（蛮横之极）！施

先生先是气愤，后想还是先看病人。进到里间，见床、帐、被、褥尽是血渍，病人仰卧，头歪向一旁，面无血色，双目紧闭，气息奄奄，呼之不应，口边仍有血沫随呼吸漾出，抚脉细如游丝，似有似无。家人言，前时上喷血下便血，故床帐、被褥、衣裤皆染血迹。施老思忖：血自上出宜降，血自下出宜升，现在上下皆出血，升、降都不适宜，只有固守中州，而固中州唯有人参最良。遂命其家人，急取老山参一枝（约30克）浓煎频频灌服。一时许，病人不再吐血，脉复出，又嘱再取一枝老山参合入前枝中再炖，再频频灌服。此次服完，病人已有呻吟，眼可微睁，颔首示谢，已复生机。其家人表示歉意并要重谢，施先生拂袖而出，登车自去。事后谈起，他告诉学生：人参中以野（老）山参最佳，别植参次之，高丽参多为别植参，至于红参、白参，为人工炮制，有燥性，不甚好用。西洋参亦名花旗参，性柔润不伤阴，补而不燥，以美国产者为上品。施老自己在诊务繁累时经常一天吃一两，有时出诊在车上也嚼服，所以尽管辛劳，他的气色很好，充满活力。

施老讲过这样一个医案："曾于天津治一妇人血崩，血出不止，在医院里止血药、止血针无济于事，将其倒悬，堵塞血亦渗出，人皆束手，求治于我。中医理论：'气为血帅，血随气行，急当固气。故我亦用老山参浓煎频灌，终得血止人活。有人以为人参可以止血，就把人参当止血药用，再遇崩漏，必用人参，结果不但不止血，反生他症而不自知。所以人参用之得当可以'起死回生'，用之不当亦可伤生。当与不当，在于辨症。"施老认症准，也为病人着想，开处方时在保证疗效的前提下，尽量选价廉的药物，以减轻患者负担，甚至对穷人还免费看病或赠药。所以施今墨先生的医德乃有口皆碑。

清解适度　创制新药

西医治病，讲究定位、定性，用药定时、定量，有的中医认为太机械、太死板，施先生却认为有可取之处。清末河北名医张锡纯的"阿司匹林加石膏汤"，有人认为荒诞不经，但施老却注意它确有临床疗效。在治外感上，中医传统认识是分为外感风寒、风热、风湿。施先生认为："余意不论其为外感风寒或温热，不论其为传染性或非传染性，必须外因、内因结合起来看。六淫、疫疠之邪皆为外因，若单纯外因亦不均能致病。例如流行性感冒病毒，其传染性颇高，传播最为广泛，然而流行区域亦非百分之百均染是病。又如夏日酷暑，温热蕴郁但中暑者究竟不是多数，'邪之所凑，其气必虚'，外因通过内因始生作用，确为至理名言"；又说："外感热性病，多属内有蓄热，外感风邪，治疗时应既解表寒又清里热，用药时表里比重必须恰当。"于是施先生创出"按比例清解表里之说"，寓西医之定量、定性，寓张锡纯之清热、解表于其中，谓之"七解三清（解表药味与清里药味之比例为7：3，余以此类推）、六解四清、五解五清、四解六清、三解七清"。在临床中示明表里关系，非常实用。用施老"没有里热不能致外邪"这个理论，就可以解释治温病初起的"银翘散"中一派清凉药为什么独加一味性温的芥穗，其作用就是加强解表力量。以后施今墨先生创制了"感冒丹"（由于是施先生献给国家的秘方，恕我不便公开它的药物组成），在临床中有很好的疗效。国内人不以感冒为事，而在国外，尤其西方，却视感冒为洪水猛兽，谈虎色变。所以施今墨的"感冒丹"行销东南亚乃至西欧，疗效显著，为广大华侨所喜爱。因"感冒丹"的作用在于调摄阴阳，增强人体抵御疾病能力，不因感冒病毒的变异而减低效力。运用施老的这个理论遣方用药，单纯感冒发烧，往往两三剂药，应手而愈。

单方小药　矢矢中的

"感冒丹"方中，用药数十种。平时施先生诊治的多为疑难怪症或久治不愈的顽症，所以为加强药力，照顾全面，他的处方往往药味较多。这样有人就说：施今墨用药是"韩信用兵——多多益善"，又

说是"漫天撒网——这头不着,那头着"。其实施老不但认症准确,而且善于组方,精于配伍。他曾说:"临症如临阵,用药如用兵,必须明辨征候,详慎组方,灵活用药。不知医理即难辨症,辨症不明无从立法,遂致堆砌药味,杂乱无章。"施老讲究无论病轻与重,用药多与少,必须要有法度。这在他的临床中,每每得以体现。施先生曾治清代一蒙古王族妇人,患关节痛发热,前医屡进"羌活胜湿汤""独活寄生汤",愈服疼痛愈甚,以致日夜号叫痛苦万分,发热也一直不退。施先生出诊时见其面色红赤,唇舌焦裂,目睛血丝,脉象洪数,痛不安卧,于床上辗转反侧凄声哀号。施先生诊后便断为热痹,知是前医不识热痹之理,屡进辛燥祛风之药,致使火势日燔,血气沸腾。于是施老处方:紫雪散一钱(3克)顿服。服后须臾疼痛少止,稍能安卧,施老遂处方:每日二次,每服紫雪散一钱。二日后病人号叫渐歇,发热亦见退降。此时有一医生言:痹症为风、寒、湿三气杂合而致病,紫雪散为寒药,再服下去,必将转重,而且寒药服多令人痴。患者家人害怕,停服紫雪散,请此医改处他方。不料服其方后疼痛再重,发热又起,只好再请施今墨先生诊视。施老仍处方:紫雪散一钱,日服二次,以后每次增加一钱。随服药量增多,病痛锐减。数日间共服紫雪散达二两之多,发热、疼痛均愈,神色恢复常态,以后改处活血理气之药调养善后。施老说:胆愈大,心愈细。经云:有故无殒,亦无殒也。如果仅知痹从风、寒、湿来,不知其化热之理,此病鲜能治愈。再则所用"紫雪散"中含有麝香,其通窜之力最雄,血气因火热煎熬凝涩不通而致痛,以麝香之力行之通则不痛,故能治愈。从以上可以看出,人参止血,紫雪通痹,施老不仅善用大方攻除顽疾,而且善用小方治疗重症,关键在认症准确,用药精当。忆昔有人患风湿性心脏病,经常发作心悸、气短,求医于施老,他并未处方,嘱其购松子一麻袋,每日三次,每次一捧(约一两许),取松子仁细嚼咽下,待一袋松子食完,其心悸、气短未再发作。

还有一青年患腰椎骨质增生,腰痛如折,行动困难,屡经中西医治疗未效，经施老诊治四次，定为肾虚所致，即命其回家，每日服枸杞子一两，一个月后腰痛大减，行动自如，两个月后，健如常人。十数年后再遇，言腰痛再未复发，盛赞施老医术高明。施先生自己说："唯认症准，用药中的耳。"

谦和待人　君子之风

施老对同道非常敬重宽厚，从不贬谪他人。有患者拿前医处方请其评论，施老则说："方开得不错，各人有各人路数，你也可以服我的药试一试……"

天津曾传闻施今墨巧改药方的事：1944年，施老到天津出诊，遇金姓富商来邀请至其家。观其人面白体丰但乏神采，闻其声气短言低，望其舌淡而少苔，切其脉细缓无力，询其症"乏力身倦，食不甘味，便下稀溏"。又言"前时服天津名医陈方舟处方三帖，无大效，故改请施先生处方"。施老索陈先生方阅之，乃"四君子汤"（人参、茯苓、白术、甘草），正合己意，金氏之症是为气虚，用"四君子汤"补之可谓药症相合，但因其久虚，需长服方可，不会短期取效。施老说：此方切中贵恙，照服数剂可愈。但金氏认为已服过无大效，执意要施先生重新处方，施老只好让其取来笔砚，即处一方：鬼益三钱、杨枪三钱、松腴五钱、国老三钱，嘱连服两周。金氏见药方已改，遂安心服药，二周后病体果愈，金甚喜，派人带礼物来京酬谢，施老推却道：不应谢我，应谢陈方舟先生，我不过是为他抄方而已。原来人参又名鬼益，白术又名杨枪，茯苓又名松腴，甘草又名国老，施先生所写，仍是"四君子汤"原方。实际施老用药习惯，不会单用此四味药，可能传闻不确，不过从此也可看出他的谦恭待人之一斑。施老常对学生们说："人家说我是名医，其实我这一辈子还是没见过的病多，看不好的病多。"还说："我的经验都是从为病人治病中得来的，我要还给病人才对得起他们，才觉心安。"如此医德，令人钦佩！

良相名医　人民公仆

施老热爱周总理，总理敬重施老，他们有着深厚的情谊。1949年，施今墨先生拒绝国民党政府赴台亡命的"敦请"，和其他三十几位国民党立法委员在《人民日报》上毅然发表声明"虔诚接受中共领导"。当他从南京回到北京时，周总理派傅连暲同志前去看望，代表总理问候施老，并表示希望提出对发展祖国医学事业的建议。1953年4月，总理又在中南海接见了施今墨先生，对他说："施老先生，我想请您当老师，谈谈祖国医学事业的发展问题，这是当务之急啊！"施老说："总理您太客气了，今墨不过一介草药医生。"总理说："您是专家，搞事业不听专家意见，不懂装懂，独断专行那是要吃亏的，我今天是虚心求教，请千万不要过谦。"施老被总理的真诚深深感动了，向总理倾吐了久郁心中的愿望：建议成立中医科学研究院、中医医院、中医医学院，开展中西医结合事业，建议提高中医地位……总理认真地听完说："在新中国，中医一定会有一个新的发展、新的变化，我们不但要让中医在国内占有重要地位，而且要把它介绍到国外去，让西方懂得，中医是人类医学宝库的重要财富！"总理的信任，使施老激动不已。在以后的一次中医中药展览会上，施今墨先生献出了治胃溃疡、十二指肠溃疡、高血压、神经衰弱、肝硬变、肝脾肿大、气管炎等十大验方。总理得知后非常高兴地说："好！中医打开门户之见，团结合作，才更有希望！"后来十大验方中的"高血压速降丸""神经衰弱丸""感冒丹""气管炎丸"被制作成药，畅销海内外。"文革"期间，药盒上印的"名医施今墨处方"被当作"四旧""破"掉了，结果外商不买了，说是假药，虽经工作人员一再解释也无济于事。最后还是经补印，外商方才认购。由于施老的贡献和他的名望，被举为全国政协委员，在政协会上受到毛主席接见。毛主席对施老说："我青年时就熟知你的名字，你是南北驰名的名医，希望你对祖国医学事业多作贡献。"后来，施老又献出上百个验方，都为国家所收藏。总理多次请施老看病，每次都要问候他的身体、工作、生活等情况，很关心中医、中药方面的问题。1964年总理出访亚非14国时，还嘱咐邓大姐前去看望施先生。

"文化大革命"的风暴，也冲击到东绒线胡同路南的宁静小院，小院失去了往日的安宁。抄家、批斗后，草折花落，鱼死缸翻，满目疮痍。80多岁的施老经不起这样的折腾，病倒了。在这危在旦夕之际，施老的二女儿给总理办公室拍了市内电报，诉说了降临的灾难。总理立刻派人把施老全家搬到建国门外灵通观的一幢高楼上保护起来，并安排解决医疗费、生活费等问题。施老感动得热泪横流，对孩子们说："你们小啊，不懂，他太忙了，麻烦他，不应该啊！太不应该啊！"1969年施老病重时写给周总理和邓颖超同志一首五言律诗：

大恩不言报，大德不可忘；
取信两君子，生死有余光。
余恨生亦早，未能随井冈；
路歧错努力，谁与诉衷肠。

同年8月，施老病危，总理日理万机脱不开身，就派人来看望，8月22日下午4时，施今墨先生与世长辞。他去世后，总理对施今墨先生临床医案的整理出版十分关心，曾指示有关部门"要大力支持"。

施氏医术　后继有人

我初学医时，于临诊时遇有患者的病症与施老医案记载相似，就按施老原方抄录给患者，结果效如桴鼓，一如医案所载，令人心服口服。

曾有一位唐山医生特地来京向施今墨先生道谢。他说自己原在药房拉药斗，有时也看些小病，后来得到一本《祝选施今墨医案》（1940年祝谌予为施今墨整理出版），在遇到疑难病症自己束手无策时，就翻阅

《祝选施今墨医案》，按其中病情相似的处方一诊、二诊、三诊顺序抄录给患者，而患者竟和医案记载一样，一步步好起来，随之医名日起，所以前来感谢。

我由此体会，学医初起父亲要求我们学习施老先要"形似"后再"神似"确实精当。父亲要我先学施老现成套路，即施老对于每种疾病自己拟的首选方、次选方、特殊方等，他对各种疾病都有独到见解，特殊处方。比如治疗糖尿病，施老认为"以虚症、热症为多，尤以虚热之症最为常见"，强调"糖尿病人，大多具有气短神疲、不耐劳累、虚胖无力等正气虚弱的征象"，就选用两组对药"黄芪、山药"和"苍术、元参"。糖尿病患者多饮、多食、多尿、消瘦，属于伤阴症，苍术性燥，用于伤阴之症，无异于火上浇油，雪上加霜，所以历来没人敢用苍术治疗糖尿病。施老从古医书中见到明代周慎斋用药体会：脾阴不足，重用山药，宋代杨士瀛所言"苍术敛脾精不禁，治小便漏浊不止"，便以生黄芪补脾气配山药补脾阴、苍术敛脾精配元参以润制燥，形成独特风格，取得良好疗效。通过现代药理研究，这两个药对都有降血尿糖作用，足见施老用药的准确。

我随父亲参加整理《施今墨临床经验集》的工作，使我更好地体会到施老用药特点。1962年父亲已将施老自新中国成立后所诊治的数万病历整理挑选出数百例，按系统编印成册，分发给各专家审阅，但经历了"文革"的大劫难，原来收集的资料，散失殆尽，1970年时我们手头仅存六七万字的初稿，于是从各处寻借残存初稿，抄录、核对最后才复原成30万字、13章的初稿，几经修改最后才由祝谌予、翟济生、施小墨（施今墨之子）、施如瑜（施今墨之女）定稿，交人民卫生出版社，于1982年出版了《施今墨临床经验集》。1969年施老在病榻上曾说："我虽今后不能再看病，而我的这些经验，对人民是有用的，一定要整理出来，让它继续为人民服务。"从此亦可看出施先生的襟怀。

施老离开我们20年了。他临终时说："十年后就不会有人再记起施今墨是谁了。"当时有人说："您有功于人民，人民不会忘记您，我们大家不会忘记您！"时值"文革"时期，是非颠倒使施老寒心了。他当时没想到会有万木复苏的一天，现在施今墨的名字，随着他留给人们的"气管炎丸"而名扬海外，随着他留给人们的"抗老延年丸""防衰益寿丸"而家喻户晓。1987年，以祝谌予、翟济生、李介鸣、施如瑜、施小墨及其他学生发起组织的"施今墨医药学术研究中心"成立了，将开发施先生的验方、秘方，弘扬施今墨的学术思想，实现他的"死后仍为人民服务"的愿望。

（原载于《纵横》1989年第4期）

"汤氏病毒"的发现者

刘隽湘

地球上6个人中便有一个沙眼患者；在发病率高的地区，每100个人里就有一个人因沙眼失明！沙眼，这个危害人类健康的大敌，曾经像一尊瘟神，吞噬着成千上万人的光明。但是，这毕竟是过去的事了。今天，沙眼已经被人类所征服。

在征服沙眼的队伍中，我们不能不怀念它的先驱，"汤氏病毒"的发现者——汤飞凡。

30年代提出了"病毒病原说"

1897年，汤飞凡生于湖南醴陵，自幼立志学医为人民解除疾苦。1921年，他从湖南湘雅医学院毕业，来到北平协和医院进修，分配做细菌学的常规工作。由于勤奋好学，工作认真，引起了当时著名细菌学家谭勃洛克（Tembroek）的注意，将他选做助教，继而又选送去美国哈佛大学深造。汤飞凡以优异的成绩结业后，谢绝了举世闻名的细菌学家津瑟尔（Zinsser）教授的挽留，回到了自己的祖国。

那时正是20世纪30年代的中国，沙眼也像其他病魔一样，残酷地损害着人民的健康。汤飞凡下定决心，投入了防治沙眼的斗争。

沙眼，究竟是什么病原体？

19世纪以来，世界许多知名微生物学家和探索者，纷纷提出多种猜测，有的认为"杆菌是沙眼的致病菌"，有的认为"可能是病毒"。"细菌病原说"和"病毒病原说"争论不休。

汤飞凡根据自己的细心观察，认为沙眼病原不是细菌而是一种大病毒。他将美国人、日本人分离出的所谓"沙眼杆菌"注入自己的眼里进行试验，证明它不能引起沙眼。"病毒病原说"终于占了上风，但始终没有人能将病毒分离出来。

50年代沙眼衣原体终于分离成功

新中国成立后，1955年，汤飞凡根据自己的科学判断，采用立克次体的实验技术，经过几百次的试验失败，终于用鸡胚卵黄囊接种和链霉素抑菌的方法，分离出世界上第一株沙眼"病毒"。

翌年，汤飞凡发表了沙眼"病毒"分离成功的报告。世界各地许多科学家纷纷发来贺信，有的索取论文和毒种。英国病毒学家考利尔首先得到毒种TESS，在伦敦李斯脱尔（Lister）研究院证实了汤的工作，随后沙眼"病毒"得到全世界的承认，并被命名为"汤氏病毒"。

他们采用汤氏的方法，短时间内分离出许多株沙眼"病毒"，并进行了大量的研究，很快形成了一个沙眼病原研究的高潮，还带动了鹦鹉热和鼠蹊淋巴肉芽肿病原的研究，导致了微生物分类学的一项重要改变——发现了介于细菌与病毒之间的衣原体目。

由于有了病原体——沙眼衣原体可供实验，获得了许多简单消灭沙眼病毒的方法，如干燥、日晒、热水烫等，短时间内可以筛选出许多特效药物，从而给沙眼患者带来了福音。

然而，早在30年代汤飞凡就提出了正确的理论，为什么要等到20年后才分离出沙眼衣原体呢？

汤飞凡回国后，担任了上海中央大学医学院教授、英国设在上海的雷氏德研究院细菌系主任。正当汤飞凡在科学征途上迈进的时候，日本帝国主义发动了大规模的侵华战争。汤飞凡义愤填膺，再也不能安心于

学院式的生活。他走出实验室，参加了红十字会的救护工作。在妻子的热情支持下，毅然离开上海去后方参加抗日。他在昆明湖畔的荒滩上白手起家，建起了"中央防疫处"（即卫生部生物制品研究所前身），用自己的双手制造出大批合乎国际标准的疫苗、血清，不但满足了大西南的防疫需要，而且支援了陕北解放区。40年代，在没有自来水，甚至连玻璃器皿都是他们自己土法生产的条件下，他领导研制出中国首批青霉素……1936年，汤飞凡应邀去英国皇家研究院访问，恰巧遇到一组在英参观的日本科学家。他当场拒绝和日本人握手，严肃地对他们说："日本正在侵略中国，很遗憾，我不能同你们握手！"

正是由于日本的侵略和后来国民党反动派的扩大内战，使汤飞凡这位爱国科学家投身于抗日和进步事业，而不得不将他所热爱的、并已有初步成果的沙眼研究事业停顿下来。

80年代荣获国际金质奖章

1980年6月，第25届国际眼科学大会上，国际沙眼防治组织决定，向卓越的中国科学家汤飞凡颁发金质奖章。

可是，汤飞凡却已经不幸逝世22周年了。

为了使我们更多地了解汤飞凡，让我们再回顾一些他的往事吧。

还在抗战期间，当时主持工作的汤飞凡，对工作要求极为严格，从不肯因条件的困难而降低科学标准。为了保持实验动物的纯种，他宁可将自己的家办成小白鼠"饲养场"。所里请不起司机，他自己开卡车运送物资；卡车中途发生故障，他爬到车下去修理，险些被来往车辆轧伤……

抗战胜利后，国民党政府忙于内战，根本无暇顾及科研工作及其机构建设，汤飞凡多方奔走筹措，使北平的"中央防疫处"得以重建并恢复工作。他领导的抗菌素生产研究设施，成为解放后的医学科学院抗菌素研究所，部分人员去上海又派生出我国第一个抗菌素生产基地——上海第三制药厂。

解放前夕，美国曾邀他偕眷去美工作，并许以优厚待遇，他拒绝了。为了扑灭仍在土地上猖獗的传染病，他和人民同甘共苦，争分夺秒地赶制防疫所需的疫苗、血清。1950年全国开始了空前规模的普种牛痘运动，汤飞凡又熬了不知多少不眠之夜，用自己改进的方法生产了大量优质痘苗。如今，天花在我国绝迹，其中就有汤飞凡的良苦功劳。

到了1955年，汤飞凡和他的助手分离出四株沙眼衣原体。当时国外许多实验室正在争相分离沙眼病原体，有人劝他抢先发表，他坚决不同意，认为没有达到koch定律的要求，直到他认为达到要求后，才于1956年发表了第一篇报告。最后，汤飞凡又把沙眼衣原体接种到自己的眼睛里，造成了典型的症状和病变，并重新从自己的眼里分离出这个衣原体。为了观察全过程，他肿着眼坚持了40多天，直至确定无疑地证实他所分离培养的沙眼衣原体的致命性，最终完全彻底地解决了延续半个多世纪的关于沙眼病原的争论。这是汤飞凡的治学态度，也是他为人类医学事业而献身的伟大精神。

1958年9月，汤飞凡与世长辞了。著名英国学者李约瑟在悼念汤飞凡的信中，赞誉他是"国家的优秀公仆""人类的朋友"，说他"热爱中国人民"，是"预防医学领域里的一名顽强的战士"。

（原载于《纵横》1983年第1期）

钟惠澜：让瘟疫远离人类

王 鹏

1987年2月6日，人们还沉浸在春节过后的余欢之中，一位曾救治过成千上万危重患者、对人类医学事业多次作出重大贡献的杰出医学家却悄然离开了人世。20世纪20年代，他获得美国医学博士学位；30年代，他成为英国皇家学会会员；50年代，他被苏联科学院聘为院士；80年代，他接受了美国热带医学会名誉会员的称号，并成为获得这一荣誉称号的第一位亚洲学者。他就是我国热带医学研究的奠基人之一、中国科学院学部委员、全国政协二至六届常委钟惠澜。

从童工到医学博士

1901年8月8日，钟惠澜出生在葡属东帝汶的叻利岛上。他父亲原为广东梅县的贫苦农民，后卖身到南洋，成了做苦工的"猪仔"。终于有一天，从主人皮鞭下赎回自由，随后筹款做小买卖。不久，这个吃苦耐劳的汉子能量耗尽，离开人世。钟惠澜的母亲是个不识字的普通劳动妇女，由于丈夫的亡故，家里一度债台高筑。11岁的钟惠澜只身来到香港，在一个小客栈里当了童工。白天他到码头"抢"客人，并侍候住店客人的饮食起居，打扫卫生，代买香烟及倒大小便；晚上还要打够全客栈第二天的用水才能休息。后来他到东帝汶海关找到一份新的工作——跑码头领货。这活儿很累，晚上却只能蜷曲在柜台上睡觉。熟睡中，他常常从柜台上摔下来。

1914年，13岁的钟惠澜在东帝汶一所五年制二等小学（分设高小，初小）开始接受启蒙教育。钟惠澜的大哥钟兆澜曾是东帝汶兴东会国民党支部的负责人。在大哥的影响下，钟惠澜于1917年回到祖国，考入家乡的广益中学。

广益中学是一所教会学校，学的是洋课本，讲课用英语。1918年春天，钟惠澜作为广益中学的学生代表，赴天津参加基督教会的全国会议。会议期间，他有机会来到北京，第一次见到正在施建中的协和医学院。那中西合璧的建筑艺术和宏伟壮观的建筑规模，使他惊叹不已。他暗想，将来一定要来这里读书，并第一次产生要当医生的朦胧意识。

钟惠澜的中学生活很艰苦，教会学校可以免交学费，但生活费仍须自理，因此只有靠半工半读来维持温饱。白天没课，他就在实验室里做实验准备，擦洗试管，为老师当助手。晚上他到图书馆当服务员，每天都要等读者散尽，整理好图书，打扫完卫生才最后一个离开。做这些事几乎占用了他全部课余时间，但他也因此阅读了学校图书馆很多图书，熟悉了各种实验。中学四年的课程，他提前一年完成，并以优异成绩成为全校唯一免费、免考，直接保送到上海沪江大学读书的毕业生。

沪江大学也是一所教会学校。1921年，钟惠澜进入该校理学院的医学预科班。没过多久，他便感到沪江大学不能满足自己的求知欲望。一年后，他离开沪江大学，决定投考协和医学院。

北上之前，钟惠澜赶回梅县老家小住了几日。没想到在赴京考试的路上，他所乘的船遇到海啸，他被滞留在一个孤岛上。待他赶到北京，考期已过了大半。钟惠澜感到考取已无希望，但他还是来到考场，向主考官申明原因，并表示来年一定前来应试。主考官是协和医学院预科部的沃伦·斯蒂夫勒先生，一个认真、固执而又傲慢的美国物理学家，当他看到穿着难民服、满面尘灰、眼睛里流露出自信与执着神情的钟惠澜时，竟破例同意他参加考试，但条件极为严格，必须于当天下午即开始考试，在不得延长考期的前提下，答完与其他考生一样的所有试卷。钟

惠澜未做任何准备就上了考场，一天应付三四个科目的试题，如期答完了每一张试卷。经过艰苦的努力，他终于踏进了协和医学院的大门。他争取到一些勤工俭学的机会，两年后，他完成了预科学习，获得理学学士学位并升入本科，开始了专业深造。

政治腐败、经济文化落后的旧中国，各种瘟疫大面积流行，每年都要吞噬数以百万计的生命。为研究治疗民众最易传染、死亡率又高的疟疾、伤寒、黑热病、鼠疫等恶性流行性传染病，钟惠澜选择了热带医学专业，并在学习期间就开始深入乡村病区进行社会调查。1927年暑假，他来到广东汕头农村，不顾生活和工作条件的艰苦，对那里流行的疟疾进行流行病学考察。在这一地区，他发现了四种能致疟疾的媒介按蚊，这种微小按蚊的体积只有其他按蚊的一半大，却是最危险的恶性疟疾传染媒介。他撰写的论文《微小按蚊》发表后，引起医学界的瞩目，使这位26岁的医学院学生崭露头角。

1929年秋天，钟惠澜以优异成绩毕业于协和医学院，并获得美国纽约州立大学医学博士学位。之后，他被协和医学院正式录用，从此开始了医学研究生涯。

向西方黑热病权威宣战

解放前，华东、华北、西北等地区的13个省份都有黑热病在蔓延流行，患者多为贫苦百姓。有些村庄的发病率高达2%，每年全国因黑热病而丧生的人有五六十万。基于黑热病的严重流行和患者的大量死亡，寻求和研究黑热病的早期诊断和治疗方法以及传染流行的各个环节，是防治疾病的关键。毕业不久的钟惠澜首先选择了这个课题。

当时，西方学者认为，地中海地区有两种不同种别的黑热病病原体。一种存在于病犬体内，称为犬梨什曼原虫；一种存在于病儿体内，称为婴儿梨什曼原虫。还有人认为，印度病人和我国病人体内分离出的病原体属于同一种，称为朵氏梨什曼原虫，并认为三种梨什曼原虫分属不同种别，印度黑热病和中国黑热病的蔓延流行与犬黑热病无关。

　　年轻的钟惠澜不轻信西方学者的论断，在华北城乡做了大量的调查研究，进行了一系列流行病学和临床学的观察。在深入发病率很高的京郊槐房村时，他对患者隔离治疗。他发现患者全部治愈后没过多久，又出现新的黑热病人。他决定扩大研究范围，对黑热病患者的环境进行仔细调查，结果发现凡有黑热病流行的地区，都有黑热病犬。他发现一只黑热病犬一夜间能吸引几百甚至上千只中华白蛉。而吮咬了病犬的白蛉便感染上梨什曼原虫，感染率几乎高达100%。之后，他又把来自病犬和病人的黑热病病原体在中华白蛉体中的变化发展过程进行了对比，发现它们的形态、感染实验动物所引起的组织病变情况、血清补体结合试验交叉反应的情况等都是一致的，从而得出这样的结论：三种梨什曼原虫（犬、婴儿、朵氏）实际为同一种病原体。

　　为了证明犬与人的黑热病的一致性，必须进行人体试验。钟惠澜在研究黑热病过程中曾受过感染，体内已产生免疫力。因此，他的夫人李懿征医生自愿接受皮下及皮内注射犬黑热病病原体，在自己身上进行实验。

　　李懿征是一个贤惠、文弱的女性。作为医生，她最能理解丈夫为事业献身的苦心，也永远是钟惠澜事业和生活中的知音。注射五个月后，李懿征出现了黑热病的典型症状。胸骨穿刺检查，在骨髓内发现了黑热病病原体。用骨髓接种田鼠，后者也产生了典型黑热病病变和大量黑热病病原体。这完全证明了犬、人、白蛉三者之间黑热病传染环节的关系。这一研究成果，推翻了西方学者的错误论断，在世界上尚属首创，具有重大的理论和实践意义。

　　在黑热病的早期诊断方面，钟惠澜首先提出骨髓穿刺法，并创造发明了一种新的黑热病补体结合试验粉剂抗原。后者效果极好，可使病人得到早期诊断与治疗，避免发生死亡，在当时被称为"钟氏黑热病补体结合试验"（后称为"黑热病补体结合试验"）。新中国成立后，钟惠澜把自己在黑热病方面的研究成果较系统地整理成《中国黑热病研究工

作概论》一文，予以发表，引起国外学者的瞩目。为此，巴西政府于1962年通过我国卫生部和文化部（当时巴西尚未与我国正式建立外交关系）对钟惠澜授予特别奖状和奖章，以表彰他在黑热病科研方面的贡献。

拳拳赤子爱国情

1934年秋，33岁的钟惠澜被协和医学院派到美、英、德、法等十几个国家学习和考察，第一次以科学家的身份走向世界。

法国巴黎大学内的巴斯德研究所是世界上最著名的生物学、微生物学研究所，令钟惠澜大开眼界。在丹麦和意大利，他考察了当地组织培养和防治疟疾的情况。在德国汉堡热带病卫生学院（现为汉堡热带医学院），他专门研究了血吸虫、类原虫及组织培养，并发表了两篇有关组织培养和黑热病的著名论文。在英国，他专攻热带医学，获得英国热带医学、卫生学皇家学会会员的称号。此外，他还到了比利时和荷兰等国家。

钟惠澜是一个爱国的知识分子，虽置身于异国实验室，却时刻关注着多灾多难的祖国。1935年，当他在德国汉堡热带病卫生学院进修时，得知国民党政府与日本侵略者签订了卖国的《何梅协定》，非常气愤，立即发表抗议声明寄往国内。但是，他的声明没能寄往国内，他本人倒成了德国法西斯通缉捉拿的对象。一位好心的德国同事劝他不要参与政治，他回答说："我不知道什么叫政治，但如果有外国人进到我的国家去捣乱，我是反对的。"并对那位同事说："如果有人侵略德国，我相信你也会反对的。"他对祖国的赤诚之心感动了身边正直的德国知识分子。他们暗中保护他，设法帮他办好一切离境手续，使他得以脱险。他只学习了九个月就不得不中断进修，怀着依依惜别的心情离开了汉堡。1936年，钟惠澜回到祖国，继续在协和医学院工作。

揭开回归热传染病的秘密

抗日战争爆发后，祖国大地在日军铁蹄的践踏下，饿殍遍野，瘟疫横行。华北地区严重流行着回归热和斑疹伤寒，死亡率相当高。西方学者把回归热看得相当神秘，认为人类得回归热是由病虱吮咬所致，虱子的粪便也能感染人。无论回归热患者还是病虱，在发病期，体内都存在一种螺旋体，在缓解期（无热期）螺旋体变为人眼看不见的超显微颗粒；热症复发时（回归期），超显微颗粒又变为螺旋体。钟惠澜经过对大量病虱进行解剖，证明病虱的腮腺、唾液和口部并不存在螺旋体，粪便中亦无活的螺旋体，不会感染人。为了证实这一点，他在自己身上养了很多病虱，让它们在7天内吮咬自己，结果并未致病。他深入北平穷人集结的"暖场"调查，也证实了这一点。后来，在医科学者冯兰洲的协助下，他首次发现在病虱的体腔内，长期（14—20余天）存在大量螺旋体，当病虱的皮肤或黏膜被擦破时，无数螺旋体便从体腔溢出，有感染力，使人致病。通过研究，他证实了回归热患者无论在发病期和缓解期，体内均存在螺旋体，只是缓解期绝大部分螺旋体被人体形成的免疫力所抗拒。这些研究成果推翻了西方学者的臆见，得到国际医学界的公认，并被写进了各国的医学教科书。由于在回归热方面的重大发现，他被热带医学界知名学者一致推荐为国际科学研究基金会获奖者，只是由于太平洋战争的爆发而使授奖未能进行。

为新中国热带医学研究屡立赫功

新中国成立后，钟惠澜先后担任北京中央人民医院院长、北京友谊医院院长、中华医学会副会长、北京热带医学研究所所长等职。他所从事的医学研究工作受到党和政府的重视与关心，为人民、为医学事业作出了卓越的贡献。

新中国成立不久，美国发动了侵朝战争，并在朝鲜战场上使用细菌战。为了揭露帝国主义的反人道行为，来自英国、瑞典、法国、意大利和中国的科学家组成了国际调查委员会，前往我国东北和北朝鲜境内实地考察。钟惠澜担任了这个调查委员会的专家联络员。同时，他还受党中央委派，出任中央防疫委员会科技研究组副组长，主持国内反细菌战研究室的工作。为掌握第一手资料，他不顾个人安危，深入朝鲜前线开展工作，直至彻底搞清美国侵略者在陶瓷瓶内装入鼠疫杆菌、霍乱弧菌等，用炮弹散播在朝鲜土地上毒害人民的全部事实。当这一调查结果公布后，引起全世界的强烈反响。在北京劳动人民文化宫大殿内，举办了揭露美帝细菌战的展览。展览正式展出前的一天夜里，钟惠澜接到周恩来总理的电话，他马上赶到展览现场。周总理在中宣部部长陆定一和卫生部副部长傅连暲的陪同下，亲自检查了展览，对钟惠澜的工作给予了高度评价。

在此期间，不少中国人民志愿军官兵在对敌艰苦血战而供应困难的情况下患了肺吸虫病。在我国接收的8000多名朝鲜孤儿中，也有1000多人患有该病。当时国际上对这种病既缺乏准确的诊断方法，又无有效的根治措施。许多病人长期被误诊为肺结核、胸膜炎、腹膜炎等，因得不到有效治疗而死亡或残废。鉴于这种情况，中央卫生部特批准在北京中央人民医院成立专门研究肺吸虫病的病房和研究室，以钟惠澜为首，尽快研究出简易可靠的诊断方法和有效的治疗措施。钟惠澜在助手和同事们的协作下，经过一年多的努力就出色地完成了任务。在以后对肺吸虫病的继续深入研究中，他和助手从边疆到内地，从平原到山区，行程十几万公里，足迹遍及20多个省市，进行实地考察，写出80多篇研究论文，研制出五六种特效药，并协助科教电影制片厂摄制了《肺吸虫病防治》的科教片。尤其值得一提的是，他发现了八种肺吸虫，其中五种能导致五种新型疾病，并分别研制出防治这些新型疾病的方法和药物，受到国际医学界的高度评价。

1952年，绥中地区爆发了一场原因不明的热病大流行，死亡率相当高。党中央派钟惠澜到疫区，他很快就判明该病是疟疾，查清病因，采取果断措施，迅速扑灭了这场瘟疫的流行。

云南省的思茅地区有一个4万多人口的繁荣集镇，但解放前由于疟疾大流行致使人口锐减到1000余人。当地流传着一句民谣："想到思茅坝，先把老婆嫁"，意为有去无回。1955年，钟惠澜受国务院之托，陪同印度疟疾专家对云南的疟疾流行成因和防治措施进行考察，使国务院掌握了云南省特别是思茅地区疟疾的全部情况，为控制和消灭当地疟疾的流行提供了第一手资料。钟惠澜杰出的医学贡献，为团结当地少数民族群众、巩固边防起到了积极作用。

1958年，四川的温江、重庆、乐山、雅安四个专区同时爆发一种来势凶猛的传染病，患者发高烧，淋巴腺肿大，咯血，甚至在短期内死亡。当地怀疑是鼠疫或特种流感，因而封锁了疫区。周恩来总理得知这一情况后，马上给钟惠澜打电话，派他去疫区工作，指示他要尽最大努力控制住疾病的流行。第二天，钟惠澜就赶到疫区，经过多方面考察，很快否定了鼠疫的可能，确定这是一种名为"钩端螺旋体病"的恶性流行性传染病。由于判断正确，三天内便控制了疫情，解除了对疫区的封锁。周总理亲自打长途电话，高度赞扬了他的工作。

直言忠谏的诤友

钟惠澜是全国政协常委，尽管他平时科研工作非常多，仍积极参加政协会议，并就国家的大政方针发表自己的看法。1957年3月，在政协第二届全国委员会第三次全体会议上，他做了关于计划生育的书面发言，指出："中国人口基数很大，目前增加率太快太多，故应该辩证地采取有计划地控制生育政策，以便积累大量的资金，保证社会主义建设的早日胜利完成。"钟惠澜所提意见以事实为依据，但他却因此被诬蔑为"肆无忌惮地宣扬马尔萨斯人口论"，在"拔白旗"运动中被当作"白旗"而受到严厉批判。

1962年春节，陆定一给钟惠澜打电话，请他到全国政协去吃饭。当时钟惠澜正患肺炎，发烧41℃，但他还是去了。吃饭时在座的还有时任卫生部党组书记徐运北和中华医学会会长傅连暲。陆定一说："1958年的'拔白旗'运动是错误的，你不要因此产生思想顾虑。"还说："中国的知识分子不是太多，而是太少。从旧社会过来的老知识分子，没有他们不行，建不了社会主义。"钟惠澜听了很受鼓舞。饭后，周总理和彭真也来了，大家在一起合影留念，并一定让钟惠澜站在中间。钟惠澜很感动，认为这是周总理在以其行动为自己平反。

正当钟惠澜感到研究领域不断开拓，大量工作有待全面规划、系统开展时，"十年动乱"开始了。他成为不容置疑的"反动学术权威"而被打倒。一切科研工作都被迫停止了。

"文革"后期，钟惠澜从"牛棚"放了出来，也不必三天两头写反省材料了，但搞科研却仍没有指望。每天他从建国门外挤公共汽车到天桥附近的友谊医院上班，这样一位大专家的工作却是饲养供试验使用的小动物。

有一天，友谊医院院长通知钟惠澜，从第二天起派专车接送他上下班。钟惠澜简直不相信这是真的。事后他才得知，有一次他在路边等公共汽车，被乘车路过的周恩来总理看见，总理马上给卫生部打电话询问钟惠澜的情况，说钟惠澜这样的人连外国人都想用，我们为什么不用？并批示为他上下班安排专车。在周总理的直接过问下，钟惠澜的工作状况逐渐有所改善。他重新回到实验室，并有了助手。

1977年，钟惠澜领导下的热带医学研究室正式改为北京热带医学研究所，叶剑英为研究所题写了所名。钟惠澜唯恐浪费有生之年的点滴光阴，总想抓紧时间再多搞几个研究课题。他亲自抓热带医学科研的实验室试验、临床诊断治疗、现场流行病学调查和防治工作。他和二十几岁的小伙子们一起"连轴转"而不知疲倦。直至病倒之前，他一直坚持全天工作，甚至连中午也不休息。他怕到食堂去吃饭耽误时间，就每天中午带饭。他甚至没有查找电话号码的时间，在家里，他把电话号码随手写在电话机旁的墙壁上；在办公室里，他的专用电话上贴满了写着电话号的白色橡皮膏条。他每天要做的事很多，为了不搞乱各种材料和文件，他每天上班要带四五个大包，将各类材料分别带好。每当他下班回家走下汽车，不明底细的邻居总以为他是到哪儿出差刚回来。而在他家或办公室，到处都是翻开的书。有时，他也会坐在客厅的钢琴前弹奏一首肖邦或李斯特的钢琴曲来松弛一下紧张的神经。

钟惠澜常为一些中央和地方的领导同志治病，有机会接触各方面的名人。他与叶剑英是同乡，又常为叶治病，每次见面，叶剑英都问他有什么要求，并时常让工作人员询问他的生活、工作情况及子女们的就业、生活等问题，对他极为关心。但他从未想到可以利用这个条件为自己"走后门"。只有一次，他找到某位市级领导"走后门"。那是在1984年，那年9月将在加拿大召开第11届热带医学及疟疾国际学术会议邀请他参加，而有关领导担心84岁的钟惠澜身体发生意外而未批准。钟惠澜终于说服了领导，出席了这次会议，并当场用流畅的英语宣读了他的论文《关于中国肺吸虫病和肝虫病研究的新进展》。这是他最后一次把中国的医学研究成果亲自介绍给全世界。

钟惠澜是一位成就卓著的医学科学家，精通六国文字，能用八种外文阅读资料。他曾发表过近400篇学术论文，有过近200项发现和发明。这样一位对人类医学事业作出过杰出贡献的科学家，在他生命的弥留之际向人们提出的唯一请求，是将自己的遗体献给医学事业。

（原载于《纵横》2007年第9期）

红地毯上的医学家吴阶平

傅宁军

时间回溯到1948年8月的一天，美国芝加哥大学泌尿外科研究室著名教授哈金斯像往常一样，很有兴致地听取在他的研究室进修的中国医学博士的实验报告。这位在世界泌尿学界颇有名望的权威教授摸着胡髭，对来自古老东方的年轻博士非常赞赏。实验报告听完了，哈金斯亲切地告诉中国学生，进修期满之后可以留在这里继续做实验。

哈金斯教授得到的回答仅仅是感谢。中国学生一双漆黑眸子闪着亮泽，他婉言拒绝了许多外籍进修生求之不得的求职机会，告诉导师他决定要回国了。

颇感意外的哈金斯教授真诚地挽留他。芝加哥大学是美国一流高等学府，加上哈金斯教授的世界性声望，以及留校工作的一流研究条件和丰厚报酬，足以构成压倒其他的强烈的吸引力。哈金斯从桌上拿起一张正在筹建的研究大楼的图纸，说他已经为他的出色的中国学生安排了一间办公室：留下吧，你把你的家属都接来。

可是，中国学生语气温和而坚定，他已经归心似箭了。哈金斯先生的眼睛里有个问号，那就是学生回国的原因。其实回国不需要理由，中国学生的眼睛里有火苗在跳，他说他是一个中国人，就这么简单。哈金斯教授还有些不解：真的没有其他原因吗？

如果有的话，也很简单。中国学生觉得，自己应该为祖国的泌尿外科学做些事情。哈金斯教授有些明白了。他赞许地伸出手拍拍中国学生的肩膀。

11月，在远洋客轮上悠悠的鸣笛声里，31岁的中国医学博士告别了惜爱他才华的哈金斯教授，告别了领先于世界现代医学的美国。他远渡重洋回到了祖国的古都北平，操着手术刀，伴随祖国走过风风雨雨而无怨无悔。

半个多世纪过去了，他实践了对美国导师许下的诺言，领头创立了新中国的泌尿外科学教学体系。他所主编的大部头医学著作多达23部。他先后荣获7次全国性科技大奖和"法国红宝石最高奖"等国际性专业奖。他的指导教授哈金斯先生后来荣获"科学皇冠"诺贝尔医学奖，但仍以曾有他这样优异的中国学生深感自豪。

他就是我国著名医学家、全国人大副委员长吴阶平教授。

吴阶平在人民大会堂的办公室设在3楼的最东头。高大宽阔的走廊铺着长长的红地毯。红地毯显示着庄严凝重，仿佛铭刻有新中国几代领导人的风采，聚合了一个民族在世界上站立的不懈努力。吴阶平和这红地毯相处久远了，从中年起他就走过红地毯，他是外电评价的"中国医学界第一个人物"，也是由一代名医而踏入中国高级政坛的第一人。

> "许多人总是抱怨自己没有好的机遇，所以没有做出更大的成绩，却不反省自己是否错过了机遇。"他亲身实践了那句至理名言：
> "机遇偏爱有准备的头脑。"

在人类认识自我的艰辛进程中，现代医学不断打开了一扇扇未知之门。吴阶平之所以蜚声中外，当然是因为他献身医学作出的杰出贡献。其中事关民族整体命运的，无疑是他在人口控制领域里的创举。为此，吴阶平1993年荣获首届中华人口奖（科学奖）。

在吴阶平众多中外奖品中，一座底托镌刻金字的三棱水晶石柱晶莹

透亮，这就是中华人口奖获奖者的荣誉，也象征着一代人在金字塔似的科学崎岖道路上奋斗的艰辛。吴阶平淡淡地说，他是搞泌尿专科的，只是做了那么点小事情，根本谈不上什么贡献。

吴阶平的大与小的概念，体现着人生的某种境界。有的人做了很小的事，就以为了不得；而他做了很大的事，却觉得不足挂齿。

早在1956年，当人口众多的现实还笼罩在政治意义的光环里，医学家的良知就促使他们关注到必须找到人类繁衍控制的途径。在一次医学会议上，吴阶平和著名妇产科专家林巧稚谈起计划生育，两位日后成为医学泰斗的专家有许多共同认识。凭直觉，他们看到了只有科学地计划生育，才能走在人口膨胀的前面。

林巧稚教授快人快语，她十分信赖地对吴阶平说："你管男，我管女，我们一起来把这件事做好吧！"吴阶平欣然从命。他后来研究成功的男子绝育方法简便易行，居世界此领域领先地位。而他提出的一种创造性的男子绝育检测方法，把男子绝育手术的成功率提高到100%。曾长期困扰医学界的男性绝育问题有了突破性进展。

发达国家多年未能解决的难题在中国迎刃而解，世界卫生组织得知这一成果非常惊奇，他们很快组织有关专家来中国现场考察。当外国专家亲眼看到，由于手术中巧妙地运用了微量医用颜料，试管里的红、蓝、黄、紫4种颜色代表4种不同的检测结果，最大把握地保证了手术成功，不禁鼓起掌来，翘起大拇指："中国人真聪明！"

——列举吴阶平在医学上的贡献是困难的，他的许多在国际上领先的研究成果都需要内行的专业化复杂表述，而这里只能说得通俗浅显。比如，他在50年代就率先提出"肾结核对侧肾积水"的新概念，并于1960年在我国做了首例肾移植手术。他设计出著名的"吴氏导管"，用于前列腺增生切除术。他还率先利用回盲肠实行膀胱扩大术治疗膀胱挛缩取得圆满成功，此一成果在10年后被美国作为最新治疗方法加以推荐……

"许多人总是抱怨自己没有好的机遇，所以没有做出更大的成绩，却不反省自己是否错过了机遇。"吴阶平说起自己的成才观，印象很深的是半个世纪前的一件往事。在1940年协和医学院毕业典礼上，当时的内科教授、荷兰籍犹太学者司乃博做了一个报告，题目叫做"有准备的头脑"。这个题目出自微生物学奠基人路易·巴斯德教授的名言："在观察事物之际，机遇偏爱有准备的头脑。"

"巴斯德的话正是为了帮助人们认识到必须从提高自己能力入手，才能及时抓住机遇。说明这个观点的最有力的例证是英国细菌学家弗莱明发现青霉素的情况。"

吴阶平从这段人们熟悉的史实里受到很大启发。"弗莱明在观察培养皿上葡萄球菌生长情况时注意到培养皿上发了霉，这种情况不知已多少次被人们看到，都知道这是污染引起的，培养失败，需要重做。但弗莱明看到发霉处葡萄球菌没有生长，于是提出了'为什么发霉处葡萄球菌不生长'的问题。"

"经过研究证明青霉菌有抑制区球菌生长的能力。弗莱明与其他科学家合作，最终制出青霉素，开辟了一个崭新的抗生素时代。他所以能有此贡献正是因为他具备'有准备的头脑'，中国有句名言是'视而不见'，而弗莱明是视而能见，所以与众不同。"

吴阶平的头脑确实是为医学而"准备"的。他1917年出生于鱼米之乡、江苏常州的武进县，父亲吴敬仪当过清末的小官吏，为人聪明博学而能接受新事物。后兴办纱厂，成为一个在当地颇有声望的中小实业家，也给吴家营造了较为宽裕的生活。吴阶平说，他父亲最大的心愿，就是希望吴家的孩子们都能进入当时最高医学殿堂北京协和医学院，那是美国人在中国办的西医大学，可以受到系统的医学高等教育。

吴阶平自幼读的是私塾，父亲为他学习英语和数学，聘请过企业内两位大学毕业的优秀工程师任家教，因此，吴阶平得以考入天津汇文中学，随后进入燕京大学特为协和医学院代设的预科班就读。起初吴阶平对医学并无太大兴趣，吴阶平祖上和他父辈没有当医生的。父亲之所以为孩子选择行医之路，是认为军阀混战，百业艰难，儿女从政从商都非

最佳选择，而悬壶行医乃济世救人的理想，当个高明的医生能免受时局变迁的影响。

吴敬仪的良苦用心，形成吴家新的传统：吴家4兄弟不负父亲的希冀，先后考入协和医学院。吴阶平是泌尿科专家；长兄吴瑞萍是儿科专家；胞弟吴蔚然和吴安然，一个是外科专家，一个是免疫学专家。他们构成了当今中国罕见的名医之家。

吴阶平在协和预科班时年龄是最小的，也是最活跃的。当年照片记录了他少年英俊的模样：学业并没有给他带来任何烦恼，一脸的稚气透着调皮的欢悦。网球场上少不了他挥拍的身姿，桥牌桌上他是主力队员，乒乓球、羽毛球向来是冠军得主。

吴阶平说，他当时确实非常贪玩，还常常发明新的玩法。比如他刚学会骑自行车很新鲜，就向同学提议骑车兜圈子，旁边的同学用网球砸飞旋的前轮，谁被砸倒了就"下台"。结果他"出师不利"，突然从车上摔下地，胳膊摔得疼痛钻心，以为是胳膊脱臼，立即请人推了上去。谁知伤处长好后小胳膊朝外弯动困难，再检查发现脱臼的同时还骨折了。因为当脱臼治，错过了骨折治疗的时机，后遗症只得伴随一生了。

采访时，笔者吃惊地看到吴阶平弯动他的胳膊肘。"朝里弯没有问题的，伸直就是弯的，吃饭也不能弯到身边来，你看不正常吧。不过没关系，拿筷子不成问题。"

"那你怎么做手术呢？"笔者有些好奇。吴阶平做了个拿手术刀的娴熟动作，手指极为灵活。幸好他的手腕和手指功能未受任何妨碍，多么精细的手术也难不住他。

在协和的8年学习生涯剩下两年就要毕业的时候，吴阶平奋起直追。协和完全是美国化的西式教育，一律用英语讲课对话，对学生的要求极为严格。他把十倍的热情和专注投入书本上，学习成绩扶摇直上，从中游跃入佼佼者的行列。毕业考试他夺得了全优，因此被选为毕业典礼上的学生司仪，名字荣幸地镌刻在协和的荣誉金牌上。这是所有协和医学院的学生梦寐以求的最高奖赏。

毕业后吴阶平穿上白大褂，进入协和医院外科做临床实习医生。他牢记着毕业典礼上的报告，"有准备的头脑"提醒他抓住面前的机遇。他悄悄给自己提出了一个目标：要在毕业5年之后，能够超过毕业10年医生的业务水平。

尽管吴阶平后来定向于泌尿外科专业，成为当时中国著名的泌尿外科专家谢元甫的高足，但吴阶平觉得自己做实习医生的收获是终生难忘的。刚从课堂毕业的医学生接触的并不是高深的手术，对此有远大志向的医生也许不会花费太多的精力，但吴阶平就从这些看起来不复杂的普通外科手术中悟出了一生受用的道理。

当吴阶平已经功成名就之后，他对年轻的同行还讲起这段经历。1995年1月的一次学术报告中，吴阶平以自己的临床实践为例，讲到他在做外科实习医生的时候，急性阑尾炎是很常见的病例，阑尾的切除是最常应用的手术。他注意到手术时阑尾的部位差异很大，有的切开腹膜就看到阑尾，有的却是费一番寻找的周折，有的病人症状很重，炎症却不严重，至于阑尾炎症的程度、腹膜的反应更是千变万化……

"我在手术前作急性阑尾炎诊断的同时，对阑尾位置、炎症、程度、有无粪石等问题做分析，并写在病历上，这样询问病史、体检、解释化验数据时就头脑清楚得多。"

司空见惯的现象中有所得，来自于吴阶平的思考。正是思考的火花使吴阶平从不人云亦云，在医学上不断走出前人未知的新路。研究的过程也就是思考的过程，思考把机遇屡屡送到吴阶平眼前。专业领域不同，而成才之路是相通的，吴阶平对思考有一番精辟见解，对人不无启迪：

"勤奋当然是必须的，要勤奋实践，勤奋求知识，但绝不能忽视勤奋思考。我们中华民族的古老文化传统中就十分重视思考，表达思考的词汇也很丰富，如：思考、思量、思忖、思索、推敲、考虑、斟酌、深思熟虑、左思右想、前思后想……在同样实践机会的条件下，重视不重视思考往往大不相同。"

101

> 他出国治病有个"秘密武器",就是他从小
> 爱读的《三国演义》。有时"运筹"的功夫
> 甚至超过医疗功夫,而"三国"的谋略在
> 关键时刻能"助一臂之力"。

　　吴阶平的父亲不愿意儿女跟政治沾边而替他们确定了从医这一行,然而吴阶平年轻时就是热血男儿。祖国富强的梦想点燃着他的政治热情。当学生期间,他曾为日本因明治维新走在中国前面而激动;在美国进修,他曾目睹杜鲁门为赢得总统大选收买报纸的"金钱民主"而极为失望;对中华民族改变百年屈辱的形象他念念不忘,坚信"国家兴亡,匹夫有责",一旦有机会报效祖国当万死不辞。

　　新中国成立后,吴阶平参加过抗美援朝,荣立了大功。医学界人才紧缺,吴阶平在北京医学院带进修生,精心传授知识和经验。60年代,吴阶平受周恩来总理的委托,曾经11次出国为5个周边国家的首脑治疗疾病,这些治疗任务是新中国外交事业的组成部分,自然举足轻重。吴阶平所起的关键作用,为他的人生经历增添了传奇色彩。

　　吴阶平为印尼总统苏加诺治病,第一次是在1962年。当时刚刚过去不久的反华浪潮损害了中国与印尼两国的关系。印尼总统苏加诺患左侧肾结石造成的功能衰竭,虽已在维也纳确诊需要手术,但他不愿躺在手术台上,决定用中医治疗。周恩来总理和陈毅外长当机立断,派出由中医专家、针灸专家和西医专家组成的医疗小组,赴印尼为苏加诺总统治病。鉴于当时国际形势,此举不啻是外交上的一着"高棋"。

　　医疗经验丰富的吴阶平担任了医疗小组组长。周恩来和陈毅在百忙中召见即将出国的医疗小组全体成员,给他们介绍印尼国情和当时国际形势,详细询问了临行的各项准备。周恩来明确医疗小组任务的同时,还专门交代:除了集中力量为总统治病,还要尽可能为各界人士服务,扩大中国在印尼的影响，以使我们在外交上变被动为主动。

一架载着11名中国医学专家的专机，从北京经昆明飞至缅甸首都仰光，再由仰光直飞印尼首都雅加达。飞机飞越滔滔太平洋上空，吴阶平的思绪如舷窗外的白云在翻卷。此行对专家们的考验很严峻，绝不仅仅是医疗上的难题。

果然，一到印尼吴阶平就感觉到印尼上层对"红色中国"的警惕。有人甚至传言，中国派来了一个高级军事代表团。等他们看到，来印尼的不过是中国高级医疗代表团，是来给总统治病的，传言方不攻自破。苏加诺总统身边的印尼医生大多数对中医还不信任，中国医生站稳脚跟并不容易。

凡事预则立。吴阶平集思广益，研究苏加诺总统的治疗方案。他受过系统的西医教育，并有多年的实践和丰硕的成果，但他的学术思想是开放的，从来不排除中医的长处，他与中医专家以诚相待，合作得非常默契。吴阶平在组里强调团结："到国外来为国家做这么大的一件事情，个人之间有什么问题放不下呢。"

吴阶平归纳的治疗方案以中医为主，主要有三点：一是通过西医使对方了解中国的医学水平，从而为中医打开局面；二是中西医各有所长，西医的检查和诊断比中医具体明确，而中医在治疗上有独特方法，西医要为中医"保驾"；三是尽量团结印尼医疗组，取得他们的合作和支持。后来证明这个方案很明智。

在与苏加诺总统见面时，中国医疗专家提出的诊断和治疗意见令总统十分信服。吴阶平还很大度地称赞了总统身边的印尼医疗组的工作。治疗过程中有进展，吴阶平和中国专家总是把账记在印尼医生头上，苏加诺总统大为高兴。中国医疗小组到印尼两个月，印尼卫生部长的军衔就由准将晋升为少将，其他人也都升官或受奖。

这样，印尼医生对中国专家的善意很感动，医疗配合更加主动积极了。走出总统府，中国医生还抽空为印尼高级官员治病，医疗效果非常明显。"中国医生高明"的评价不胫而走，化解了许多印尼人对新中国

的敌意。

苏加诺总统对中医的信心逐渐增强。中药煎成的汤剂，他叫做"中国咖啡"。每次中国医生的配方由中国技术员熬成汤，装进一个特制的密封保温瓶里，总统府派专人来把"中国咖啡"取走。让苏加诺接受中国的针灸是件棘手的事，吴阶平伸出自己的手来，叫医生先在自己手上扎针，然后现身说法，使总统打消了顾虑。

治疗3个月，苏加诺总统的病情得到控制。为感谢中国医生，苏加诺授予吴阶平二级"伟大公民"勋章。周恩来总理对中国医疗小组在印尼的使命非常满意。

1965年吴阶平奉命再次带医疗小组赴印尼，正碰上印尼的国庆日。那天雅加达装饰一新，在独立宫前临时搭起的观礼台上，苏加诺总统将向全国发表演讲。两旁的礼宾席坐满了世界各国的贵宾。中国外长陈毅元帅和吴阶平等中国医学专家也应邀出席。

国庆大典即将开始，吴阶平接到印尼方面的通知：总统请您上去。他走到陈毅身边，轻声地说："陈老总，他们让我上去。"陈毅点点头，吴阶平整整西装的衣扣，快步跟随印尼警卫官走上观礼台，坐在苏加诺总统的旁边。

沉稳镇定的吴阶平知道，印尼医生曾劝苏加诺总统取消演讲，因为总统不久前脑血管痉挛昏厥过，但苏加诺不肯取消，坚持要做这次演讲。吴阶平原以为印尼医生会有应急措施，没有携带任何药品和器械，临时通知他不能推辞，不能辜负总统信任。当时，他的口袋里只有一瓶万金油。

观礼台上只有3把椅子，坐着印尼总统苏加诺和罗马尼亚元首斯托伊卡，还有中国医生吴阶平。他们身后，笔挺地站着印尼三军的6位中将和上将司令官。

所幸的是，独立日国庆大典一切正常。次日印尼各大报纸以显著位置，刊登出两位国家元首和中国医生在观礼台上的新闻照片。外电评论说：印尼与中国关系密切，苏加诺总统离不开中国医生。

没有刀光剑影，同样惊心动魄。苏加诺总统身旁的吴阶平神态自若，何尝不像一位临危不惧的大将军？总统没有意外，也许中国医生的"保驾"是有作用的。

吴阶平医术超群也胆识过人。他率中国医疗小组为苏加诺总统治疗过5次，为我们民族争得尊重和荣誉，也为国家赢得了政治和外交上的主动和优势。印尼后来与中国保持了良好的关系，在联大会议上积极主张恢复中华人民共和国合法席位，坚持"一个中国"的原则立场，发挥了重要作用。

吴阶平在总结从医经验时，强调"高尚的医德""精湛的医术"，还要加上"服务的艺术"。他说："作为一个医生，你要明白，你在观察你的病人的同时，病人也在观察你。病人会注意医生的言谈，形成对医生的印象，病人对医生信任程度就是在这种互相观察的过程中获得的，医生的一言一行无不影响病人。意思是说，医生的诊治，不仅要动用医学手段，同时还要注意心理沟通。"

吴阶平出国治病还有个"秘密武器"，就是他爱读的《三国演义》。他说他很小就喜欢读这本充满智慧的古典名著。外国元首身边都有复杂的人际关系，我们代表国家就不能有个人的意气，不能不着眼大处"运筹帷幄"。有时花在"运筹"上的功夫甚至超过医疗功夫，而"三国"的谋略在关键时刻常常能"助一臂之力"。

吴阶平是中国医疗外交的专家。他是医学家，也是政治家。

对他和 6 位杰出大陆科学家赴台，台湾记者表现出极少有的耐心和尊重。他主动跟台湾记者说："今天我给你们一点新闻吧，省得你们老觉得在我这儿拿不到新闻。"

吴阶平的老家在江苏常州的武进县，他虽然走南闯北，且功成名就，但是常州话一直没有忘记。他说他家里人都说的是常州话，他自己的常州话说得非常地道。1992年6月，吴阶平教授参加大陆杰出人士访问团到台湾，碰到过武进同乡会的乡亲。他说："那天晚上我回到宾馆，好几个人在等我，说他们是常州武进人，问我家乡情况。我马上用常州话和他们谈起来了。我们不但有同胞之情，还有家乡亲情。"

吴阶平和台湾的武进同乡说起老家的变化。人家问他家在哪里，他就告诉他们，他的家原先住在武进县城。家对面以前是孔庙，如今变成文化宫了。家后门还对着条河，现在早已经被填平了。"同乡见同乡，他们问我，我也问他们，我才知道，武进到台湾去的人不算多，但武进同乡会在台湾很活跃。"

吴阶平捏着手指数常州武进出的名人。"瞿秋白是常州人，张太雷是常州人，恽代英是常州人。还有数学家华罗庚也是常州人。旧时的状元、举人那就更多了……"一般人认为当医生的人总有些职业性的冷漠，可在吴阶平的述说里却有浓浓的人情味。

在台湾访问期间，吴阶平见到阔别数十年的著名医学专家文忠杰教授。年过八旬的文忠杰紧紧拉着吴阶平的手，兴奋地对身边的人说："这是我在协和的老同学啊！"

文忠杰1937年毕业于北京协和医学院，当年吴阶平由预科转入协和本科二年级。待吴阶平进入协和医学院三年级时，文忠杰已经担任协和医院的总医师。吴阶平在外科实习时诊疗的病人，都是由文忠杰分配的。协和的学术氛围甚浓，他们憋着一股劲，都想在医学上大有作为一番。文忠杰的踏实细致令吴阶平很是钦佩，而吴阶平的勤奋用心也使文忠杰颇有好感。

吴阶平很高兴地拿出他和文忠杰的合影，两位医学家互相搀扶着边走边说。毕竟世事沧桑，他们都已年过古稀，当时的协和年轻同行们，有的健在，有的退休，有的已经长眠于地下。往事历历，如同昨日……

吴阶平的学术造诣是世界上公认的。在维也纳的一次国际泌尿学会的年会上，吴阶平正和国外几位学者交流最新成果，广播里突然响起英语播送的通知，请中国的吴阶平教授到学会秘书处去。吴阶平来到秘书处办公室，那里的小姐说："这里有位先生要参加国际泌尿学会，按规定要征求您的意见。"那位先生恭敬地递上名片，原来是台湾荣民总医院的泌尿学专家张博士。吴阶平很高兴地在表格上签了字。

"因为他是中国人，我是中国的总代表，介绍入会就得我签字。"吴阶平近年已介绍多位台湾的泌尿学专家加入国际学会，到台湾他还带去了新会员的会员资格证书。此后中国泌尿学会主编的大型专业书籍，曾邀请台湾的泌尿学科专家撰写部分章节。北京召开泌尿学科的研讨会，也都有台湾的代表应邀前来参加。

作为赴台的第一个祖国大陆杰出人物访问团，吴阶平和其他6位科学家在台湾受到很高礼遇。邀请方是台湾"中央研究院"，很多台湾有名的科学家大力促成此事，在台的诺贝尔物理学奖获奖科学家李远哲教授曾致函李登辉，新闻媒体也做了很多报道。当访问团到达台北的前一天，台湾报纸就发了消息，其中介绍访问团科学家的经历、成就，以及担任政协委员、人大代表或社会公职，身份是完全公开的。

吴阶平深感欣慰地说："实际上，我在国外见台湾学者很多，在国际会议上有的已经认识，很有些交往。有时候也为'一中一台'打点架，可是不是我们之间打架，而是针对着接受那种观点的人。在我们到台湾之前，好多事不了解，比如就觉得台湾记者很不好办，他们会盯着你，会给你为难的。实际上呢，没什么事。"

台湾新闻媒体竞争激烈，常有似是而非的新闻抢在别家之前，使当事人哭笑不得。而吴阶平等大师级杰出科学家来到台湾，台湾记者表现出极少有的耐心和尊重。"我们去了以后啊，台湾记者非常辛苦，他们跟前跟后，一刻也不放松。你到哪儿他都跟着你，已经很晚了回住所，他在门口等着你。你第二天早上起来，一开门他也在等着你。一块吃早饭，他问这个问那个。可是从来没给你为难，而且没在报纸上登一点对我们不利的话。"

吴阶平过意不去。他是个心细如发的人，尽管已是医学大家，仍

然十分善解人意，能体谅当记者的难处。他说："过一段时间，我就主动跟台湾的一些记者说，今天我给你们一点新闻吧，省得你们老觉得在我这儿拿不到新闻。"

那天吴阶平向台湾记者披露了两条新闻。一条新闻是纠正一个误传，即孙中山先生是死在协和医院的。实际上孙中山先生在北京的协和医院做手术确诊肝癌，一直到了垂危送回到他的住所，以前叫铁狮子胡同，他是在那儿故去的，故去了马上又送协和去做解剖。所以严格地讲，孙中山先生并不是死在协和医院，很多书里写得不对。

还有一条新闻是末代皇帝溥仪之死。因为溥仪是吴阶平的病人，所以他也知道。有人说溥仪是死于花柳病，也就是性病。吴阶平说这也是不对的，溥仪死于一个很特殊的肾脏肿瘤，还请吴阶平给他看过，可惜已经晚期了。

"我就说给你们这两条新闻吧！"吴阶平微笑着面对台湾记者的录音机。台湾记者如获至宝，吴阶平的"独家新闻"有根有据，且涉及近代史上两个最重要的人物，给赴台大陆科学家的报道增添了几分历史感。次日台湾报纸就用大字标题把这些新闻登出来，写活了对大陆杰出专家的专访。这一回，吴阶平帮了台湾记者的忙。

台湾裕隆集团总裁吴舜文，是吴阶平的嫡堂姐。这位教授出身的成功企业家，在台湾家喻户晓。在台湾的公路上可以看到，岛内民众用的小汽车大部分出自裕隆，纺织业也是裕隆的强项，裕隆集团的资产在台湾排在第五位。

"我决定去台湾以后就想，我去了台湾是找她还是不找她呢？我找她怕她不方便。所以我就告诉吴舜文在上海的姐姐，也是我的堂姐吴舜琴。我说你们是不是打个电话告诉吴舜文，说我要去台湾，在那里她不方便和我见面，那么请她不要有顾虑，我完全理解。她认为方便，那么我可以去找她。第二天晚上她就打电话到我家，说非常希望我去，她就在台北等我。"

吴阶平跟吴舜文的关系是同祖父祖母，因此是很亲的。"她比我大几岁。我的父辈是三兄弟，她是我大伯父一房的，我父亲是属于二房，我们还有一个三伯父。我们三房是住在一起的大家庭，小时候在一起玩。她那时候曾想去念医，但是后来她改了，学的是国际关系学。她在台湾做了几十年教授，丈夫故去才接手办企业。"

吴阶平跟他这位幼年朝夕相伴的堂姐47年以前见过，吴阶平去美国进修后就各奔东西，直到1988年吴阶平去美国访问，在他堂妹家匆匆见了一面。当时人很多，说话顾不过来，在一起匆匆吃了顿饭很快就分手了。"当然我没问她回不回来，我知道她不能来，因为她名声太大，也不会被批准。"

"这一次在台湾见面时间长了，当然是话也说不完了。"吴阶平回忆道，"常州话一说嘛就当然非常亲。她一说都是小时候，也就是60年前在家乡的一些事情。我向她介绍这边的情况，我并不能许诺什么，但我说你来是一定受欢迎的。"后来，在吴阶平返回北京不久，吴舜文就亲自率团来到大陆，实地考察经贸合作的可能……

吴阶平在台湾结交认识了很多新朋友，碰到有些人存在与大陆交往的疑虑，他总是平和地笑笑，说："还是到大陆来走一走，看一看嘛！"近年不少台湾同胞到北京找吴阶平，繁忙的吴阶平尽可能抽空来见他们，和他们很实在地交换意见。当官没官气，说话不绕弯，和吴阶平有过接触的台胞对他都极为信赖。

1993年底，在广东潮汕投资的台湾企业家们酝酿开个春节联谊会，其中几位考虑投资意向时写信恳请他到会。吴阶平觉得这对海峡两岸的关系密切有好处，便欣然前往。台胞见了吴阶平说："还是你说得对，到大陆投资没错，只是我们来晚了，掉在日本和韩国的后面了。"

台胞在潮汕投资的中小企业居多，他们看到日本和韩国投资的企业大，规模也大，慨叹力量不如人家，就想通过联谊会的形式联合起来。他们在反思，他们投资的优势在哪里？想来想去，觉得优势除了两岸都是中国人外，就是相互之间很近。

"日本、韩国跟我们也不远，可台湾就太近太近，过个海峡就来

了。但是呢，现在不能这么做，得绕上一大圈，那运费加进去货物价格就大大的不同。所以他们对促进'三通'的要求就很急迫，因为这里面首先有他们的利益。我认为现在'三通'有望了，与他们这些努力是有关系的。"

"眼见为实，你来看一看就不同了嘛。"吴阶平对海峡两岸的同胞之情坚信不疑。他说："在台湾访问也好，回来接触台湾同胞也好，真正感觉到有一句话含义很深，那就是'血浓于水'！"

周恩来完美的道德风范，给吴阶平以灵魂的洗礼。在他的渊博学识在课堂和手术室大放异彩的同时，他还热心于公众的科普。时间在他很难以常规尺寸来衡量。

吴阶平寓所的客厅里，书橱中摆满大部头精装书籍。红木家具、名人字画和情趣盎然的工艺品，无一不透着主人的儒雅之气。一面墙上，醒目悬挂着已故总理周恩来晚年的一帧彩色照片：黑色的背景，如炬的目光，清癯但坚韧的面容，别在中山装胸前的"为人民服务"纪念章……周恩来是吴阶平的良师益友。

从50年代起，长达20多年间吴阶平作为医学专家有幸和周恩来有很多交往。他参加过许多中央领导人的医疗小组，周恩来的学识、气质和人格力量，使吴阶平由衷地叹服。周恩来对身边的工作人员非常尊重，见到吴阶平总是亲切地称他"吴大夫"。吴阶平从周恩来的言谈举止里得到过许多终生受用的启迪。

吴阶平著作等身，他撰写的150多篇医学论文在国内外影响广泛，他主编的23部医学专著填补了中国医学界的许多空白，受到国外同行的关注和很高评价。但更可贵的是，他渊博的学识在课堂和手术室大放异彩，并不妨碍他对社会公众献上他的爱心。当年周恩来总理谈到过青少年的性教育问题。当时还是谈"性"色变的封闭环境，吴阶平大胆主持编译了《性医学》，用科学态度普及性知识，闯了一次"禁区"。

跟吴阶平交谈，确给人以如沐春风的感觉。他梳理齐整的头发和一丝不苟的衣着，透着浓郁的学者风度，而且是他严谨有序个性的自然流露。他望着你，平静深邃的眼睛显得很亲切，你感受到的是信任，是一种慈悲为怀的沉稳。他的目光里蕴含的洞察力并不令你不安，你会自然而然地放松你所有的拘谨。

吴阶平的思路很活跃，他注意到了年轻父母的尴尬。比如，有的孩子好奇地问父母："我是从哪里来的？"他认为，父母千万不要欺骗孩子，说是从大街上捡来的，或是从医院抱来的，应该用实事求是的唯物主义态度向孩子讲清楚，这里有个健康教育问题。

他对病人的忠告是不要迷信"药越贵越好"。他觉得，目前新药特别多，又出现了营养药、保健药、减肥药等，病人认为一分钱一分货，药越贵越好，其实不然。用药要对症，如果盲目地应用贵重药品，会适得其反。滥用药物不仅无益还可能有害，锻炼了细菌，到真的需要用了，反而不能获得应有的治疗作用。医生应该正确地指导患者用药。

吴阶平曾担任过中国医学科学院院长、中国协和医科大学校长，至今仍是这两所中国医学院校的名誉院长、校长。他对医学模式有他的看法。

早在1946年国际上已把"健康"的定义改为"身体、心理和社会活动方面的完满状态"，医学模式已经从"生物医学模式"向"生物心理社会医学模式"转变。但这一极为重要的转变还没有在医学教育中落实，也没有在大多数医生中形成概念。医学生的教育自始至终是以生物学的人为标准，使学生毕业之后仍是以生物学的人对待服务对象。

吴阶平认为，实际上并不存在生物学意义上的人。"因为人各有个性，世界上没有两个相同的人，即使是同卵孪生，在基因上相同，出生

之后在后天因素的影响下，精神心理状态、性格等诸方面都会有很大差异。患同样疾病的人，病的表现上既有大同也有小异；对同样的治疗，反应也各不相同……"

他对教学的见解是不能和实际脱钩："我反对把教学看成'教师教知识，学生学知识'，而应该提倡'教师教本领，学生学本领'。学本领需要知识，但知识并不是本领。当然要读书要有知识，却不能死读书、读死书，更不能读书死。"

他当国家领导人之后，公务繁忙，不得不离开医疗第一线，然而一些重要的会诊还会请他。"我现在不在第一线了，但我有些老经验。请我看病都是会诊，因为有些他们不太有把握，我义不容辞。也有的是他们都诊断了，要我去扛责任，我更不能够拒绝。"

吴阶平的日常生活极有规律，每天清早5点起床，晚上11点以后才休息，平时日程安排很紧张，从国务活动、社会活动到医务界的活动，他精力充沛，时常令别人忘记他的年龄。在家里腾出时间，吴阶平总是笔耕不辍或大量地阅读。

他说：躯体的成长，到了成熟阶段就会开始退化。这里说的"成长"是指智能、才能的成长和提高。对每个人来说都有两种可能。一种是不断前进，只要思维能力和记忆存在就可以不断提高；另一种是到一定阶段就停滞不前，结果是不进则退，落后于时代。

心态的年轻给吴阶平无穷的活力，至于他身体的保养在于习惯的养成。吴阶平谆谆告诫年轻人："吸烟、酗酒都是不良的生活习惯，对身体很不利，应该下决心戒掉。"

吴阶平对京剧这个国粹极喜欢。著名京剧表演艺术家余叔岩、肖长华、马连良、叶盛兰等都曾是吴阶平的病人，也是他的朋友。他打网球、乒乓球、羽毛球，在协和拿过冠军。至于打桥牌，更是他的拿手好戏，屡屡保持不败的记录，但以后就都放下了。

兴趣广泛的吴阶平，不得不为他那排得满满的工作日程表作出牺牲。笔者问他业余时间爱好些什么，他幽默地笑着说："我是什么爱好都有，现在是什么时间都没有。"

吴阶平把自己全部交给了祖国、交给了他所挚爱的父老乡亲。他的时间很难以常规的尺寸来衡量，因为他的阅历、经历和累累硕果都是超常的。他所走过的道路，他所献身的事业，还在历史长河中延续，为我们民族进步做着贡献……

（选自《新中国往事·科教实录》，
中国文史出版社 2011 年 1 月版）

银针渡人：程莘农先生印象

左 文

今年已年逾九旬的程莘农先生是中国工程院院士里面唯一的针灸学家，也是中央文史研究馆馆员中唯一一位医学专家。程先生人生经历之奇特，更令人啧啧称奇。

当代奇医 功莫大焉

1921年8月24日出生于江苏淮安。11岁起开始读中医学书籍，16岁时其父以500光洋作为拜师礼拜温病大家陆慕韩为师，开始系统学习中医，在瘟病、内科、妇科等杂病方面积累了丰富经验。后来陆师傅因病去世，28岁的程先生便独立接诊，开始了长达半个多世纪的行医生涯。

程先生本来是学内科的，1948年就获得了民国考试院医师证书。但1954年考入江苏省中医学校（南京中医药大学前身）后，却让他当起了针灸教研组组长。他本人那时根本不相信针灸，甚至非常反对针灸。他为此专程找到负责此事的名医孙晏如老师，没想到孙老师说："你给我两个小时，我给你讲药方和针灸的相通之处，我相信两小时后你不会再说自己不懂针灸。"果然，两小时后程莘农心服口服地接受了孙老的观点，自此开启了不开方子的针灸学研究。

1957年，北京中医学院刚刚成立，对中医界医术高超的专业人士求才若渴。国家卫生部专门下文，把程莘农调到了北京中医学院担任针灸教研组组长，兼附属医院针灸科主任医师。据说，当时周总理向南京中医药大学要人时，说了六个字："先中央，后地方"，程莘农班上的七人就这样被调来了北京，并且各负责一个领域。

当时，无论是医学界还是普通民众，都将经络学看作是玄之又玄的东西，有些人根本不相信人体内还有看不见、摸不着的经络存在。为了让人信服，程莘农把研究重点放在了查证经络上。来北京后不久，程莘农根据中医理论结合病人的临床症状画出了人体经络表。为了验证其准确性，卫生部科教司派出一位专家配合他进行这项研究，程莘农依靠经络表，那位专家则用现代医学仪器为病人检查身体，结果表明：两种检查方法的结论竟然有80％以上相吻合。程莘农用实践证实了人体经络的客观存在，这一结论对我国早期经络研究起到了巨大的推动作用。

程先生主攻功能性子宫出血、中风和三叉神经痛等病症的针灸治疗，并完成了"中风偏瘫64例观察"等重大课题。主编了《简明针灸学》《针灸挂图》《中国针灸学》等统编教材，对针灸学在国内外的继承和发展起到了强有力的示范和推动作用，其中《中国针灸学》不仅是中国学生的教材，还成为美国针灸医生资格考试的蓝本。他多次主持国家级、部级课题，作为主持人进行的"循经感传和可见经络现象的研究"，获国家中医药管理局科技进步一等奖，1990年获世界文化理事会"阿尔伯特·爱因斯坦世界科学奖"。1994年当选首批中国工程院院士，1998年9月8日被聘为中央文史研究馆馆员，2000年任中国中医研究院名誉院长。程先生的研究成果，得到了国家的高度重视，经他诊治的数十万患者也将他的医德医术传播到了海内外。而他培养的数十名博士生、硕士生以及数千名洋弟子，也继承了他的衣钵，将中国的针灸事业继续发扬光大。

"程式三才"　出神入化

传统针灸的手法有上百种，程先生对自元代流传下来的"三才法"潜心研究几十年后，经过改进独创出了"程式三才"针灸法。这是一种三下得气的方法，所以得名"三才法"。对此，程先生的解释是："天、地、人为三才，天就是浅，人就是在中间，地就是深。实际上为患者行针大多时候只要掌握好浅、中、深三步就够了。""我捏着针，别人根本拔不走，只要三下就能得气。"针灸大夫指力要求很高，程老持针强调"手如握虎，伏如横弓"，运针讲究指实腕虚，气随人意。"得气"就是扎上针后酸麻胀痛的感觉，对于扎针灸来说，必须要有这种感觉才能有效果。

正是运用"程式三才"，程老扎一针只需一两秒钟，一个病人扎十针八针，他不到一分钟就可全部完成。因此，在程老每天早晨6时至8时的两小时"补时"里，17张床位，他能给40多名病人治疗。在针灸门诊，人们对他的普遍评价是：进针快、穴位准、见效快。

程先生的针灸疗法，不仅速度快，而且效果好，堪称一绝。当他还是南京中医学校的教师时，送医下乡来到山西稷山县，程老和学生们在一位老乡家里吃饭，得知这家的孩子得了一种怪病，总是摇头不止。程先生利用当天吃饭的时间，为小女孩扎了两针，针一拔，头就不摇了。就这样一共扎了三次，小女孩的摇头病就彻底治好了。程先生还为一位印度妇女在20天内解决了困扰她17年的三叉神经痛。这位妇女本人在印度拥有三家医院，由于自家医院对自己的病束手无策，便慕名来到中国找程老，经程先生针灸治疗后，她的病痛再没复发。神奇的针灸使她大开眼界，两年后她便邀请程老赴印度讲学。

这些被世人视为神奇的故事，在程先生看来却是针灸疗法符合科学原理的证明，他说："针灸既能寒也能热，既能补也能泻，很多病都可以采用针灸治愈。除了腰酸腿疼外，一些内脏病症也可以扎针，甚至像中风、脑出血这样的危重病也行。"

医者仁心　号费一元

像程先生这样医术高明的国宝，在一般人看来，一号难求或者挂号费高得离谱，都必定是司空见惯的事。恰恰相反，数十年来，在中国中医科学院专家门诊部，程先生的挂号费只需花1元钱，比一个普通号的价格都低。程先生说这是拜恩师陆老先生所赐，因为无论患者是达官贵人还是贫苦佃户，陆先生都一视同仁，对方无论给10块大洋还是一个铜子儿，甚至一分不给，都从不计较。医者仁心的崇高品德已经内化成了程先生的精神准则，数十年来莫不循此准则行医做人。

进入耄耋之年后，程先生仍然坚持在一线为病人针灸，直到2005年9月10日。就在这一天，他像往常一样准时来到诊室，快8时时刚给所有病人全部扎上针，"我感觉不对劲，自己走到一张空着的病床上，一躺下就没了知觉"。幸好助手及时赶到，对他进行急救才没有出现意外。自此以后，程先生就不再出诊，但并不意味着不给人看病了。一般人要见到他十分容易，因为他每天早晨6时会准时来到自己的诊室，30多年来从不更改。作为80多岁的老人，每天的日程表总是排得满满的：上午门诊，下午开会、教学、会客，晚上回家后看报纸和电视新闻、接待访客，夜深人静了还要看书、审稿，几乎每天都要忙到深夜12时甚至更晚才能睡下，老当益壮的进取精神在程先生身上表现得尤为明显。

鲜明个性　赤子情怀

《老子》有言曰："含德之厚，比于赤子。"笔者在拜访程先生时，无时无刻不在感受着程先生的鲜明个性，以及这种个性所体现出的赤子情怀。

程先生最引人注目的标志是那一缕飘逸的白胡须，象征着他倔强的

个性和坦荡的胸怀。原来，"文革"爆发后，脾气耿直的程老由于拒不承认自己的"滔天罪行"，被下放到河北、湖南等地，接受长达6年半的劳动改造。"文革"结束后，程老准备再次拿起银针回到病人身边，但就在回北京的第三天，他就发高烧了，得了急性肺炎，只能再次回到家里休息。殊不知一休就是半年。半年没有出门，头发、胡子都长得很长。程先生决定，头发可以剃，胡子必须留——"别人都说我50多岁的人留着长胡须像什么话，但我就要留下来……这是'纪念胡'"。

接触过程先生的人大概都有一个共同感觉，那就是老先生爱发脾气，他经常在公开场合与人争论时拍桌子，无论对方是何方神圣。记得他在出席某次重大的纪念活动时，头戴礼帽端坐在观礼台上兴致勃勃地观看节目，坐在前排的据说是一位级别不低的领导，可能为了更好地观看效果，竟然站了起来，挡住了程先生。只见程先生拿起手中拐杖不由分说地打过去，大喝一声"坐下"。那位领导回头一看，只见后面坐着一位长髯飘飘的老者，有凛然不可侵犯之势，一时惊为天人，却不知是何方神圣，只得乖乖坐下。但奇怪的是，爱发火的程先生在向别人介绍自己的养生秘方时，头一条竟然是"不生气"，因为"我向别人拍桌子，那不是真的生气，大喊大叫之后我就忘了"。他笑着说："我说的不对，别人不当场和我辩论，那是他的问题；别人说的不对，我就要当场和他辩论。"

结　语

2012年新春佳节临近时，我陪同领导一起去拜会程老先生时，发现先生只能卧床与我们交谈了。一阵心酸之余，我还感到异常惊讶：一是惊讶于先生所住房屋之简陋狭窄，大概只有60平方米的老旧房子里面堆满了报纸杂志；二是惊讶于先生惊人的记忆力，他对数十年以前的事情依然如数家珍；三是惊讶于先生的本色不改，说到激动处，他仍然语调激昂，中气十足，仍然会情不自禁地拍打着床沿……当我们起身告辞时，程先生执意起床，并且坚决"不要人扶"地送我们到楼梯口。

望着须发全白、颤颤巍巍但依然目光坚毅、头向上昂的程老先生，我恍然发现，岁月的流逝固然可以残酷地催老一个人的躯体，但永远无法让不屈的灵魂低下高贵的头颅。

告辞程先生后，我口占七绝一首，以示景仰：

得气手法如有神，
程式三才勤度人。
安得世间离苦厄，
哪惧我针蒙锈尘。

（原载于《纵横》2012 年第 11 期）

我的肝胆人生

吴孟超　口述

吴　菲　整理

　　我国是肝病大国，自新中国成立初期，肝癌患者的人数就不断地上升。

　　我用了毕生的精力来研究治疗肝癌的技术，现在虽然在治疗手段、手术治愈率上有所提高，但肝癌的发病率和死亡率都没有下降。我国的人口基数太大了，对这一领域的研究也有待提高。

　　作为一名医疗工作者，为人民的健康服务是职责所在。人民的痛苦还没有解决，我也不能止步于此。

研究，为患者提供最高超的技术

　　2005年，我联系了六位研究肝癌的院士，向国务院总理温家宝打报告，提出了两件事：第一，成立一个全国性的肝癌研究课题；第二，建立一家国家级的肝癌科学研究中心。

　　刚好也在那一年我获得了国家最高科技奖。授奖那天，我将这个提案送了上去，并得到了国家领导的高度重视。很快，国家就成立了一个重大项目，计划用三个五年，把我国的肝癌发病率和死亡率降下来，将肝癌的治愈率提高。第一个五年计划，国家拨款五亿元，组织课题研究，全国范围招标。现在正在实施第二个五年计划，全国相关的课题研究达到了十几个。在建立国家肝癌科学研究中心方面，国家发改委拨款两亿元，上海市拨款两亿元，国家与地方结合起来，现已动工。国家肝癌科学研究中心建成后，将向全世界公开。

国家之所以重视这一项目，是因为一个医学领域技术的提高，离不开科研的发展与探索。这不禁使我想起了肝胆外科的创建之路。

在新中国成立初期，我国的肝胆外科技术还很薄弱，国内也没有人专研这个领域。20世纪50年代，我升任主治医师，也有了自己的发展方向。在裘法祖老师的建议下，开始探索肝胆外科这一领域。

当时筹建肝胆外科是很艰苦的，由于我之前没系统地学习过这一专科，更没有学习过肝脏的解剖，因此最先要做的就是了解肝脏的构造。

起初，我找到了一本国外新出版的肝脏外科入门书籍，并将其翻译过来，在裘法祖老师的帮助下出版了。

第二步，理论赋予实践，从实物解剖做起，我在研究解剖之后将其应用于临床治疗。

肝胆外科，其实是一门转化医学，解剖是为了用于提高患者手术疗效，减少出血。我做动物试验，总结出常温下间歇肝门阻断切肝法，这个方法现在全国都在用。还有代谢研究提高了疗效，又开展了新型手术——中肝叶切除，后来又搞起了大血管瘤研究。转化医学就是要不断地从基础研究中掌握方法，用于临床验证，提高患者的疗效，然后从患者中发现问题，再进行研究，解决问题，最终用于患者。因此，最初我成立的研究组，之后到研究室，后来又发展实验室，之后扩大成研究所，最后到现在国家投资建立肝癌科学研究中心，专门研究肝癌课题。

肝癌课题的研究需要资源，没有患者怎么办？所以就要在研究中心旁边建设一家配套的大型医院。

医院，为患者提供最优质的服务

在医学领域内，科研的技术需要通过医疗体现。正如东方肝胆外科

医院一样，有东方肝胆外科研究所与之平行，所以我的医院是一家院所合一的专科医院。

而医院的建立要从"文革"说起。"文革"后，我开始成立了全国第一个肝脏外科病房，也逐渐地从普通外科正式分离出来了，形成了带有正规编制的独立科室。级别与普外、骨科平行，并且受到国家和上级部门承认。

后来，由于患者人数的迅猛增加，科室的工作任务加大，我的肝胆外科迎来了新发展，成为了中国人民解放军第二军医大学附属长海医院里的院中院。并于1996年医院建新楼时，彻底地独立出来，成为现在的东方肝胆外科医院。我的医院目标明确，就是研究肝癌，医院发展的方向也是要解决肝癌问题。

我对我医院里的医生有个要求：一定要实事求是地为患者用最简单的方法、最便宜有效的手段医治好病，不让患者花冤枉钱。其他医院七八万元才能治疗的手术，我们这里三万元就可以解决。

但是同样基于这个原因，建院初，医院的创收很少，医生的收入也很少，很多医生都因此离开了。护理人员的流动性也非常大。但也有些人再苦都愿意留下来，那是因为对医院有感情。我们是军队医院，有正式编制的是军人待遇；另一种是聘用编制，不属于军人，他们的待遇相对较低。现在我逐步将聘用编制与正式军人编制的待遇看齐，实行同工同酬制度，同等待遇，这样就将人才留住了。

在医院里，军人编制的医生收入都是上级拨款，而且编制也有等级之分，我们医院的编制太少，等级又太低。正师级党委，700多张床位的医院，编制至少应该在700个左右，现在我们只有100多个正式的编制，医院80％的运营成本都是靠我们自己创收，我要维持医院的运营，还要兼顾低费用治疗，上级的拨款又很少，我该怎么办呢？

我的医院的发展不是靠药品和手术检查创收的，而是依靠慈善事业的资助。1996年，我的患者家属中，有一位来自台湾的商人尹衍梁先生，他的姨夫在我们这里住院，并得到了很有效的治疗。因此，他对我们医院的服务非常满意，就为我们医院投入第一笔资金，赞助我们建了第一栋楼。从此我们就创建了基金会。当时的尹衍梁先生，加上几位企业家，投资500万元，成为基金会的启动资金。

到我们医院治疗的患者很多都是华侨，他们都会为医院捐钱，过去不知道有基金会，他们就捐给医院，我再将这部分资金放到基金会里面，实际上基金会就是医院的后盾。这样一来，我们医院便可以自给自足了。现在我们基金会的资金发展到了2000万元，这些基金主要用于医院的成本运营、出国留学人才的培养，还包括医生的著书立说、优秀员工的奖励等。

医院的建设离不开人才的培养，改革开放以后，我送了一批可造之才到国外培养，后来这批人90%都回来了，成为了现在我们医院的骨干力量。20世纪90年代，有了基金会的资金后盾，我又陆陆续续地送出去了一些，今后我还要将人才送出去，这样医院的建设发展才有人才。医院要不断地往前发展，我就培养人才，并为他们搭建平台，今后的医疗事业就交给他们了。

（选自《推动者系列·科技引领未来》，
中国文史出版社 2018 年 6 月版）

海军医学专家冯理达

仇秀莉　刘尚高　杨　慧

　　冯玉祥，20世纪30年代中国历史舞台上的风云人物，著名的爱国将领，曾任西北军领袖、国民党军事委员会副委员长。其女冯理达，现为全国政协委员、全国政协台港澳侨委员会委员、中国和平统一促进会常务理事、解放军海军总医院原副院长、世界杰出的女科技工作者之一。出自名门望族的她，是享誉海内外的知名人士，同时还是我国为数不多的一位女将军，其身世、阅历是如此的丰富，深深地吸引着我。2004年初春，笔者有幸采访了冯理达教授。只见她一身戎装、神采奕奕，真使人无法相信这已是79岁的老人，从她的言谈举止中，我们能深切地感受到那种健康的气息及对人待事的豁达。

在父亲教诲下成长

　　冯理达出生于1925年，是冯玉祥与李德全的第一个孩子，被父母视为掌上明珠、"可爱的小天使"。每当忆起那段与父母相处的日子，冯理达教授的眼里总是充满了自豪与伤感。虽然父亲冯玉祥出身贫寒，但他靠自己的忠勇、正直赢得了威信，从11岁辍学从军后，由士兵逐步升为营长、团长、旅长、师长，以至西北军的领袖、国民党军事委员会副委员长，在职位上仅次于蒋介石，是国民党中著名的爱国将领。1922年，冯将军的前妻刘德贞因病在北京去世，留下了5个孩子。冯将军中年丧妻，非常悲伤，但为了抚养儿女，他作出了重组家庭的决定。当时的冯玉祥已是位高权重，京城的大家闺秀都争着要嫁给他，就连当时的陆军大帅曹锟也为其女提亲，但冯将军不愿攀龙附凤而婉言谢绝。后来，冯将军偶遇李德全，这才成就了一段好姻缘。

虽是将军之女，但父亲对他们姐弟几个要求很严格。为了培养他们独立生活的技能，冯玉祥要求他们必须学会做家务活、缝衣服、织毛活，每人一周轮流做饭。1931年，冯玉祥在抗战问题上与蒋介石相左，隐居在泰山脚下的一个祠堂里，他要求子女"不要当小姐少爷，要自强，要靠自己的手去生活"。在父亲的教导下，冯理达习文练武，每周要写100个大字、1000个小字，大冬天也要在院子里耍大刀。五六岁时她已开始给父亲当"传令兵"，给卫兵洗袜子。记得父亲第一次跟她发火是为传令的事。"父亲有个习惯，每次接见人要先预约。我当时不知'约'是什么意思，就把人直接带了进来，父亲大怒，他说以后再传令要先复述一遍才能执行。"回忆当时的隐居生活，冯理达仍记忆犹新，她常看到母亲给父亲读一本很厚的书，后来才知道是《资本论》。夏天的夜晚，冯理达和其他孩子坐在院子里让大人讲天上的星星，听着听着就睡着了。她还记得父亲的唯一一次痛哭是在西安事变之后，当时有人主张杀掉蒋介石，那样将不利于国共两党团结抗战。那次冯玉祥哭得很伤心，手巾拧了好几次。

在成长的道路上，冯理达从小就受到了良好教育的熏陶，经过一次次的磨炼，她树立了自立自强的信念，养成了不向挫折屈服的个性和乐观坦荡的胸怀。母亲李德全常对她说："要学好一门技术，能够独立生活，将来才能报国为民。"1943年，聪慧好学的冯理达在重庆南开中学毕业后，于1944年以优异成绩考入齐鲁大学医学院，后又转读美国加州大学生物系。

1946年，冯理达随父母赴美，一方面在加利福尼亚太平洋学院生物系读书，一方面协助父亲做些工作。那时候，蒋介石发动内战，冯玉祥极端愤恨，写了《告全国同胞书》，毅然决定与共产党全面合作。他因

此被开除党籍，被吊销出国护照，处于孤立无助的境地，还时常被便衣特务盯梢。冯理达和男友罗元铮（冯玉祥的秘书）轮流为冯玉祥开车，同时又当警卫、秘书、翻译和勤务。有一次在旧金山附近，冯理达发现有便衣特务跟踪，便灵机一动，先将父母送进苏联驻旧金山领事馆，然后又开车兜圈子把特务甩开，这才又回过头来接父母。

1948年5月，中国共产党发出了"召开新政治协商会议，欢迎一切爱国民主人士前往解放区"的号召，冯将军应邀参加新中国的政协筹备会。苏联驻华大使潘友新从冯将军的安全考虑，建议他们最好是乘苏联的客船走，到苏联后，再设法进入解放区。如果乘美国或者其他国家的船走，有可能发生意外。1948年7月31日，冯玉祥夫妇带领冯理达和女婿罗元铮、冯颖达、冯晓达、冯洪达及秘书赖亚力共8人，经一番周折后，终于登上了"二战"期间苏联从希特勒手中缴获的"胜利号"大型豪华游轮。当客轮行驶到黑海时，冯将军所在的船舱突然失火，当时冯玉祥正半倚在床上给女儿颖达和晓达讲故事。在另一舱房里的儿子洪达及冯将军的秘书从窗户跳出来，急忙用太平斧劈开了冯将军所住舱房的窗户，救出了昏迷不醒的冯玉祥和李德全。李德全被救活，而冯玉祥和小女儿却不幸逝世。这场灾难至今仍然是一个谜。说到这里，冯理达教授说："母亲非常坚强，没流一滴眼泪，只是头发突然白了，我抱着父亲和小妹的骨灰盒回到祖国。毛泽东、刘少奇、周恩来等领导同志发电报慰问我们，我们打心眼里感激他们。"

"靠自己的双手创造生活"

在父亲逝去的日子里，冯理达始终牢记父亲的谆谆教诲："要自强，要靠自己的双手创造生活。"1949年，她成为新中国第一批留苏学生，在列宁格勒医学院攻读免疫学，9年后，冯理达获博士学位。毕业回国后，她被分配到中国医学科学院工作。冯理达十分珍视报效祖国的机会，在免疫和传染病的防治工作中尽心尽责，其足迹踏遍广东、广西、浙江等地，为广大农民送医送药。这期间，她写了大批论文，从理论到实践，为创立具有中国特色的免疫学打下了基础。早在20世纪50年代至70年代，冯理达教授就认识到整体免疫的重要性，结合中医理论，把免疫学的研究提高到整体论的领域。进入20世纪80年代，冯理达教授首先提出中国免疫学、免疫物理学等新的学科思想。随着研究的不断深入，她进一步提出了免疫宏观学、免疫微观学、老年免疫学、免疫康复学等理论，并在这些理论的指导下，开展了一系列研究，取得丰硕成果。她撰写的专著《健康健美长寿学》，为我国健康、健美、长寿学指明了向综合学科发展的方向，被世界众多医学界聘为名誉理事长、名誉院长、终身名誉会长等职。1993年起，她被评为国家级有突出贡献的专家，并享受政府特殊津贴。

1987年，她成功地将气功免疫学研究与临床治疗结合起来，创办了中国第一所医药结合的气功门诊所——气功免疫研究门诊，成为蜚声海内外的气功免疫学专家。迄今为止，已有5万余人在这里解除了病痛。冯理达靠自己的努力，竭尽全力为人民服务，她用讲学收入购买了数十套仪器设备放入实验室，她把上千万日元、几十万美元全部交给国家，把别人赠送的所有仪器、设备也全部充了公。

"文革"中，许多人，尤其是一些特殊身份的人都不同程度地受到迫害，面对此话题，她坦然地说："那时我们家也无可避免地受到冲击，母亲也于70年代突然病逝，那都是过去的事了，不想再提了。"接着她又说："不过在邓颖超同志的关照下，我被调到海军总医院当医生。在医院工作之余，我就拖地、倒痰盂、刷厕所，脏活累活抢着干，与其他医护人员很团结。"1978年，冯理达奉命带另外两名同事创建免疫室，她像年轻人一样又焕发了青春，全身心地投入到研究中，一些研究成果获得全军科技进步奖和全军医学科技大会奖等成果，她由一名军医提升为副院长，成为我国为数不多的一名女将军。

为表彰其在免疫研究领域的杰出贡献，她被列入1996年由英国剑桥国际名人传记中心评选的"世界最著名的500人"之一；1998年又入选

为20世纪2000位著名科学家之一；2002年再次选入21世纪"世界最著名的500人"之一，并由英国剑桥国际名人传记中心向她颁发了"世界500人"证书、奖章及其他奖项的奖杯、奖状等；2002年，她再次当选为2000名世界杰出科学家之一。

半个世纪的挚爱

有人说：成功的女士是事业与美满家庭的结合。当冯理达谈到她的家庭时，脸上总是浮现出幸福的微笑。她和爱人罗元铮1944年相识于成都，那时，两人都还是学生，罗元铮就读于华西大学，而冯理达则是在齐鲁大学，他们是在五大学合唱团宣扬抗日救国活动中认识的。那时冯理达是女高音，罗元铮是男高音，他们经常在一起演唱进步作曲家冼星海和聂耳的歌。当时，爱写即兴诗的罗元铮曾写过一副对联："金（陵）男大，金（陵）女大，齐（鲁）大非偶；市一小，市二小，两小无猜。"当这副洋溢着文学才华的对联传到冯理达耳朵里时，她虽然对这种调皮的做法感到生气，但也不得不佩服罗元铮的智慧，开始暗暗留意他。而罗元铮对冯理达的评价是：在一群达官显贵子女中，她从不涂脂抹粉，非常随和。一位是名门望族，一位是书香世家，共同的追求、美好的情操使两个青年的心紧紧连在一起。母亲李德全也是位拥护自由、追求进步的女性，当冯理达把罗元铮领回家时，父母认为这个年轻人英俊潇洒，勤奋好学，为人踏实，同意他们继续交往。

1947年农历八月十五日，冯理达和罗元铮陪父母开车前往纽约参加民主活动。经冯玉祥提议，两人在加州首府沙加缅度结婚。途中，他们请一位过路的美国人拍照留影。当晚，冯玉祥选了一个名叫"爱锁"的旅馆住宿，并为两位新人写下了"民主新伴侣，自由两先锋"的对联，以示祝福。这副对联至今还珍藏在冯理达的身边。新婚之夜，没有排场的宴会，没有鸣放的礼花，只有火车铿锵的轰鸣声在欢快地为他们伴奏。婚后，罗元铮一直在冯玉祥身边帮助处理各种事务。

患难识知己，日久见真情。"文革"中，冯理达被打成"双料特务"，罗元铮被扣上"反革命分子"的帽子，但他们相互安慰，共渡难关。弹指一挥间，50多年过去了。罗元铮，这位中国著名的经济学家，曾是27所大学的兼职教授，虽然已于2003年8月离她而去，但在冯理达的心中，罗元铮从来就不曾离开过。而认识他们的人，也无不被他们生活的和谐和美满所感染。冯教授感慨地说："人生不能枯燥，要学会主动创造环境。夫妻间一定要有一定的自由度，要学会互相尊重，这样才能协调生活。"

永远不变的爱国情怀

冯理达教授不仅是一位杰出的医务工作者，而且还是一位著名的社会活动家。在致力于医学工作的同时，她还兼任全国政协委员、台港澳侨委员会委员和中国和平统一促进会常务理事。2004年"3·20"台湾公投，陈水扁及其少数"台独"分子分裂祖国的行径，违背了包括台湾同胞在内的所有炎黄子孙盼望祖国统一的意愿。冯理达对此很气愤，她说父亲冯玉祥一生爱国，希望统一，曾经在诗作《运石》里写过这样的诗句"人民安乐版图全"，这正是他一生为之奋斗、为之献身的目标。冯理达动情地说："遗憾的是1948年父亲遇难，没能看到结束战乱之后新中国的建设，没有等到祖国的统一，作为他的女儿，我最大的心愿就是希望父亲的遗愿能在我们这一代人的努力下实现。这些年，我同台湾一些国民党进步人士及他们的子女有不少联系，如今老一辈大都离开我们了，父亲旧部的儿女们也像我一样，都是花甲、古稀之人了。改革开放以后，他们经常回大陆观光旅游、经商，每次与他们见面，我都能感觉到他们游子思乡、叶落归根的那份情感，他们都希望两岸携起手来，共同振兴中华。毕竟都是炎黄子孙，反对分裂、渴望统一是我们每一个中国人的最大心愿。"

　　"人民安乐版图全"——这是冯玉祥将军的遗愿，也是冯理达教授的心愿，更是每一个炎黄子孙的心愿。我们期待着这一天早日到来，尽欢颜！

（选自《新中国往事·人物传奇》，
中国文史出版社 2011 年 1 月版）

悬壶何为——与肿瘤生死交锋这些年

赵 平 口述

潘 飞 采访整理

伴随现代科技飞跃式的进步，曾经威胁人类健康的疾病一个个被攻破。可是，还有一个疾病幽灵仍在全球各地四处徘徊，这就是癌症。国际权威数据显示，20世纪50年代，癌症的死亡率远低于心血管疾病；到20世纪末，由于心血管疾病诊治技术的提高，两者的死亡率已基本拉平。中国第三次全国死因回顾调查的数据表明，2003—2004年癌症已成为我国城市居民因疾病死亡的首位原因（占城市死亡总数的25.03%），癌症已经成为全社会高度关注的一类重大疾病。

林县经验：癌症可防、可治的一道曙光

河南林县，我国太行山区一个名不见经传的小县，20世纪50年代因"水不通、路不通和食管不通"而受到广泛关注。1957年，林县县委书记杨贵在全国山区生产座谈会上谈到，林县每三个男人或五个女人中就有一人死于食管癌，甚至发生同一村几户人家同日出殡的悲惨场景，真可谓"万户萧疏鬼唱歌"。更有甚者，林县蓄养的鸡、羊的食管也长癌。这一情况引起了在场的党和国家领导人的高度重视。

1958年，国务院总理周恩来批准成立新中国第一家肿瘤专科医院——中国医学科学院日坛医院（后改称中国医学科学院肿瘤医院）。

肿瘤医院刚刚挂牌，周总理就要求医院党委书记李冰同志（李克农之女）到林县蹲点，带领肿瘤医院阵容强大的防治专家长期在贫瘠、贫穷的太行山区驻扎。当年，医疗队员和群众一同喝苦井里的水，吃糠窝窝，住在四面透风的破庙中，他们怀着治病救人的赤诚之心在林县开展防癌普查，对可疑的食管癌患者进行拉网式排查和诊断治疗。终于，这批来自北京的医疗专家在十分艰苦的条件下，完成了林县11万人口30年间（1940—1970年）的食管癌死亡调查回顾，查明了导致食管癌的部分诱发因素。

根据专家的意见，政府和医务工作者大力改善居民的饮水、厕所卫生，转变人们的不良饮食习惯……随着中国医学科学院肿瘤医院与河南省内的肿瘤专家协同作战，大力推行食管癌筛查和早诊早治，林县食管癌的发病率从20世纪70年代初的180.89人次/10万人下降到2003年的82.80人次/10万人，死亡率从133.07人次/10万人下降到59.60人次/10万人，创造了全世界防治癌症的奇迹，打破了当时癌症不能预防、不能治疗的定论。

林县癌症防治的综合治理模式，在中国乃至世界癌症防治史上都留下了宝贵的经验。在长达半个世纪的岁月中，中国医学科学院肿瘤医院的医务人员一批接一批坚守在太行山区开展防治，从未间断。不仅如此，几十年间，他们还努力帮助当地培训医务人员，协助组建"地方武装"，留下了一支"永远不走的医疗队"。林县有个不起眼的小村子——姚村，村里有个不大的卫生院，肿瘤医院的医生手把手地教会了这些乡村医生做食管癌手术。几十年过去了，今天的姚村卫生院已经发展成以食管癌诊治为主的中等规模医院。一位外国卫生部部长到此参观后感叹道："这是世界的奇迹，一个乡村医院居然每年可以完成上千例食管癌手术，真不可思议！"确实，每年可以完成这么多例食管癌手术的三甲医院在中国也不多见。在医改不断深化的今天，重温"林县经验"带给我们的启发是：只有重心下沉，中国才能保证13亿人口的基本医疗得以平稳推进。

此后，"林县经验"这一癌症高发现场研究和综合防治的杰作，又相继在山西襄垣、江苏启东、云南个旧、河北磁县等许多肿瘤高发地区先后复制并获成功。实践证明，控制癌症采用预防为主，研究引路，防治并重这一策略是切实可行的。中国医科院肿瘤研究所和美国国立癌症研究院在林县合作了30多年，林县食管癌高发区的防治经验已获得国际上的认可：要了解食管癌的防控，请到中国的研究现场去！

三次全国肿瘤大调查：成果与思考

1969年，全国肿瘤防治研究办公室正式成立，李冰担任主任。1973年，全国肿瘤防治研究办公室在全国范围内启动了第一次以恶性肿瘤为重点的居民死因调查回顾，覆盖8亿人口。当时，研究人员争取到各级党政部门的支持，发动了数十万基层卫生人员和"赤脚医生"参与调查。在这次调查的基础上，1979年中国第一本《中华人民共和国恶性肿瘤地图集》编辑出版，这是中国肿瘤史上的一项创举。该书还翻译成英文版并对外发行，在中国乃至世界医学史上都留下了浓墨重彩的一笔。20世纪90年代初，又展开了第二次调查。通过这两次调查，基本摸清了肿瘤在国内的流行发病规律和分布特征，为肿瘤防治工作打下了科学基础，对制定我国的肿瘤防控规划起到重要的参考作用，带动中国肿瘤防控事业进入了发展的"黄金时期"。

令人遗憾的是，在接下来的一段时间里，这套业已建立起来的肿瘤防控体系因种种原因未能保持持续发展的态势。以肿瘤登记为例，继前两次大规模调查之后，很多地区在很长一段时间里没有再继续进行肿瘤登记工作，即使在少数保留了肿瘤登记工作的地区，登记资料的完整性和准确性也存在不少问题。那些被实践证明有效的科学宣教、危险因素研究、肿瘤筛查和早诊早治等综合措施也没能继续下来。其结果是，大多数患者就诊时已经是中晚期，这就意味着更为高昂的治疗费用、更加痛苦的治疗过程和难以令人满意的治疗效果。

令人欣慰的是，2006年在时任卫生部副部长王陇德领导下，国家卫生部、科技部联合开展了全国第三次死因回顾抽样调查，我当时担任执行办公室主任。这次调查对于新时期中国的癌症防治意义深远。在第二次调查过去后的十多年间，随着经济的发展和居民生活方式的变化，人们的健康状况和疾病模式也发生了巨大改变，再次凸显癌症发病的增多和分布的差异。因此，启动新一次全国性调查是非常必要的。正如当年周总理所说："向癌症开战，首先要知道敌人在哪里，这样才能打赢！"

十年一剑：中国国家癌症中心的创立

2001年5月，我从北京协和医院调任中国医学科学院肿瘤医院任院长、肿瘤研究所所长，同时出任卫生部肿瘤防治研究办公室（以下简称防治办）主任。

防治办在全国各省都有分支机构，但由于经费少、待遇低，人员纷纷流失，当时全国范围内的防治办工作人员也只剩下区区100名。我刚进肿瘤医院时，肿瘤研究所的预防研究人员已经寥寥无几了，预防经费更是捉襟见肘。时任卫生部疾病预防控制局副局长孔灵芝描述当时的情况时说，目前维持较好的只占全部的三分之一，处于半瘫痪的也占三分之一，还有三分之一根本无法维持。所以，当时出现了一种令我们十分尴尬又无奈的状况：一方面，肿瘤患者越来越多，医院应接不暇；另一方面，肿瘤防治的队伍溃不成军。

2002年，卫生部曾一度考虑解散国家肿瘤防治办公室，卫生部疾控局局长齐小秋、副局长孔灵芝曾专门就此事到医院找我商议。我说："有没有防治办这个名号并不重要，重要的是需要有一个机构能够行使预防为主、早诊早治的功能。眼下的情况确实很糟，但肿瘤发病的形势要求我们必须振作起来，加强肿瘤预防功能的建设。"为此我提出，可以考虑借鉴国际经验，筹建国家癌症中心，重新组织、整合中国肿瘤的预防、研究和医疗队伍。齐小秋局长、孔灵芝副局长当即表示赞同。从这时起，成立国家癌症中心成为了我们长达十年的奋斗目标。

我们首先认真研究了世界各国国家癌症中心的情况。美国在1937年成立了国立癌症研究所，领导美国癌症研究和组织工作；日本于1962年组建了国家癌症中心，韩国则在2001年成立了国家癌症中心。从国际经验来看，国家癌症中心对引领一国的癌症防控起着非常重要的作用。对于人口众多、幅员辽阔、地区发展很不平衡的中国而言，尤其需要国家癌症中心这样的专业机构来统筹全国的癌症预防与控制工作。

当时我刚到医科院肿瘤医院不久，还没有多少人相信这个"国家癌症中心梦"能够实现。肿瘤研究所有位教授半开玩笑地对我说："这件事几代人想过但都没有做，这次要是真成功了，我给你塑个像。"此后不久，2003年突如其来的"非典"席卷国内，我带领全院医务人员投入到"非典"一线，无暇旁顾，筹建国家癌症中心的事也就暂时搁置下来，但这个梦始终萦绕在我的脑海里。

2005年，抗击"非典"的战斗结束后不久，我在肿瘤医院职代会上提出成立国家癌症中心的设想。经投票批准后，我们又将这一设想上报给主管单位中国医学科学院和国家卫生部。当时，医科院和卫生部负责审批的同志都劝我们不要办这件事，因为国家严格规定不许再建国字号的机构。我说："面对中国严峻的癌症形势，实事求是地说确实需要建立这样一个机构。不管最后结果如何，我们还是要不遗余力去争取。"

2006年，我向吴仪副总理当面详细汇报筹建国家癌症中心的想法时，特别强调道："根据中国肿瘤防控的形势，目前的防控机构、功能和队伍已经不能适应严峻形势的需要。"吴仪副总理沉思许久后说："我支持你。"随后，在国家卫生部上报"关于筹建国家癌症中心"的申请报告中，温家宝总理、吴仪副总理、华建敏秘书长都签署了明确的意见。接下来，因为筹办过程中的一些具体困难，我还向时任国务院常务副总理李克强写信"求助"。在李克强同志的指示督办下，中央机构编制委员会办公室最终于2009年正式批复同意组建国家癌症中心。

2011年8月，卫生部正式下发通知，成立国家癌症中心。十年一剑，想到中心的成立即将对中国癌症的防控事业产生重要积极的作用，我激动不已。有意思的是，获悉中心成立的喜讯后，当年那位教授没有食言，真的给我做了一座雕像。我把这个"小小的我"摆到了书柜里，也作为这条跋涉了十年之路的一个"见证人"吧。

医院改革：让机制发挥潜力

2001年5月，我被任命为中国医学科学院肿瘤医院院长。本来，我对当院长并不感兴趣，但是那位我十分敬重的中国医学科学院的老院长对我说："再好的大夫一生中能救多少病人？如果管好一个医院，能够救治更多的病人。"

常言道：新官上任三把火。尽管我对这种提法并不"感冒"，但这多少反映出人们对一个新上任干部的期待和评价。我到任以后，做的第一件事是"环境治理"。当时，门诊楼看病十分拥挤，而这栋楼的四、五层却住着200名本院职工。窗口挂着背心、裤衩，如同"万国旗"，楼道里还有许多煤气罐用来煮饭，墙上贴的报纸满是油污，听说这已经成为困扰历届院领导的老大难问题。不久，我请他们统统搬了出去，有人说这是新院长烧的"第一把火"。其实，通过这件事，我感到医院的"环境治理"已是众望所归。

"第二把火"是改革分配机制。分配机制是医院运行的"变速箱"。2000年肿瘤医院总收入3亿元，人均年收入还不到3万元。怎么办？很简单——奖勤罚懒，奖金上不封顶。我曾在很多场合对大家说："医生绝不能以赚钱为目标，但医院会努力让薪酬体现出你们的价值。"这样一来，员工的积极性被调动起来，医院软懒散的状态也明显得到改变：医护人员不再天天盯时间等着下班发班车，而是精神饱满、加班加点地为病人服务，医院的工作质量、效率，连同业务收入快速提升。病人满意、员工满意，医院的运行很快进入到良性循环状态。10年间，肿瘤医院的年收入和员工收入都增长了七八倍。当医生护士们不用再天天为柴米油盐而算计时，就会把更多的时间留给病人。

"第三把火"是抗击"非典"。当年，肆虐大半个中国的"非典"对肿瘤医院也是一个巨大的考验。为了稳定军心，院领导和大家一同站在最前线迎战"非典"。整个抗击"非典"期间，肿瘤医院医护人员的感人事迹比比皆是，院里一位大夫，婚后第二天就进入"非典"病房投入抗击"非典"的战斗。我们还组建了两支专家团队为"非典"中心出谋划策，采用中药和升白血球的药物控制"非典"病人的病情，取得了意想不到的效果。在抗击"非典"的战役中，肿瘤医院取得了三个零的好成绩："非典"病人零死亡、住院肿瘤病人零感染、全体员工零感染。

以制度之"药"对治腐败之"瘤"

现在回想起来，当年我从北京协和医院"空降"到肿瘤医院任院长时，算得上是临危受命。那时，肿瘤医院发生了建院以来医疗卫生系统的一桩"天字号"贪腐案：一个住院处的工作人员贪污了1000万元。从我上任伊始，卫生部监察局就密切关注着医院的一举一动。腐败也如同癌症，侵袭和转移无处不在。

要管理好这么重要的一家医院，光有足够的信心是不够的。为此我在赴任前对自己"约法三章"。例如，任院长期间不参与医院福利分房；不将自己的亲属转到肿瘤医院工作；不用院里的配车，仍然开自己的小奥拓上下班；只按看门人的标准拿奖金；进院头三个月内不进手术室，等等。上任前，组织部门曾建议我院长、书记一肩挑，我没有接受，因为担心这样一来党的监督保障作用会名存实亡。

上梁不正下梁歪，打铁还须自身硬；想反腐，领导班子首先要廉政。为了防止腐败再次上演，我在制度建设中首先向自己这个院长开刀，给自己戴上了防腐的"紧箍咒"。为此，我修改了以往一把手"一支笔"

的做法，制定了"决策者不运作，运作者不决策"的新机制，从制度设计上改变了以往一个人说了算的现象，有效遏制了商业贿赂的发生。

"审计风暴"时，审计署的同志曾问我："为什么你不管基建、不管药品、不管耗材、不管设备？"我说："上述每项具体工作都由两位院级领导具体分管，但是，他们都归我管，我要负法人责任。"实践证明，这套机制对于防止医院内的腐败是行之有效的。例如，医院建筑竞标，我会安排各分管院领导参与，但自己不参加评标；医院基建工作则由分管后勤和医疗的副院长共同负责，我不会直接和对方谈价。但是，如果我发现报价太高，就会让总会计师去询价，一旦发现同等品质有价格更低的，我会责令执行人员给予解释。当年，肿瘤医院新外科大楼的建设采用的就是这一模式。事实证明，新外科大楼的建筑质量提升了档次，但造价仍控制在预算范围内，并得到国家发改委的表扬。这套经验后来也被全国许多医院仿效。

一般而言，群众总是敬畏领导，那么如何让有权力的领导不敢腐败？为此我提议：领导班子要接受职工代表面对面质询。开始，这项提议被院长办公会否定了，担心这样会给医院造成不必要的麻烦。对此我很坚持，因为只有心里有鬼，才会害怕面对群众。经过一年时间做工作，下决心力推，最后大家终于接受了，并且坚持至今。

为了进一步推进科学民主决策，我们还成立了医院行政事务管理委员会，包括院内中层干部、科室主任等20多位委员；另外我们还特别邀请了中组部、卫生部、医科院的七位领导担任院外委员。委员会每三个月召开一次会议，对于医院人财物等方面的"大事"进行科学论证和民主商议，最后再上院长办公会做决定。委员会采取自主轮换制，自主选择轮值主席，轮值主席列席院长办公会。医院所有重大事项必须经过委员会论证后提交院长办公会。按规定，医院行政事务管理委员会可以提出弹劾院长，但无权任命院长。事实证明，医院行政事务管理委员会的建立对于减少医院决策失误、预防腐败发挥了积极作用，新华社也曾为此做过专门报道。

医疗工作需要大胆创新

改变住院难问题是中国医改的重要命题。中国癌症发病上升的现状使越来越多的患者向大城市、大医院集聚。由此造成的结果是：患者一床难求，医院不堪重负。2001年8月，我刚进肿瘤医院百天，在《健康报》《北京晚报》和《北京日报》上作出公开承诺：要着力缓解肿瘤患者看病难、住院难和手术难的问题。为此，在上级领导和有关各方的鼓励下，我大胆尝试与民营医院合作，互相取长补短，共同解决肿瘤病人的医疗问题。在这样的思路下办起来的民营三环肿瘤医院，不花政府一分钱，在中国医学科学院肿瘤医院的扶助下每年可以解决一万多名肿瘤患者的住院问题。我院负责保证这些患者的治疗不低于医科院肿瘤医院的水平，治疗费用不超过我院标准。2011年7月1日的新华社大参考中，围绕我们的做法详细介绍了公立医院扶植民营医院的成功经验。目前，三环肿瘤医院已经成为全国民营医院的典范。

医改关乎千家万户的切身利益。2008年，我刚担任全国政协委员后，组织上安排我就新一轮医改问题向习近平同志做汇报。我在汇报中说：前一轮医改并非像有人所言是完全失败的。在当时我国经济非常拮据的情况下，通过简政放权，提高效率，大大刺激了中国医疗卫生事业的发展。许多破旧不堪的医院焕然一新，医疗设施也紧跟国际先进水平。这是中国医院重要的发展高峰期，为今天的医改奠定了坚实的基础。当然，与此同时我们也必须正视医疗领域存在的严重问题。例如：医院通过增加医疗收入寻求发展，政府又忽略了正向引导和有效监管，导致医院出现过度追求经济效益的倾向，增加了病人负担，老百姓感觉到看病难、看病贵。所以，医改不仅是医疗问题，也是重大的社会课题，是一个伴随国家发展和社会进步而不断完善的过程。

这些年来，作为一名政协委员，我在参加全国政协组织的数十次调

研、认真了解全国各地发生的真实情况基础上，多次在全国政协常委会、双周座谈会、专题研讨会上发言，献计献策，提出了不少有针对性的建议。其中，关于中国医改要重心下沉，要注意夯实基层医疗机构的服务能力；要继续加强农村卫生队伍的建设，强化培养村来村去的农村医生教育体系等建议，都已经被陆续采纳并付诸实施。

医患之间要结为"生死之交"

我从医至今已经40多年了。有许多老"病友"已经成为老朋友。记得我还在做实习医生时，一个年轻的病人在我的面前离去，当时我的眼泪夺眶而出，哭得稀里哗啦。从那时起，我发誓要做一个好大夫，再难也一定要尽全力拯救病人生命。面对疾病，我的信念是医生要和病人结成生死之交，共同面对。从医生的角度来说，不仅要在医术上精益求精去争取治愈，还要把决不放弃的信念自始至终传递给患者，让病人鼓起生存的勇气。

1996年，我在协和医院接待一位来自葫芦岛的胰腺肿瘤患者。她说当地医院治不了，把她给"撵"出来了。当时我的老师也认为手术很难做，但我还是收下这位患者并成功为她切除了肿瘤。13年后她肿瘤复发，又到肿瘤医院找到我。当时我已经是院长了，复发的胰腺肿瘤手术难度极大，许多人劝我不要冒这个险。有同事说："这年头，手术失败会让你这个院长很难堪。"我在病人生命与个人得失之间反复权衡之后，最终还是鼓起勇气为病人开了刀。病人得救了，现在她每次到北京时总会想着来看看我。

20多年前，某省省委书记被诊断为胰腺癌送到北京。我接诊后从细微环节中发现是误诊，在他出院前，我又在检查中发现他的肾脏上长了一个瘤子，通过及时治疗使他得到治愈。从此，我们结为忘年之交，他每次到北京都会去医院找我。我想，这种重获生命的心情只有当事者才能真正体会。

我亲历的例子还有很多，许多病友如同朋友联系不断。一个人的健康，除了身体的，还有心理的。从这个角度说，医生不仅开刀用药，还要做病人的知心朋友，爱护病人、尊重病人，给病人以希望。在肿瘤医院外科大楼的墙壁上，你能看到著名的"希波克拉底誓言"，这是我们医务人员对患者的庄严承诺。面对成千上万的患者，无论有钱没钱，无论有权没权，医生的原则必须是：一视同仁，治病救人。

万名医生肿瘤学培训项目

我从院长的位置上退下来后，本想松口气，但是中国癌症基金会（以下简称基金会）又让我扛起秘书长、理事长的担子。

2009年我接任基金会秘书长后，注重改善基金会的运作模式，争取到慈善机构物资进出口免税资格，为争取国外的药品捐助创造了良好条件。短短几年，基金会接受的物资与资金就由人民币2000万元跃升至43亿元。这些年来，基金会已经将价值百亿元的药品捐赠给6万名癌症患者，为300万农村居民进行免费筛查和早诊早治，向上千名低收入患者提供了数百万元的救治资金。

与此同时，基金会还注重加强能力建设，吸收了多位医院院长、院士和高级专家教授加盟理事会，还引进了不少年富力强的青年才俊充实工作团队。去年，我们得到2000万元人民币的捐赠，设立了万名医生肿瘤学培训项目。分级诊疗是医改的战略措施，将大病留在县域医疗，必须紧抓县域医疗的能力建设。癌症是当今诊断与治疗最困难的疾病，无论是诊断错误或者治疗有误，治疗不足或者过度，都将给肿瘤病人造成难以挽回的伤害。为此我们组织全国肿瘤临床专家，在全国20多个省市自治区为1000个县培训一万名县级医生，提高他们的肿瘤诊治能力，让更多的基层民众获益。目前我们已经完成了4000名医生的培训，收到良好效果。

现在，基金会承担的许多工作都是开拓性的，无论是肿瘤预防与控

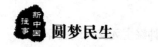

制，还是非公医疗机构的发展，都是崭新的挑战。正所谓：壮心无复在千里，老气尚能横九州。我以这两句诗作为自勉，愿穷尽毕生，行进在这条"抗癌"之路上。

（原载于《纵横》2017 年第 6 期）

血吸虫病防治工作战线的第一面红旗

李俊九

20世纪50年代，我在江西省余江县任职，经历了消灭血吸虫病的全过程。1958年6月30日，《人民日报》在头版头条发表文章，赞誉余江县"在全国血吸虫病防治工作战线上插上了第一面红旗——首先根除了血吸虫病，给祖国防治血吸虫病科学史上增添了新的一页"。回顾那一段艰苦奋斗送瘟神的岁月，永远难以忘怀。

1954年4月，我来到余江县任县委副书记。根据县委的分工，我第一次下乡就是去流行血吸虫病的锦南农村，领导这里的农业生产和互助合作运动。农村，对我来说并不陌生，可是这里的一切却使我感到有些异样。有一次，我和二区区委书记彭文佑到马岗乡检查工作，走进下朱村，见到一位叫朱海珍的晚期血吸虫病人，他个儿矮小，面色苍黄，体形如梭，肚子大得像十月怀胎。彭文佑过去在这一带打过长工，也染上了血吸虫病，深知农民的疾苦。他告诉我，像朱海珍这样的大肚子病人，过去死了不少，现在村村都还有几个。他们几乎丧失了劳动能力，靠着政府救济度日。我去一区了解情况，区委书记吴权向我汇报谈到，兰回乡有个互助组，八个劳动力，没有一人能挑得起一担谷，八个人在田畈上劳动，总有两个人轮流拉肚子。我们到兰田畈一看，果真如此。所见所闻，我思想翻腾，夜不能眠，一个个骨瘦如柴、肚大如鼓的身影不时在眼前浮现。我扪心自问，作为一名党的干部，难道能让群众挺着大肚子建设社会主义吗？

在疫区工作了一段时间以后，我切身感受到血吸虫病是发展农业生产和互助合作的严重障碍，听到了人民群众要求解除疾病痛苦的呼声。作为一个共产党员，尤其是党员领导干部，应义不容辞地去为人民解除疾苦。于是，我在疫区一面抓中心工作，一面督促乡村干部赶紧动员患血吸虫病的人去邓埠血防所治疗。这时，彭文佑经县委准假也接受了治疗。

我以为这种病会药到病除，一治就好。谁知，不少人治疗以后，才好了一阵子，渐渐地又旧病复染。因此，群众认为血吸虫病是治不断根的，动摇了治病的信心。

这种病真的治不断根吗？我是北方人，对这一南方独有的病不了解。抓血防，不懂血防，必然是瞎抓。于是，我下决心向血防专业人员求教，阅读了有关血防知识的通俗读物，还参观了血防宣传展览。这样，我懂得了一些防治血吸虫病的知识，领悟到，对付血吸虫病，必须防治并举。在一次县委会议上，我谈了自己在疫区工作半年多的感受，认为，县委对于血防工作与发展生产，增进人民身体健康的关系是有认识的，但对防与治的关系理解不够全面，把防治血吸虫病看成纯粹医药上的治疗，因而忽视了抓预防工作，形成了治而不防、治不胜治的局面。县委书记赵新民同意了我的看法。经过讨论，大家认为，我们作为全县党的领导，必须正确引导干部群众去同血吸虫病作斗争，今后在不放松治病的情况下，应把"两管一灭"（即管粪、管水、消灭钉螺）等预防工作提到议事日程上来，加以研究和布置，当前要重点抓好马岗实验区的预防实验工作，尽快摸索出一套切实可行的办法来。

马岗实验区是省血防所的一个预防实验基地，先后搞了"合厕分储"粪管试点和捕捉、火烧、药杀、茶枯浓液杀等项灭螺试验，效果均不理想。1954年8月省血防所撤销，由新成立的上饶专区第一血防站接管试验工作。经过一番研究，他们提出了一个新的试验方法，即修沟灭螺试验。县委书记赵新民对这一方法十分重视，他同我商量后要我去马岗找当地干部以及实验组的同志组织实施。

　　我到了马岗，组成了由乡村干部、实验组专业人员和群众积极分子参加的三结合试验小组，结合秋季铲草积肥，进行修沟灭螺，也叫"三光"铲草堆肥灭螺试验。洪岩区和马岗乡负责同志当即表示要安排好试验所需劳力，大力支持试验工作。

　　试验结果表明，钉螺密度平均每平方市尺由修沟前28只下降到7.5只。这一方法虽还不够理想，但能结合积肥进行，既能消灭大量钉螺，又可破坏钉螺孳生环境，群众也愿意搞，有推广价值。为了寻找更理想的办法，根据堆肥能闷死钉螺这一事实，试验小组集中群众的智慧，结合冬季整修水利，分别在马岗和邓家埠农场进行开新沟、填旧沟，土埋钉螺的试验（简称"开新填旧"试验）。

　　1955年元旦刚过，我从血防站寄来的一份工作报告中看到了这一试验所取得的成果，心里非常高兴。钉螺不灭，血吸虫病很难除。现在找到了消灭它的办法，怎不叫人高兴呢？我立即叫来县委宣传部副部长徐深山，同我一起下去看看。当时天寒地冻，我们步行几十里，赶到试验现场。在张站长和试验组同志的陪同下，从农场到马岗，仔仔细细查看了已填的旧沟，连一个钉螺影子也没有见到，我不禁连声叫好，赞扬参试人员立了大功。

　　晚上，我和徐深山同大伙座谈，大家一致认为，开新填旧方法简单易行，效果又好，而且农民有填塞旧沟旧塘，另开新沟，以改良灌溉，扩大耕地面积的愿望。但马岗乡土地还是个体所有，搞小面积试验没问题，大面积推行则很难统一规划土地。

　　1955年冬天，出现了农业合作化高潮，几千年延续下来的土地私有制迅速被新生的社会主义集体所有制所取代。正在这个时候，毛主席又发出了"一定要消灭血吸虫病"的伟大号召。县委和全县人民受到极大鼓舞，增添了根除血吸虫病的勇气和力量。由于土地变为集体所有，为"开新填旧"提供了有利的条件，我们更充满信心。这时，赵新民调上饶地委工作，地委要我主持县委全面工作，肩上的担子更重了。

　　在传达贯彻党中央、毛主席指示而召开的县委会议上，我分析了当

前政治形势，总结了前三年防治工作，提出了全县两年消灭血吸虫病的大胆设想。县委一班人统一认识后，又经过从上到下，从党内到党外的广泛讨论和宣传，得到了全县人民特别是疫区人民的热烈拥护和一致赞同。1955年12月7日，中共余江县委正式下达了"余江县两年消灭血吸虫病的规划"，在全县迅速掀起了消灭血吸虫病的群众运动高潮。

为了少走弯路，我们采取由点到面的步骤，于1955年底在疫区上游的马岗乡进行大面积"开新填旧"的试点，经过二次反复，取得了在一个乡范围开展大规模灭螺突击战的经验。

1956年1月，中共上饶地委正式任命我任县委书记。重担压肩，更使我感到为民灭病的责任重大。1月21日晚，县委常委开会决定成立"中共余江县委防治血吸虫病五人小组"（简称县委血防五人小组），县委委员、副县长吴早孙任组长（同年8月改由县委宣传部部长刘先才任组长），下设办公室，配备了三名专职工作人员。并指定县委血防五人小组组长担任县委派驻疫区的工作组长，长期驻疫区，一手抓生产，一手抓血防，从组织措施上保证了血防与生产结合进行。同时，将县委血防五人小组办公室从当时远离疫区的县城锦江镇，搬到疫区中心邓埠镇，与血防站合署办公，实行战地指挥。疫区各区、乡、镇、场也成立了党的血防三人小组。

县委血防五人小组刚成立，就动员了疫区和非疫区28个乡的两万多民工，投入一场声势浩大的开新填旧灭螺突击战。这次战斗实行"统一指挥，分片负责，联防作战，逐块消灭"的办法，划分河东、西坂和更新农场、倪桂和邓埠镇三个联防片，每片设一个大队，乡（场）为中队，社为小队。总指挥由我担任。大中小队长由区分场社负责人担任。同时还抽调了30多名血防、卫生、水利技术人员，于开工前进行新旧沟线的测量、绘图，拟订施工方案，开工后担任各片技术指导，参加工程检查验收。共青团、妇联分别组织青年突击队和妇女突击队，国营农场出动推土机、拖拉机。邓埠镇机关干部、工厂工人、学校师生、街道居民等1000多人参加战斗。非疫区农民更是无私、热心地支援。帮助方塘乡灭螺的洋源乡的民工，在乡长带领下，天刚亮就上工地，早中饭送上工地，三天任务两天完成。到2月底，各片相继完工。首战夺得了消灭60％有螺面积的辉煌战果。

2月21日，中共中央血防九人小组派专家组来我县视察，我们陪同专家们住在血防站那低矮的职工宿舍里，步行去马岗农场。专家们兴致勃勃地视察了八港灭螺现场，看了上黄村公厕、水井等"两管"设施，又到邓家埠农场实地察看了开新填旧工程。专家们肯定了我们的成绩，又坦诚地提出了很多宝贵意见和建议。他们离县的当天（即22日）晚上，我主持召集血防干部和在邓埠的县、区领导干部开会，对专家提出的意见逐条研究落实。

中央的关怀给我们莫大鼓舞，使我们劲头更足，意志更坚。3月初，我们派吴副县长和血防干部张振凡去江苏青浦县（现属上海市）参观学习粪管经验。3月10日召开区、乡、镇长会议，专题研究解决省援5个治疗组（39名医务人员）驻乡就地治疗的具体问题。

3月下旬，我和张东来站长应邀出席中共中央血防九人小组在上海召开的第二次扩大会议。参加这样高层次的会，我还是第一次，心情非常激动。会上聆听了中央领导同志的讲话和先进地区代表的发言，阅读了不少先进典型材料，受益匪浅，深深感受到党中央对血防工作的高度重视，也开阔了眼界，看到了人家的先进，对比之下，感到了自己的不足。回县后，我立即传达贯彻上海会议精神，介绍青浦等地先进经验，总结前段工作，部署下一步任务。与会人员一致表示，春耕再忙，也不放松血防。区、乡干部保证，做到春耕、治病两不误。站组业务干部保证配合生产、上门上户查治病，方便群众。各部门保证大力支持，协同作战。会后，相继出现了治病、"两管"高潮，取得了很大成绩。站组收治病人1000多人，相当前三年治病人数的总和；到夏收时，半数以上村庄新建了公厕、水井等"两管"基本设施。

但是，在成绩面前，部分干部滋长自满情绪，对县委布置的结合秋季积肥，大搞"三光"铲草灭螺的任务，草率应付。他们说，我们这个

147

地方钉螺都埋掉了，还搞什么"三光"灭螺？这个思想问题如不及时纠正，必将影响防治工作的深入开展，乃至影响两年规划的实现。此时，适逢中共中央血防九人小组于9月25日第二次派员来县视察工作。他们在肯定成绩的同时，提出了必须戒骄戒躁的意见，希望我们坚持反复斗争，决不能半途而废。

为了贯彻中央工作组的指示，解决干部思想问题，县委血防五人小组于9月底召开了血防干部扩大会议。针对一部分同志盲目乐观、满足现状的思想，我在会上说，我们即使成绩很大，也不能居功自傲，离开党的领导，离开群众的支持，我们是一步也行不通的，所以没有任何理由值得骄傲。针对一部分同志认为农村工作太苦，不安心工作的思想，我在会上指出：正因为疫区环境艰苦，所以才要我们去进行工作。消灭血吸虫病的过程，就是一个艰苦奋斗的过程，没有苦干的精神，是不可能取得理想成绩的。

由于端正了思想，提高了认识，全体干部精神大振，工作积极性大为提高，主动将县委部署的秋冬季防治任务列入议事日程，纳入生产计划之中，统一布置，认真实施。10月，发动了秋季"三光"铲草灭螺运动，全疫区男女劳力齐动手，把沟岸、塘畔、田埂铲得溜光，投工2万个，铲草堆肥78万担。11月底，动员一镇八乡二场的6500名民工，投入第二次"开新填旧"灭螺突击战，又消灭了30%的有螺面积。12月5日，省里又派来了24名医务人员，出现了第二次治病热潮。

经过一年苦战，取得了重大的决定性的胜利。但是，1957年的任务仍然是很艰巨复杂的，既要继续完成剩下的任务，又要巩固已经取得的成绩。这两方面的工作难度都是很大的。

县委认为，再难也必须做好，否则，不但两年规划不能如期实现，而且会有前功尽弃的危险。我坚信，只要县委一班人团结一心，坚定不移地带领群众乘胜前进，任何困难都是不难克服的。

为了进一步加强领导，1957年3月18日，县委遵照党中央的指示精神，调整了县委血防五人小组，决定由我担任组长，刘先才同志改任副组长，继续驻疫区。疫区各区乡镇场党委血防三人小组也作了调整，都由书记任组长。这样，血防工作置于各级党委书记的直接领导之下，便于党的统一领导，统一布置，统一组织各部门围绕每个时期血防任务协同作战，形成了书记挂帅，协调各方，凝聚力量，再接再厉送瘟神的新局面。

难关一个个被攻克，新的胜利接踵而来。邓家埠农场创造了"刨土培塘堤，藕塘改鱼塘"的新办法，解决了43亩三口大藕塘灭螺难的问题，不但消灭了钉螺，而且增加了经济收入。弓塘、兰田、马荃等地采取综合治理的办法，一方面结合晚田施肥大面积使用茶枯浸杀，一方面结合改进耕作制度，晚田改早田，一季变双季，改变新螺孳生环境，解决了晚田低洼渍水泉涌不断因而新螺不易灭净的难题，既达到了灭净钉螺的目的，又大大提高了粮食产量。在巩固成绩方面，对已灭螺地段由社队实行包复查、包覆灭、包铲草的"三包"责任制，做到了边消灭、边巩固，消灭一块，巩固一块。

1957年7月30日，中共中央血防九人小组办公室负责人郑岗率调查组来我县进行防治效果调查，为时10天，写出了《关于余江县基本消灭血吸虫病的调查报告》。《调查报告》以确凿的事实，大量的数据，充分论证了余江县在灭螺治病、"两管"等方面均达到了基本消灭的标准，并建议抓紧秋收以后的几个月时间，给以最后歼灭。

这是一篇鼓舞人心的调查报告，我们立即运用各种形式宣传这个报告。大讲血吸虫病是可以防，可以治，是可以彻底消灭的，批驳所谓"血吸虫病消灭不了"的悲观论调，进一步鼓舞和坚定了广大干部彻底消灭血吸虫病的信心和决心。这年冬天，发动了第三次"开新填旧"灭螺突击战。省里第三次派来两个治疗组（其中一个中医组），县血防站也化站为组，同省里来的中西医务人员合作，大胆推广短程疗法，使疗程由20天缩短为3天、7天，加快了治病进程。

继1957年冬第三次歼灭战之后，为彻底解决遗留问题，又于1958年春开展了一次扫尾战。

　　"乘胜追击，苦战30天，全面彻底根除血吸虫病"，这是1958年4月1日县委血防五人小组扩大会议为动员干部群众参加扫尾战而发出的号召。

　　当时有人认为，遗留问题不过是30多位病人，13000平方米残螺面积，问题不大，何需开大会，发号召，小题大做呢？我在会上讲话时指出，消灭血吸虫病也和作战一样，轻敌是非常危险的，要知道，留下了一个钉螺，就是留下了一个病根，有一个病人存在，就是对大多数健康人的威胁，即使只剩一个病人，我们也要以对人民极端负责的精神，把他治好，治好一个病人，就是抢救了一条人命，人命关天，难道不是大事？我说，为了斩草除根，根绝后患，造福子孙，我们必须一鼓作气，乘胜追击，力求全歼。

　　经过大会动员，广大干群积极响应号召，以"追穷寇"的锐气，投入了30天苦战。

　　5月13日至22日，省委血防领导小组组织医学专家和血防技术人员来县进行全面复查鉴定，证实余江县已经达到了消灭血吸虫病的标准，颁发了《根除血吸虫病鉴定书》。5月底，省委书记方志纯亲临我县，主持余江县根除血吸虫病庆功大会和全省血防现场会。

　　6月30日，《人民日报》以《第一面红旗》为题报道了余江县消灭血吸虫病的经过。毛主席看到了这个喜讯，高兴得夜不能寐，欣然写下了光辉的诗篇《送瘟神二首》。

　　1958年12月，我受县委的委托，带着全县16万人民对党中央、毛主席的深情厚谊，赴京出席全国群英大会。

　　在京的日子，不少记者要我谈谈消灭血吸虫病的体会，我的回答是，余江县消灭血吸虫病的事实雄辩地证明：没有中国共产党的领导，就不可能消灭血吸虫病，在中国共产党和人民政府的领导下，才能消灭世世代代危害人民的血吸虫病。

（选自《新中国往事·科教实录》，
中国文史出版社2011年1月版）

父亲刘长春的奥运情怀

刘鸿图

1983年3月21日——父亲走了，走得是那么的平静、安详。这一年父亲74岁。25年过去了，我思念我的父亲，这种思念之情随着2008年北京奥运会的临近，与日俱增。

从父亲1932年代表中国首次参加在美国洛杉矶举行的第十届奥林匹克运动会算起，到父亲病逝，51年过去了。在这51年中，父亲与中国的奥林匹克运动结下了浓浓的情谊。

单刀赴会

1896年第一届奥林匹克运动会在希腊雅典举行。从那以后，每四年举行一届，到1928年总共举行了九届奥运会，中国都没有派运动员参加，只在第九届奥运会上派了一名观察员宋如海前往荷兰首都阿姆斯特丹观摩。1932年7月，我父亲孤身一人，断然拒绝代表日本扶持的伪满洲国参赛，克服种种困难，在张学良将军的资助下，远渡重洋，代表中国前往美国洛杉矶参加了第十届奥林匹克运动会。关于这一段历史，父亲曾经写过一篇《我国首次正式参加奥运会始末》，刊登在全国政协《文史资料选辑》第70辑上。父亲也曾跟我讲过，在他赴美乘坐的威尔逊总统号邮轮上的乘客，绝大部分是西方人，父亲在船上为保持体力，进行一些恢复性的练习，西方人投来鄙视的目光。父亲说，在这些"洋

人"面前，决不能示弱，越是鄙视，他越要练习。父亲还讲过一件事，在船上吃饭时，因为不懂英文，但为了维护中国人的声誉，在菜单的上行、下行各要了一个菜，结果，上来的全是汤。

7月30日下午，第十届奥运会举行开幕式，按英文字母的第一个字母排序，中国第八个入场。父亲在谈到开幕式时说："宏伟的洛杉矶体育场可坐10万多人，显得很大，坐满了观众，由六人组成的临时队伍，越发显得渺小。"这六人当中，父亲是旗手，领队沈嗣良，教练宋君复，留美学生刘雪松，旅美教授申国权，美籍人士托平，这个托平还曾代表另一个国家参加过一次奥运会的开幕式。父亲很担心让观众看到由六个人临时组成的队伍会遭到耻笑和挖苦。但当父亲举着国旗步入会场时，"国旗飘处，观众莫不表示欢迎"，父亲受到了震撼，没想到会有这种场景出现，充分显示了奥林匹克运动的力量。父亲在这届奥运会上没能取得好成绩，正如父亲在奥运日记中写道："惜舟行劳顿，缺少练习，未能上名。设抵洛杉矶再有一星期之加油，或不致名落孙山乎？"但却深深地感受到了奥林匹克大家庭的温暖。

父亲跟我谈过，奥运会期间在一个中午搞了一个冠军叙餐会，父亲被特别邀请参加。当介绍我父亲是中国唯一的参赛运动员时，大家起立，一一同我父亲握手，然后报以热烈的掌声，父亲说又受到了一次感动。在美国洛杉矶期间，父亲还亲身感受了"团结、友谊、和谐"的奥林匹克精神，许许多多动人的情景令父亲难忘。在到达洛杉矶的那天，沿途有美国朋友夹道欢迎，在奥运村许多外国朋友遇到父亲总是恳求签名留念。有的热情地拍着父亲的肩膀，赞扬："你代表中国，好！好！好！"并为中国不能多派选手感到遗憾。父亲还和我讲了这样一个故事：在美国期间父亲参加了世界青年辩论大会，第二天上午，各国代表就像庆祝胜利一样，聚在一起联欢，一起散步聊天。一位美国女青年，约十八九岁，说一口流利的中国话，她不时地与我父亲交谈，关切地问到中国在战争中的遭遇，谈起中国的风俗人情，也谈到妇女的解放和婚姻问题。快要分手时，她忽然问我父亲："你结婚了吗？"我父亲回答："我已经是三个孩子的爸爸了。"这使她十分惊奇，接着又笑了笑说："希望你有机会再来美国，到我家做客，我们永远友好下去。"此刻，父亲感到世界人民之间的友谊太珍贵了。在远隔千山万水的异国之土，在波涛滚滚的太平洋彼岸，竟有这么多热爱和平、主持正义的朋友，在关注着中国的现状，关怀着中国的前途，这给了父亲很大的鼓舞。

1932年8月21日，父亲乘美国"柯立芝总统号"轮船起程回国。在茫茫的大海上，父亲说他凝视着祖国的方向，想了很多问题，其中最重要的是两个问题，用父亲的话说就是：什么时候中国的运动员也能在奥运会上夺金牌，让中国国旗也在奥运赛场上升起，中国的国歌也奏响在奥运赛场上；什么时候祖国富强了，能在自己的土地上举办一届奥运会，那该是多么自豪和幸福的事啊！

壮志未酬

从第十届奥林匹克运动会回国后，父亲为了实现在奥运会上的承诺，仍坚持以业余运动员的身份，刻苦训练，争取在下届奥运会上为祖国争光。父亲在1933年南京举行的旧中国第五届全运会上创造了赛跑百米10秒7的全国新纪录，并保持了25年之久，于1958年被解放军八一田径队梁建勋打破，父亲为此非常高兴，特拍电报以示祝贺。1934年父亲又代表中国前往菲律宾马尼拉参加第十届远东运动会。1935年在上海举行旧中国第六届全运会，父亲参加了这次运动会。在上海期间，父亲在《体育》杂志上发表《运动场上十二年》一文。父亲出自对奥林匹克运动的热爱，在文中写道：

明年在德国柏林举行的世界运动会，转瞬又快到了。在发扬我国的体育精神和在国际宣传上，我希望国内负责这方面的人能够早日预备。我上次参加世界运动会的时候，动身的前两天才找到经费

决定参加，时间真是匆促得很，更谈不上什么预备。如果明年我们还准备参加的话，就应该立即预备，一年的时间实在是有限的。我个人的鄙见，以为假定我们明年预备派二十个人参加，便应该从这次大会中挑选一百多名以上来共同在统一组织之下加紧练习。练习的地点不出上海、南京、北平三处。南京的生活太枯燥，上海太繁华，最理想的地方该算是北平。各地选定的选手，在求学的不妨转到北平的学校去，有职业的也尽可以由政府替他在北平想法安插。总之，无论求学或任职，只要政府下一个命令，当然什么都可以办得到，为在国际上争回点面子起见，这是值得一干的。比起日本人目前那种紧张的准备情形，已经逊色多了。

一年后，我父亲又参加了在德国柏林举行的第十一届奥林匹克运动会。但因为和第一次相比，第二次似乎没有第一次意义那么大，所以就很少有人知道。用我父亲的话说，第二次参加的奥运会就是一场闹剧。

当时南京国民政府为了粉饰太平，向希特勒献媚，决定参加第十一届奥运会，因此临行前在国内组织了选拔赛。父亲说那个选拔赛"乌烟瘴气"，拉关系啊，走后门啊，送礼、送钱、请客……父亲非常反感，他说："这是政府的腐败导致了运动员的腐败。"就这样组织了一支奥运代表团，运动员有69人，再加上官员和观察员，有100多人，真可谓"庞大"。也是从上海出发，行程28天到达德国。因为是那样一种方式选拔出来的运动员，最后一块奖牌也没拿到。我父亲因肌肉拉伤，比赛成绩也不好。最惨的是，比赛结束后，没有钱，运动员回不了国。足球队好些，可以搞比赛，靠卖门票赚钱；官员呢，比赛完都去玩了，也不管运动员。我父亲后来说，他们早上起来都不知道晚上住在哪儿，真是度日如年啊！当运动员请求政府驻德国大使出面担保到银行借款时，大使置之不理。最后，是靠当地华侨的资助，另加上卖掉带去的大米，才很狼狈地回国了。归途中经过新加坡时，当地的华文报纸《星岛日报》刊登一则漫画：一艘船，上面一个中国人举着一面奥运五环旗，前面一个大鸭蛋，讽刺那时一块奖牌也没拿回来。

在奥运赛场上为国争光的壮志始终鼓舞着父亲。1936年柏林奥运会结束回到上海，有人准备了一个名人签到簿，父亲在上面写："准备着1940年名扬三岛！"后因第二次世界大战，东京奥运会没能召开。

在国家处于内忧外患，中华民族到处受辱的年代，父亲为国争光，在奥运会上扬眉吐气的美好愿望，只能像肥皂泡一样一次一次破灭。

在谈到旧中国的体育，父亲生前多次跟我说："国运衰，体育衰！"

培育新人

1949年10月1日，中华人民共和国成立，历史翻开了新的一页。

1952年第十五届奥林匹克运动会在芬兰的赫尔辛基举办。当中国接到国际奥委会的邀请函时，时间已非常仓促了。中国奥运代表团抵达赫尔辛基时，大会已近尾声，只有游泳选手吴传玉参加百米仰泳预赛。

到了1955年，中国为了迎接在澳大利亚墨尔本举行的第十六届奥林匹克运动会，成立了选拔委员会，父亲荣幸成为委员之一。我是1945年在北京出生的，1955年已经10岁了，我模糊记得父亲走时非常高兴，还答应回来时给我和妹妹买新衣服和小人书。在《我国参加第十六届奥林匹克运动会选拔赛有感》一文中，父亲满怀激情地写道："祖国在各个方面都在进步，在体育事业上更是这样，欣欣向荣，朝气蓬勃，短短几年体育运动突飞猛进，日新月异，为中国历史上从来没有的。不仅在各项运动成绩提高上有明显对比，就是在思想意识、道德品质上也发生了巨大变化。"在此文中父亲还对港、澳、台运动员到北京参加选拔赛，组织统一的中国奥运代表团，为祖国争光，给予了肯定和赞扬。文中谈道：

过去港、澳运动员们很少像这一次以这么壮大的队伍回到祖国

参加选拔赛，除了表现出港、澳体育运动开展的普及和在技能水平上的高素养外，还能说明港、澳运动员热爱祖国，为祖国争取荣誉的决心和意志，而且带来了港、澳广大同胞热爱祖国，为祖国争取荣誉的决心和意志。在台湾的运动员们，我想也同样存在为祖国争取荣誉的决心和意志，但因台湾政府阻挠，遇到许多困难，我深信台湾体育界和运动员们应当拿出勇气，想些办法冲破种种困难，站在爱国主义的旗帜下为祖国体育事业的统一和祖国的光荣，我们应当代表我们繁荣富强的新中国，参加第十六届奥林匹克运动会而一致努力。

经过选拔委员会慎重考虑，详细讨论，选拔出各项最优秀的、接近国际水平的运动员正式组成中国奥运代表团。父亲在代表团就要离开北京前往奥运会目的地墨尔本时，结合自己的亲身实践，向奥运健儿提出几点建议：一是起居要保重；二是适应气候，熟悉场地；三是建立正确的竞赛情绪；四是吸取各国优秀运动员的经验。其中父亲特别强调中国奥运健儿应该胜不骄，败不馁，积极参与各项比赛，同各国运动员广泛交流经验和发展相互间的友谊。

为参加第十六届奥运会，中国做了精心的准备，但由于当时国际奥委会制造"两个中国"，中国愤而退出，没派代表团参加在澳大利亚墨尔本举行的第十六届奥运会。1958年8月，中国宣布与国际奥委会断绝关系。

1979年11月26日，国际奥委会执委会在日本名古屋举行会议，作出恢复中国在国际奥委会中合法席位的决议。在中华全国体育总会召开的座谈会上，父亲有感而发："旧中国贫穷落后，被'洋人'称为'东亚病夫'，那时我只能眼巴巴地看着外国的国旗在奥运会上升起，情不自禁地流下痛楚的眼泪。今天，祖国富强起来了，沉睡多年的九亿中华民族，犹如亚洲的醒狮，在奥林匹克运动会上腾飞的日子已经是指日可待了！"此后，父亲先后担任中华全国体育总会常委、中国奥委会副主席。中国恢复了在国际奥委会的合法席位，父亲非常兴奋，他说："虽然我已经老了，不能代表祖国参加比赛了，但我还要继续贡献力量。"从北京开会回来，父亲毛遂自荐，担任大连理工大学少年田径班总教练，为第二十三届奥运会培养苗子。那时，父亲的身体已经非常虚弱了，组织上为照顾父亲，特批准父亲一周可三次上班，其余时间可在家办公，可是父亲坐不住，常常是一到下午训练时间，父亲都争取到现场观看和指导训练，有时从家里带一只小板凳，站累了就坐下来，父亲的行动深深感动了学生们，他们都说："刘老，我们会好好训练的，你就放心吧！"

1981年夏季，澳大利亚奥委会主席还到大连理工学院观看了父亲的现场教学，并高度评价了父亲对奥林匹克运动的热爱和亲临现场教学的可贵精神。

未了情怀

1980年，父亲已经71岁高龄了，可是他胸中对祖国的体育事业仍燃烧着一团炽热的火，父亲决心要把自己短跑运动方面所积累的经验总结出来，向第五届全运会和第二十三届奥运会献礼。当时父亲的健康状况一天不如一天，身体虚弱得很，但父亲争时间、抢时间不断地写，甚至到北京开政协会还带着手稿修改。当时学校派了一名教师担任父亲的秘书，我经常看到父亲和秘书在商谈写书的事。

有的时候看到父亲难受的样子，我跟父亲说："爸爸，您身体不好，年龄又这么大，不要这么累，要注意休息。"父亲很严厉地对我说："你不知道，目前我国的短跑起色不大，应奋起直追了。我写这部书，就是要把我的一些关于提高短跑运动成绩的想法献给大家，以供参考，使训练步入科学化的轨道，对改变我国短跑运动落后状况有点帮助，我就满足了。"通过近三年的努力终于定稿。当父亲手捧《短跑运动》的成稿时，我看到父亲眼里闪烁着激动的泪花。

遗憾的是，这本书没能在第五届全运会和第二十三届奥运会期间出版，而是在1987年。

1982年春节过后，父亲就感觉不好，特别是饮食方面，需要吃一些精细的主食和副食。记得父亲愿意吃面包抹奶油，好消化，我到北京开会还到处给父亲买奶油。考虑父亲的情况，母亲和我多次让父亲到医院检查，父亲都以工作忙为理由不去检查。有一次辽宁省组织知名人士体检，父亲才到沈阳去了一次，检查回来也没说什么，我们还误认为是年龄大、胃功能弱的原因。这一年父亲多次和我讲过，我能去看第五届全运会吗？前四届全运会父亲都去看了，这一次父亲考虑自己身体状况，唯恐去不了，所以才这样经常发问。我每次都说："只要你保重好身体，哪儿都可以去，留得青山在，不怕没柴烧。"父亲听后，不吱声，只是默默地抬起头，望着窗外……

我当时心中打了好多问号，父亲在想什么呢？那时父亲已得知，1983年中国即将在上海举办第五届全运会，1984年中国将正式参加在洛杉矶举行的第二十三届奥运会。

上海、洛杉矶。这是两个在父亲人生中值得纪念的城市，也是父亲永生难忘的城市。

这两个城市即将发生的两件事，深深吸引着父亲，召唤着父亲，可是父亲从未向亲人提出过想要重返洛杉矶奥运会的只言片语。现在想起来，这是父亲性格和品质所决定的，他不想给组织增添麻烦，而是把这种对奥林匹克运动深深的爱埋在心中。父亲对上海的渴望，就是对洛杉矶的渴望。当年父亲正是从上海出发前往洛杉矶的，迈出中国人的第一步奥运征程。

父亲没能再去上海、再去洛杉矶，1983年3月初的一天，在我陪父亲晨跑时，父亲突感身体不适，满头大汗，脸色发青，我说："爸爸，不好，你肯定有急病，马上去医院。"我立即和学校联系，学校派了车把父亲送到大连医科大学附属医院，医生看了父亲的病，非常惊讶："这么重的病怎么还能跑步呢？"医生确诊是急腹症，须马上住院观察。3月16日进行了手术，3月21日病情突然恶化，抢救无效，于病床上辞别人世，享年74岁。临终前父亲没有留下任何遗言，他认为他可以战胜病魔，痊愈后，还要为祖国的体育事业，为中国的奥林匹克运动贡献力量。

今年年初有北京记者到大连采访，我才获知，父亲当年被列入1984年中国奥运代表团的名单。

一年零四个月后，中国重返奥运会。1984年7月29日，洛杉矶，射击运动员许海峰夺得中国人在奥运历史上的第一块金牌。父亲若活着，看到这一幕，他会非常激动的。

2008年8月8日，第二十九届奥运会就要举行了，这是中华民族的百年梦想，也是父亲的梦想。可以告慰父亲的是，北京一定会举办一届"有特色、高水平"的奥运会，为奥运史留下辉煌的一页。

（原载于《纵横》2008年第8期）

奥运会上第一次升起五星红旗的人

——许海峰的传奇人生

王晓辉

1984年7月29日是所有华夏儿女不会忘记的日子。第23届美国洛杉矶奥运会第一个比赛项目结束后，雄壮的《义勇军进行曲》奏响，伴着冉冉升起的五星红旗，中国沸腾了，中国人流泪了。这是奥运会历史上第一次升起五星红旗。创造这个历史奇迹的人就是27岁的气手枪射击运动员许海峰，他以566环的总成绩获得了这个项目的奥运会冠军。

沉着、冷静、自信使他屹立于强手之巅

那一天他和队友们很早就起床了，吃完早饭后乘第一班车从奥运村出发，用1小时15分钟走了87公里路到了比赛场地，此时是8点多钟。许海峰取出枪支，再一次检查并擦了一遍，又把每一颗子弹也擦了一遍。9点钟，裁判员宣布比赛开始。第一组10发子弹，他打了97环。第二组又打了一个97环。第三组打到第八发子弹时，出现了一个8环。这时，第一次参加国际重大比赛的许海峰离开射击场地，他要休息一会儿，沉静一下。按照比赛规则，一共要打6组，每组10发子弹，然后计算总成绩。许海峰又回到比赛场地，第三组打了93环，第四组也打了93环，第五组打了95环。

　　这时，全场只剩下他一个运动员了。他身后有很多记者和观众围观，一方面加大了他的思想压力，另一方面他心里也明白，如果前边打得不好，没有夺冠的希望，也不会有那么多人围观。第六组前7发子弹，只打了一个10环，四个9环，还出现了两个8环，平均还不到9环。有过射击经验的人都知道，一般在这种情况下，射手很难控制自己的心理和行为，要么硬着头皮打下去，要么采取冷静的办法调节一下自己。许海峰这时想，照这样再打下去，肯定要出问题的。于是，他又一次停下来。休息了十几分钟后，他又用空枪预习了四枪，感觉好了以后，再装子弹，射击。结果打了一个9环，两个10环。

　　许海峰从射击场地下来以后，国家体委的两位副主任陈宣和黄中拥上来祝贺，然而他似乎什么也没有听到。从射击场地到休息室也就是100米左右，他走了20多分钟。此时的他心里并不轻松，一是比赛时高度紧张，又是第一次参加国际大赛；二是他感觉自己没有发挥好，打得并不理想，而且是不是冠军还要等裁判组验完靶纸后才能知道真正的比赛结果。过了半个小时，裁判组通知许海峰是第一名去领奖。只领先第二名1环。

　　他到了领奖处又等了半个多小时才给颁奖。事后才知道，射击组委会没有想到，仅第一天的比赛、第一个项目，中国运动员就有两位进入了前三名，他们只准备了一面中国国旗。当时，萨马兰奇主席也在那里等，专门派直升机又取来一面中国国旗。

　　当中华人民共和国国歌奏响，鲜艳的五星红旗在第23届美国洛杉矶奥运会颁奖台冉冉升起时，许海峰感到无上光荣。中国人民的奥运会金牌梦想，在中国共产党领导下的新中国，终于实现了。

　　此后，许海峰又做了10年运动员。国家体委承认的世界杯总决赛、世界锦标赛和奥运会世界冠军，他获得了13个。为此他获得了国家体育总局颁发的最高奖项：体育运动荣誉奖章。

天赋、勤奋、刻苦使他的梦想成为现实

许海峰1957年8月1日出生于福建漳州，1972年全家回到了安徽省和县。1974年底到农村插队落户，先在农田里干活，两年以后又当了两年半的赤脚医生。1979年10月招工回到县城供销社当营业员。1982年，一次偶然的机会，他得知读中学时的体育老师在地区做射击教练，于是向老师提出参加射击，老师很痛快地答应了他去试试。1982年6月5日，许海峰来到地区参加射击集训，8月25日参加安徽省第五届运动会比赛，他以370环的优异成绩获得了第一名，并且超过安徽省这个项目的纪录26环。

这在安徽省引起很大轰动。因为许海峰用的是非常差的装备——内蒙古产的双羚牌气手枪，60元一支，子弹是民用子弹，安徽省队的专业运动员用的是德国进口枪弹，并且他领先第二名13环。这次比赛结束后，他又回到县供销社当营业员。1982年12月8日，许海峰正式调到省队，作为正式运动员参加集训。1983年3月，到上海参加华东协作区比赛，获得了两个第一名，并打破全国纪录。1983年7月，许海峰调到国家队，参加在印度尼西亚举办的亚洲锦标赛，获得了两个第一名、两个第二名。紧接着，9月在全国第五届运动会上，他又获得了两个第二名。11月进入国家队参加奥运会的集训。

当时国家队抽调了六名运动员，许海峰训练时间最短，只一年多。经过三个月的集训，参加了国家队的三场选拔赛，又参加了两场全国比赛，许海峰排名第二，平均成绩563.5环。比第一名王义夫差0.5环，第三名是557环。按照奥运会比赛规定，只许两人参赛，王义夫没有问题。另外一名谁去？国家队争议很大。最后确定，各打一场比赛，谁的成绩好谁去。1984年4月，到美国洛杉矶参加奥运会热身赛的许海峰以568环的成绩获得了第一名。因此，国家体委决定许海峰参加第23届洛杉矶奥运会。

许海峰没有辜负祖国和人民的厚望，中华人民共和国国歌第一次在奥运会上因他而奏响；五星红旗第一次在奥运会上因他而升起；他终于成为了中国参加奥运会第一块金牌的得主。

用心、尽责、励志使他培养出奥运冠军

1993年底，许海峰患了眼疾。1994年他坚持打了一年比赛，获得了世界锦标赛冠军和日本广岛亚运会冠军。但是随后，他视力不适宜参加比赛，只好从挚爱的射击运动员岗位上退了下来。

组织上让他做国家射击队女子手枪的主教练，征求他的意见。接，还是不接？运动员转型是个普遍规律，选择一个平平稳稳的去向呢，还是不负组织上的期望，承担起培养奥运冠军的重担？许海峰思想上有一番斗争：自己没有做过教练，女子手枪虽然没有夺得过奥运冠军，但却是比较强的，能不能带好女子手枪队呢？他认真翻阅了有关资料，发现国际上这个项目整体水平有点下降，我们国家女子队整体水平趋于稳定。只要共同努力，一定能出奥运冠军。有志者事竟成，他喜欢这句话。

三天以后，许海峰同意领命。他花了将近半年时间，悉心研究怎样做教练，研究运动员的性格、技术特点，然后正式作为教练指导她们训练。1996年第26届美国亚特兰大奥运会上，中国射击队不太顺利，我们的运动员被安排在最后比赛。前五天没有金牌，国家队里的气氛非常紧张，运动员的心理压力可想而知。许海峰凭着自己的临场经验，引导、鼓励运动员排除一切干扰，兢兢业业比赛。李对红运动手枪以589环的成绩排到资格赛第一名。一个小时后进行决赛时，李对红以3.1环的优势获得了这个项目的奥运会冠军。

1997年，许海峰看准了上海的陶璐娜，将她调进国家队调教。当年这名运动员就获得了世界杯总决赛冠军。1998年上半年成绩不错，下半年下滑。许海峰加紧做工作，1999年下半年，陶璐娜的成绩又开始回

升。2000年第27届澳大利亚悉尼奥运会上，陶璐娜终于以优异战绩获得了这个项目的冠军，这在当时是整个中国体育代表团的第一块金牌！

悉尼奥运会结束以后，许海峰被任命为国家体育总局射击射箭运动管理中心副主任，兼任国家射击队总教练、女子手枪队总教练。一人身兼三职，许海峰知道肩上的分量，要培养出更多的奥运会冠军。2001年选中北京女孩陈颖，这是一位出色的运动员，曾经在全国运动会、亚洲运动会、世界杯锦标赛上多次夺得冠军。2003年底，出现了一些波动。果然，在2004年第八届希腊雅典奥运会上，她只得了第四名。许海峰很自责，觉得自己没有做好工作。世锦赛冠军到奥运会只有八九个月时间，出了问题，前功尽弃。许海峰调离时，特意嘱咐她家乡的体育局局长，说："好好调理，她一定能拿奥运会冠军。"事实应验了许海峰的预言，2008年第29届北京奥运会上，陈颖真的夺得了这个项目的冠军！

新人、新事、新奇使他再次彪炳史册

许多人可能没有听说过现代五项，别说一般的人，就是运动界也有很多人不知道它。这是一个很古老的项目，1912年就列入了奥运会项目当中。我国在1980年才开始搞，这当时在我国是一个落后的项目。许海峰经过研究认为，中国人在技能性项目上是领先的，在体能性项目上是比较落后的，而现代五项的射击、击剑、马术属于技能项目，只有游泳和跑步是体能项目。其中，我们的游泳项目能排进前十名。许海峰接受了组织上交给的任务，开始训练这个项目。

首先在训练理念上要更新，采取一些手段，在训练上强调"三从一大"原则，就是从难、从严、从实战出发，加大运动训练。2005年在匈牙利举行的世界杯比赛中，我国的运动员取得了第三名。这是近20多年以来，现代五项中第一次得的奖牌。

初试的成功，使运动员、教练员和许海峰得到鼓励，他们继续努力训练，终于在2006年8月的华沙世界锦标赛中夺得了男子个人冠军！

紧接着是备战2008年北京奥运会。因为我们的马术在最后45秒的赛事中失误，以2秒之差输掉了，获得男子团体第四名和女子团体第五名的成绩。其实，这个成绩已经很不错了，但是许海峰和他带领的团队并不满意，他们在总结教训，纠正问题所在。

2008年第29届北京奥运会之后，整个现代五项的规则做了较大调整，把射击和跑步连在一起，过去是一个单项一个单项地赛，现在改为先射击五个靶子，跑1000米，再打五个靶子，再跑1000米，难度增大了。许海峰认为是好机会，因为国际上开展这个项目早，改革以后我们同他们几乎站到了同一个起跑线上。果然，在2009年的世锦赛上，我们夺得了女子团体冠军。

2010年中国广州亚运会前，赛前有记者问许海峰，亚运会有什么任务？许海峰回答："必须拿金牌。"

在落后第一名300多分的压力下，运动员在射跑连项中，不但把落后的300多分追了上去，还以超过第二名1300多分的成绩荣获女子团体金牌！此外，还夺得男子团体银牌、男子个人金牌！

成功与荣誉属于过去，许海峰和他带领的团队已经在积极筹备2012年第30届英国伦敦奥运会。

他们是体育界创造历史的人，历史会永远记得他们。

"发展体育运动，增强人民体质"是毛泽东主席发出的伟大号召，体育事业的蓬勃发展必将提高中国各族人民的身体素质，丰富历史悠久的中华民族文化内涵，密切中国人民与世界各国人民的友好交往，为造福全中国和全人类作出更大的贡献。

（原载于《纵横》2011 年第 3 期）

我的世界冠军之梦

郎　平

一

　　1979年第四届全国运动会后，中国女排作了调整。教练、领队决计带我们在年底举行的第二届亚洲女排锦标赛上夺取冠军，冲出亚洲。为了排除干扰，集中精力，他们把我们从北京拉到外地去进行赛前集训。也许因为张一沛领队是湖南人的缘故，加上郴州在京广线上靠近广东吧，1979年10月至11月，我们南下到郴州练了2个月，然后从郴州直接去香港参加亚锦赛。过去，我从来没听说过郴州这个地名，到了郴州才知道"郴"字怎么念怎么写。对基地那个院子印象特别深，因为它在公园里，院子里树多竹子多，训练馆是用竹子、油毛毡搭的，而北方是没有竹子的。竹棚子，还有游泳池、跳台、看台和池子边上的棕树，好像不是排球基地而是水上基地似的。

　　1979年那次集训是秋天，气候不错，我们还能下游泳池打水球。1980年和1981年春包括1984年、1986年集训时，老天似乎变了脸，给人老是阴雨绵绵的潮湿印象。我是北京人，最怵一天到晚黏乎乎的，浑身不自在，老盼着出太阳，一出太阳最高兴。中午不午睡，赶紧搬张藤椅坐到宿舍外边或游泳池边晒太阳。有时黄昏停电，就点上蜡烛晚餐，吃童子鸡。童子鸡，就是还没开叫的小公鸡，基地人说这能活血补气，天天一只都吃腻了。女孩子，每天流几身汗，水里捞出来似的，多想吃点爽口的呀，但没办法，为了长体能还得硬塞进肚子里，后来就吃半只。每天一起来，吃过早餐就钻进竹棚馆里，外面的世界什么样也不知道，一下训练就盼着家里和同学的来信，争着去问传达室的老师傅："师傅，有我的信吗？"师傅就开玩笑："有，你姓郎，叫郎平。"身体素质训练在游泳池看台底下，泥土地面（三合土）很潮，不通气，杠铃杆、铁饼、哑铃都生锈，人进去不开灯就像在黑洞里。所以只要不下雨，我们都把器材搬到游泳池边上练。

1983年夏，我们重返郴州，新队员们看到高大宽敞的新训练馆，附属房的鱼池、喷泉、荷花，看到蓝天白云下碧蓝的游泳池、拱起的跳台，很兴奋。但参观了竹棚馆后，她们又感慨，简直不能想象老队员打世界冠军，是在绵绵春雨中的简陋竹棚里练出来的。

二

我们每次到郴州，都是有重大比赛的任务，都是封闭式集训，一天到晚关门训练，枯燥得要命。我那时喜欢在晚餐后的片刻休息时间和队友一起拿点面包屑、馒头屑，从小门进入公园顺着林荫道、花径，去猴山、金鱼池逗猴儿、喂金鱼，放松放松。但不敢待久了，一会儿晚上又得训练、业务学习了。1980年集训时我才19岁，最盼望周末晚上来临，就可以拿张椅子到电视房抢座，看美国电视连续剧《大西洋底来的人》。但队里越抓越紧，周六晚上常去市里的灯光球场打教学比赛。打完比赛回基地吃过夜宵，洗了澡就赶快上床休息，因为第二天又有大运动量训练了。

唯一的一次外出调整，是一个星期天上午登苏仙岭。邓指导说山顶上有苹果树还有别的水果树，已经联系好了，爬上去可以摘了吃。我们一班人那时太单纯了，争先恐后顺着石阶使劲爬，据说有1000多级（1720级）。结果我们这批傻瓜蛋气喘吁吁爬上去后，连个苹果的影子也没见着。后来想想真好笑，南方哪儿长苹果？春天又怎么长苹果？教

167

练是把这唯一的一次外出调整，安排成一次身体素质训练了。

到1981年集训，抓得更紧，只有几个周六晚上和春节初二白天，安排到市人民电影院、郴县电影院、地区电影公司看过电影。周六晚上看电影还不能超过10点，因为有时星期天上午还得练。到电影公司看的还是纪录片《第二次交锋》，是拍的我队1980年5月在南京国际邀请赛上同日本队的比赛实况。袁、邓指导需要我们加深跟日本队比赛的印象，好在年底的世界杯赛上跟她们交锋。到1984年集训，抓得还要紧，70天只登过一次苏仙岭，被广州部队驻郴的510医院请去看了一次电影。集训结束时与到郴体验生活的《中国姑娘》电视剧组联欢一次，节目都是她们出的。

<h2 style="text-align:center">三</h2>

也就是1979年至1981年连续3年的郴州集训，给我在体能、基本功、技战术、思想作风、精神境界、为人处世各方面打下了一个扎实的基础。我1979年到郴州集训时还不到19岁，当时正是中共十一届三中全会之后，全国各条战线都在拨乱反正，政治学习、党团组织生活比较多，经常有文件要传达，有重要精神、政策要学习。当时出国比赛、访问都叫出访政治任务。运动员好动不好静，我那时又小，最怕坐那儿一两个小时听传达或晚上学习文件。张一沛领队是湖南人，他说的普通话湖南口音重，我听不太懂。他传达文件或讲话的时候，我有时就偷偷来点小动作，勾着头在笔记本上给家里人和同学写信。但只要是业务学习，讲基本功，分析技术、战术，我就特别专心，目不斜视，生怕漏掉了袁指导一句话、一个词，认真作记录或在心里记得牢牢的，第二天进竹棚馆就一边琢磨一边练。1979年刚到郴州时，我学打球还不到5年时间。基本功、基本技术缺什么、少什么、有什么不足，自己一点都不知道。教练说什么，我就卖力地练什么。说我腿部力量小，就咬着牙压杠铃；指出我扣球挥臂动作不协调，就反复跳、扣。练到1980年、

1981年，有时教练安排的强度、密度小了点，还不习惯，还觉得奇怪："咦，怎么今天袁指导给的量少了？这么快就放过我了。"同时，我也注意向曹慧英、孙晋芳、陈招娣、杨希这些老队员及与我打对角的张蓉芳学习。

那时，为了抓训练质量和指标，加练与补课是常有的事。有天下午，我已经完成训练指标。有人没完成，袁指导问："谁愿意帮她们一块儿完成？"我那时非常单纯，年轻人有颗火红的心，再说1979年老队员在竹棚里也是这样带我帮我的，我马上挺身而出："我来！"结果练来练去，反而负数越来越多，到吃晚饭时还出不了馆，真是气人。我嘀咕了一句："奉陪到底！"可情绪一来加上又累又饿，导致动作变形，效果不好，这指标不知啥时候才能完成？后来冷静下来，我就举起手："指导。"连"袁"字都省去了："暂停一下，我们开个会。"我们商量了几句，说带着情绪练等于给自己出难题，只有全力以赴去拼，教练才没有说的。这次，差不多到晚上8点半才练完，就连基地的工作人员都进馆里来为我们喊"加油"！

那3年，在郴州竹棚馆里确实是艰苦奋斗。但我也许在精神、思想上对基本功、技术太投入了，太追求完美了，反而不觉得特别苦。只是有时想缓缓劲，就趁换项练习或还没轮到自己时，钻进竹棚北头那个放器材、开水桶的小间喝点水，待十几二十秒钟再出来。

四

袁指导对我在基本功、技术动作，包括与二传之间的配合，还有场上意识等方面，抠得特别细。头两次集训发、垫、扣、拦、防的基本功练习安排得多，要求特别严。强调每一个动作的合理性、规范化，不能有漏洞，做得尽可能完美。例如扣球，要求我滞空时间要长，身体要轻松地"吊"起在空中，挥臂时身体呈反弓形，扣球时动作要舒展大方、干脆有力；起跳的节奏要鲜明准确，下手时判断准确无误，他常对我

169

说："你这样的条件，要争就要争世界一流，跟横山树理、海曼比一比，要有这个雄心壮志。"1980年、1981年在竹棚里，常常是快下训练时，袁指导就给我"吃小灶"，让我加练扣50个或者100个好球，有直线、斜线、3米线以内或后排，这样来强化我的规范化、有实效的扣球技术、进攻意识。虽然跳得、扣得精疲力竭，甚至接近极限，头晕呕吐，但袁指导对基本功、技术的高标准、严要求，对我在球艺方面的精益求精影响深远。而我本人在集训的强刺激下，产生的抓住时机、追求完美技术的思想也深入骨髓。

1979年刚到郴州集训时，我人还很瘦，1.84米的个子体重只有62公斤。速度在队里是中下水平，百米跑只达16秒。但因为我原来在朝阳区少年体校练过田径，弹跳还行，爆发力好，助跑摸高3.15米，进国家队时排第1名。袁指导、邓指导说，我这样的个子和素质，弹跳高度还应往上长。他们说我爆发力强并不等于腿部力量就好。邓指导说我场场比赛要反复跳，腰部力量还不太理想；腿部瘦细，力量也还不强，主要原因之一是肌肉不够发达，尤其是膝盖部位肌肉群不发达。他为我专门制定了一个与队友不一样的训练计划。别人练身体素质，一压杠铃就是大重量，我呢，是先发展横向的腿部肌肉纤维组织。这样，让我全蹲负重从30、40公斤的小级别练起，半蹲负重从60、70公斤练起，逐步加量。到1980年集训，我全蹲负重达到80—90公斤，半蹲负重达到150—170公斤，助跑摸高达到3.21米。练到1981年春，我全蹲负重达到100—110公斤，半蹲负重达到180—200公斤，助跑摸高还是在竹棚子里测验，达到3.24米，保持全国女排运动员摸高最高的纪录（至1997年仍无人超过）。而1981年美国队1.96米的海曼摸高是3.33米。

五

连续3次郴州集训不只练技术，教练、领队当时有句话：要想夺取世界冠军，除了练就世界冠军的技术水平，还应具备世界冠军的思想作风和思想境界。那几次集训特别重视集体主义教育，强调全队拧成一股绳，强调场上6个人的作用。拿我来说吧，1979年、1980年集训，每次袁指导给我"开小灶"，扣100个好球或练我的单兵防守时，全队人都为我喊"加油"。没劲了，动作变形，大家一起鼓励："没关系，再来！"反过来，别人补练加练，我也主动帮忙，为她打气。1979年、1980年练得好，在大球项目中首先夺取了亚洲冠军，1980年在36场国际比赛中胜了35场，夺取了南京国际邀请赛冠军。可能是因为这个，1980年评选全国"十佳"运动员时，评了排球项目1人，就是我。

评选揭晓时，是1981年1月22日，队伍已在郴州投入训练了。

我参加了授奖仪式后，23日赶去郴州。在47次特快列车上，我的心情一直不太平静。从自小的家庭教育来说，从个人的真实心理来说，我是不太愿意独得这份荣誉的。我们是集体项目，场上6个人打球，场下还有替补。我一个新队员进队两年半，小小年纪就评个全国"十佳"，位置还真不好摆。人家老队员来了那么久，思想、技术好，打下了基础，给我创造了机会。例如我一上场，就把杨希的主力位置挤掉了。她当时水平还在往上长，1979年，国外报纸评论她是世界第七扣球手。教练从世界强队选手高大化的趋势来看，认为我更有发展前途，用我取代她。她毫无怨言地退居替补席。队长孙晋芳场上经验丰富，经常帮我提醒我，曹慧英等老队员从各方面带我。还有袁指导、邓指导、张领队那么栽培我，国家体委、训练局领导那么重视我。遇上这么好的教练、队友，是我的幸运。球迷们填写选票，可能多半是年轻人喜欢年轻有朝气的球星吧。而专家们的舆论则是我们国家多少年才发现这么个高大匀称、弹跳好、棒头重、基本功算全面、脑子不笨的女排选手。

所以一到郴州，我就主动向领队、教练表示，我是代表集体领奖的，自己还年轻，很多事还做得不够。队员马上开队会，我在会上说成绩是靠集体的力量取得的，我是作为全队的代表去领奖的，荣誉应该归于集体。那两天晚上，大家就这件事进行了讨论，《体育报》还进行过报道。因为春节快到了，我就把100元奖金分作两份，一份给队里作队

费，一份在北京时就交给国家男排孙志安领队，让他们过节买点年货，算是表达与男排共同进步、为国争光的愿望吧。这样，1981年春节，张领队就把我的50元奖金交给基地人，请他们上街买了糖果、饼干、瓜子、花生。除夕晚上和大年初一，全队高高兴兴共享胜利果实。

长期的队风熏陶和个人的精神追求，包括良好的家教，使我在物质方面没有过高的要求。比如我打了这么多次世界冠军，评了5次全国"十佳"运动员，当选为国际排联运动员委员会代表，荣誉头衔数不胜数，为北京市争了大光。但我从未向组织、向上级要求过什么待遇，连我的助手、陪练分的房子面积都比我的大。有人对我说："郎姐，你这个人面相有球运没财运。"我听得哈哈大笑。我们队在郴州艰苦创业时，袁指导他们不只教我技术，还教了很多做人处事的道理，说将来这些都用得着。而当年我们在郴州竹棚馆艰苦奋斗时，谁也不是冲着房子、职务、待遇去拼搏的，一心想的就是打冠军、为国争光。

六

迄今为止，我感到1984年的集训在我的运动生涯中最艰难，在精神、情绪上最受"折磨"。当时是在5个老将退役后，我们丢了亚洲冠军的情况下去郴州的。袁指导要我和毛毛（张蓉芳）带起全队的士气，以我们的信心坚定全队的信念，而年轻队员也都看着我们。我的心情复杂极了，想得特别多。一个运动员尤其是大球项目的选手，能有几次参加4年一届的奥运会的机会？何况1980年在我们技术纯熟、体能良好、阵容整齐的情况下，已失去了一次机会。然而我们战胜种种困难，已经连夺2次世界冠军。最想争的就是奥运会冠军，死活都想拿下这块最有价值的金牌，因为全国人民要这个最有分量的冠军。

可难度太大了，当时老队员只剩我、毛毛（张蓉芳）、晓兰3个人。梁艳、朱玲、郑美珠、杨锡兰、姜英算中间一拨的，杨晓君、侯玉珠、李延军、苏惠娟是新的。而主力阵容中只有我和毛毛两个老的，主力二传杨锡兰、主力副攻杨晓君都没打过世界大赛。集训中怎样把老、中、新三拨人在技术和思想上紧密捏合起来，达到高度默契，心里没底。主要是担心年轻队员、新队员。这样在两次教练、核心队员会上，袁指导要我和毛毛发言对奥运夺冠表态。我们说想拿，但态度、语气中透露出了底气不足。结果袁指导很不满意，狠狠地剋了我们两次。三月初一，晚上开会开到快1点了，我和毛毛挨了批评都睡不着。毛毛叫上我，怕影响队友休息，也怕教练知道，我们就轻手轻脚离开宿舍，来到游泳池边上那棵大树下，对想不通的事互诉苦衷。也想到教练的难处，也为年轻队员设身处地考虑，也抹了眼泪，最后两人统一了思想，华山一条路，咬牙拼吧！午夜过后，整个基地黑咕隆咚安静极了，我们在树下来回走动交谈，惊动了守夜的老师傅。他走过来电筒一射，把我俩吓了一跳，连忙说："没事，没事。"赶快回宿舍。那天晚上的事被作家鲁光、张士诚写进了报告文学。其实不止一个晚上，还有好几个晚上，我们都是这样。当时自己给自己的压力过大，人都显得有点忧郁了。

后来，袁指导给我做思想工作说："你主要是自己各方面做好、带好头，老担心年轻队员有什么用？老队员嘛，要乐观些，心胸更开阔些。"后来，我在训练中也好，在业务学习中也好，思想包袱真正放下去了。不只我，毛毛和其他人都在这样的磨炼中坚强、豁达起来。奥运会预赛时我们输给美国队，但思想、情绪上没乱。决赛时再对她们，就轻装上阵，气势如虹，实现了"三连冠"的理想。回过头想想郴州集训的那些日日夜夜，心里真是感慨万千。

今天回忆起这些，我想按我现在的思想境界、人生观，如果倒回去，在处理训练中的矛盾、问题方面，我会更大气；在国际大赛上，我会打得更潇洒；在待人处世上，我会做得更好。

（选自《新中国往事·人物传奇》，
中国文史出版社 2011 年 1 月版）

为有豪情似旧时

——女排精神的过去与现在

鲁　光　口述
潘　飞　采访整理

　　我从1960年起到国家体委主管的《体育报》当记者，算是新中国体育发展历程的一个见证者和记录者。1981年女排首次夺得世界冠军前我去实地对她们做过采访，并在这个基础上写了一部长篇报告文学《中国姑娘》。现在我已年届80，早已淡出体育采访一线。30多年来，女排队伍已经换了好几茬，这届中国女排的姑娘们，除了主教练郎平，我一个也不认识。所以今年的巴西里约奥运会，我只是一个普通观众。当然，如果说我这个观众和其他人还有哪些不一样，那可能因为我亲身经历、记录过中国女排的发展过程，有着更加独特的女排情结。更何况，老女排的郎平在这支队伍里当主帅，这些都让我对出征里约的中国女排报以更多的关注。

　　当姑娘们在小组赛中输掉三场时，我心里有些遗憾，但并不惊讶，毕竟这届女排队伍还很年轻。可是，当见到姑娘们从逆境中奋起，先后击败世界强队巴西和荷兰，进而绝地反击击败塞尔维亚夺得冠军时，我惊喜地发现：在这支新队伍中，老女排精神又回来了！

　　当我坐在电视机前，感受着姑娘们那股不服输、不言败的拼劲，一种久违的感觉油然而生，郎平、孙晋芳、张蓉芳、陈招娣、周晓兰等30

多年前那支老女排队伍的身影开始一幕幕浮现在我眼前。

不一样的女排姑娘，一样的女排精神

1981年春雨绵绵的时候，我来到湖南郴州国家女排训练基地，和这支队伍一同生活了半个月，亲眼见证了老女排姑娘们"爱拼爱胜爱搏"的精神风貌，我那部反映女排队员的长篇报告文学《中国姑娘》也主要是在这次亲身经历的基础上写成的。

郴州基地条件很差，训练馆是用竹棚搭的，最早里面是泥地，一练一身泥。后来铺了竹地板，地上又都是毛刺，姑娘们训练完以后就相互比谁身上拔出的刺儿多。

场地条件艰苦，训练又很单调枯燥。当时，陈忠和给姑娘们当男陪练。他站在高凳上往姑娘们身上大力扣球，球又快又狠，砸在身上就青一块紫一块，姑娘们则大喊着冲上去接球。呐喊声和球落地的"咚咚"声，让人胆战心惊！所以开始姑娘们都闭上眼睛不敢接。后来我问："为什么要这样练？"队长曹慧英说："你不知道，我们同苏联打过一次，一局输了个0∶15啊！隔网看过去，苏联队员的大腿比我们的腰都粗，大力扣杀威力太大了。要不这么练，将来在赛场上还不得吃大亏？"

当年曹慧英在队里年纪最大，可也不过27岁，却"练"得那叫一个憔悴。当地老百姓去看训练，心疼地拉着她的手说："哎呀，你真像祥林嫂。"她说："可别这么叫，我是心甘情愿练的。"主攻手杨希在一次训练中把肌肉拉伤了，大腿上肿起一个大包，只得在宿舍里躺着。我去找她聊天。她说："老鲁，你看平时我们哪怕能休息半个小时都很高兴，可现在你听，球场那边的练球声那么清楚，世界大赛马上开始了，真躺不住啊！"

在二传手陈招娣身上发生过一件"两走两练"的事。有一天训练结束，她主动要求加练15个球。加练球要是接不着就算负的，会越练越多。陈招娣救起九个球后，就觉得自己真的吃不消了，可是教练还是没完没了地抛球，气得她扭身要走。主教练袁伟民说："今天练不完，明天第一个练你！"要强的陈招娣听了转身回来继续再练。第二次撑不住了，又走，然后再回来，直到累瘫在球场上。这些都是当时女排所经受的极限训练。

所以，在女排姑娘们心里，对教练可以说是"爱恨交织"。训练时，教练真的像"魔鬼"，姑娘们训练下来以后常常"恨"得使劲掐教练的胳膊；赢球后，这种"恨"又会转成"爱"，赛后姑娘们把教练抬起来踮，实际上也是"爱恨"转化之中一种"解气"的表现。1981年，中国女排在日本首夺世界冠军的那场决赛中，陈招娣带伤硬顶着上阵。比赛结束，陈招娣已经走不了路了，是同伴们背她上下车，背她回我国驻日大使馆的。当天晚上开庆功会，队员们都来给袁伟民敬酒，唯独陈招娣不在，一个人在楼上躺着，于是袁伟民端着酒上去找她。陈招娣后来说："我平时真恨透他了，但是现在一见，却眼泪汪汪地哭起来了，一切都过去了，都不说了，教练，我敬你一杯酒吧。"

所以，说起女排精神，我赞同陈忠和的一番话，这位前中国女排主帅曾说：女排精神不是靠喊出来的，而是靠平时训练中一球一球，比赛中一局一局，细节上一点一点磨炼出来的。因此我想，从30多年前老女排步入辉煌到今天新一届女排姑娘们"王者归来"，贯穿始终的就是在这些日常训练和比赛的点滴之中所体现出来的永不言败、永不放弃的体育精神和为国争光的拼搏精神，这就是不变初心。社会上曾经有种看法，叫做"年轻人一代不如一代"。当年，老女排队员用她们的拼搏精神和爱国精神感动了全中国。今天，在这一批年轻的运动员身上，我同样看到了这样的精神。不同年代的中国女排运动员，都用行动作出了回答：中国青年一代胜似一代。

"夺金牌"与"拿牌牌"

袁伟民曾对我说，现在这支女排的身体条件是历届女排中最好的。可是对于这支身体条件不输欧美、去年又新晋世界冠军的队伍，主教练郎平的奥运目标却显得比较低调：拿牌牌。这不禁让我想起当年女排身上沉甸甸的"金牌压力"。

我从事体育记者这行的时候，贺龙元帅担任国家体委主任。当年，我们的乒乓球已经连续拿到世界冠军，其他有的项目也蓬蓬勃勃地起来了，唯独"篮排足"三大球上不去。为此贺老总曾说：三大球不翻身死不瞑目！

"文革"结束后，中国百废待兴，体育界也一样。当时北京大学提出"团结起来，振兴中华"的口号，应当说反映了那个时代全国上下一致的心声。那个年代，太需要好战绩来凝聚人心、激励士气，这也是那时候人们对集体项目、对冠军、对奖杯看得比较重的原因。当时在三大球里，女排冲向世界夺冠的势头是最强的，也是最为人们所寄予厚望的。

获奖夺冠才意味着胜利，也是那时女排姑娘自己的心里话。1977年世界杯中国女排得了第四，这已经是1953年建队以来取得的最好成绩，但是颁奖时发生的一幕却让女排姑娘们特别受刺激。陈招娣说："让我们站在领奖台下的地板上，每人手里发一块黄手绢，要不停地摇晃向得胜者祝贺。那时候就想，只有把实力搞上去了，才不用再受这种气！"

1981年出征日本世界杯前，中国女排队员曾应邀去北大，我也一起去了。距离北大校园还有几十米的时候，就挤不动了，因为全是人，我还是被两位高个运动员架着进去的，一路上都是被挤掉的鞋子。原计划在大礼堂聚会，结果女排姑娘们刚一进去就被"瓜分"了，东一个西一个被学生们拉到校园的各个角落里。记得留在礼堂里的是周晓兰，她被学生们抬起来扔到台上，又从台上扔下来，那场景真是狂热。当时有的

177

女排姑娘说："下回赢了球我们更不敢来了，他们还不得疯了……"可见同学们对女排夺冠寄予了多么高的期望。

果然，当中国女排首夺世界冠军后，北京城万人空巷，全城沸腾，人们敲锣打鼓去天安门游行，北大学生撒传单，还把扫把点着了当火把……不止北京，应当说是全民沸腾、全国沸腾。所以当年女排姑娘们在这种情况下夺冠，应当说的确是在承受巨大压力之下做到了把压力变为动力，不负众望。

经过30多年的改革开放，随着中国综合国力和国际影响力的增强，全国上下的自信心也有了进一步增长。拿金牌、升国旗、奏国歌，老百姓当然心里高兴，但人们不再简单地"唯金牌论""以胜败论英雄"。所以这一次中国女排夺冠固然令人欣喜，但人们更看重的是这个过程中女排姑娘逆境不言败的战斗激情。我有一个企业家朋友，他也曾经辉煌过，但现在处在破产边缘，企业一直在死亡线上挣扎。那天他给我发微信，兴奋地说："里约奥运会开始后我天天看，特别爱看女排，郎平和女排精神深深感动和激励了我，我要学习她们这种百折不挠、面对困难挫折的拼搏精神，走出黑暗，走进光明，我相信我的企业重生的日子已经不远了，到时候我们一起庆贺！"

爱情啊，请你晚一点来

这次奥运会上，我看到一位中国运动员公开向队友求婚的画面，都上了一些西方媒体的头条，这不禁让我想起当年的女排姑娘的情感世界。那时候规定现役运动员不许谈恋爱，同时提倡奉献体育，晚恋、晚婚、晚育，所以爱情称得上是运动员的一个禁区。花前月下谈恋爱都不允许，公开求婚这种事那时候更是不可想象。

当年在郴州基地的时候，为了更多地了解比赛，我想借一位女排姑娘的日记来看一看。我知道上海姑娘周晓兰文笔好，于是就试探着向她提出这个要求。晚饭后，晓兰拿来日记本说："那几页我折出来了，明天早上还给我。"她还跟我"约法三章"：第一，只能自己看；第二，不能往外说；第三，不能公开引用、发表。她还伸出右手小拇指说："拉钩！"日记太精彩了！尤其是她的内心独白："这次离开北京跟往年都不一样，好像心被拴住了……"这是在恋爱啊，有男朋友了。那个不眠的春夜，我一口气读到黎明，摘抄了好几千字，却没有一点儿疲劳感。

那天，我到女排运动员宿舍楼串门的时候，她们问："你的《中国姑娘》写到哪儿了？"我说，正写《爱情啊，请你晚一点来！》这段呢，给你们念念一个姑娘的内心独白吧，于是就念了一段晓兰的日记。姑娘们听了都大叫起来："哇，这么柔情这么美，谁的呀？"我眼睛盯着晓兰，她没有跟着惊叫，脸有些红，只嘟囔了一句"连这都写……"后来，屋里只剩下我们两个人，她没有再提不能引用的事。我暗喜，她这是默认啦！

即便有这样一些小插曲，我在郴州基地这15天体会到更多的还是姑娘们的奉献和牺牲，家庭、爱情、身体，没有不奉献和牺牲的。她们从不提什么额外要求，想法也很单纯，就是拿世界冠军为国争光，要做到这点只有拼命才行。

那些年，那些女排主帅

主教练是球队的统帅，堪称"定海神针"。在中国女排的成长之路上，有几位给我留下比较深刻印象的主教练。

一位是日本的大松博文，中国女排有今天，跟这个人是分不开的。1964年，日本女排首次夺得奥运会冠军以后，周总理把这位日本女排的主帅请到中国来。大松博文擅长采用超极限训练，这种做法被后来的袁伟民、郎平等中国教练或多或少地继承了下来。领教过他训练的中国女排队员曾对我说，当时我们都管他叫"魔鬼大松"，真是"恨"透他了，人都要被"练"死了还在那儿折腾你。有一次周总理在人民大会堂

接见他时间："队伍训练得怎么样了？"大松说："还不到日本队训练量的一半。"总理说，那就把你那套移植过来训练她们。大松博文后来对周总理说，中国这批姑娘很聪明，训练上来以后将来肯定要超过我们日本，拿世界冠军。

接下来是袁伟民。他的最可贵之处在于摸索出了一套适合中国自己风格的排球之路，并率领中国女排首次登上世界排坛巅峰，从此步入五连冠的历史辉煌。当年我在纪实作品里把中国女排称为"中国姑娘"，把他称为"中国男子汉"。和袁伟民同时代的日美强队，彼此实力都在伯仲之间。世界大赛中，就好像几支队伍都快要冲到珠穆朗玛峰峰顶了，巅峰对决，谁能留在峰顶，谁会摔下悬崖？就是这样一种紧张的情势。一次大赛前，我到袁伟民那儿串门，屋里就他一个人在那儿分析赛情，满屋烟雾缭绕，人都快看不见了，那叫一个苦闷。

一次，袁伟民来我家里小坐，谈起女排首夺世界冠军中的一件事。1981年11月16日，在日本举行的第三届排球世界杯赛中，中国女排连胜六场后首度杀入决赛，对阵此前曾六获世界冠军、被称为"东洋魔女"的日本队。日本队的主教练小岛孝治特意蓄起了胡子。他对袁伟民说："等赢了中国队再刮胡子。"决赛打响之前，他不停地在袁伟民跟前走动，而且老摸胡子。这种挑衅之举是典型的赛场心理战。袁伟民心里说："你就永远留着胡子吧。"他顶住了来自强大对手的技术和心理压力，带领中国姑娘首度问鼎世界冠军。

女排两连冠后，随着新老更替的出现，队伍开始变得难带：老的老，伤的伤，新的新……如何带好队伍，是件伤脑筋的事；而同时期日美强队的"教头"，像日本队的山田重雄、美国队的塞林格，都不是等闲之辈，除了球队实力，他们还要相互在赛场上斗智斗勇。所以在女排五连冠奇迹的背后，袁伟民付出了很多。

最近的一位就是郎平。看到郎平我总想起当年的袁伟民，她继承了袁伟民的大运动量训练风格、敢拼爱拼的训练作风以及团结上下一心的队伍管理等优秀经验；而且郎平在场上也很冷静，很少说话，说话不着急，这些也都像袁伟民。同时，郎平在继承的基础上又有创新。郎平现在已经是一位具有国际执教经验的顶尖教练，除去中国队，还带过欧美强队。因此，她了解国际排坛最新的技术发展，在运动医学、体能训练和恢复等方面具备科学的方法和手段，同时熟悉各国队伍的特点，这些对中国女排技战术水平的提高能起到很积极的作用。

郎平还是中国女排队员时，我已经与她有过接触。在我的眼里，作为运动员的郎平，直爽、聪明、好胜，同时爱动脑子，看问题全面到位，不钻牛角尖，在赛场上有一种傲视群雄的霸气。退役后，郎平选择读书、出国、执教各国球队……走上了一条与众不同的路。30多年来，郎平从冠军运动员到冠军队教练，从"铁榔头"到"郎图腾"，是她人生一路奋斗的结果。对她所取得的成就，国际奥委会官方微博里有一段评说："在中国体育史上，几乎从来没有一个人能连续30年受万众顶礼膜拜，只有郎平做到了。球员时代的五连冠带领中国走上世界之巅；执教以后再次率领中国女排重回世界之巅……这30年来，中国女排的所有荣誉，几乎都和这个女人息息相关。"

然而，郎平担任教练后所产生的争议，和她担任球员期间所获得的夸赞，形成了鲜明的对比。2008年，郎平作为美国女排主帅，在北京奥运会上率队击败中国女排。当时国内不少人对此有看法，有议论，甚至认为郎平背叛了祖国。对于这一点，中国女排前教练陈忠和认为，如果换一种角度看，美国队的教练是我们中国人，而且取得好成绩，这说明我们中国的教练水平很高，也说明中国排球在世界上产生了更大的影响。实际上，包括女排在内，中国许多在国际赛场上取得优异成绩的项目，都曾请过国外的教练。郎平如果不是有过执教国外强队的经历，也不可能把国外的先进经验和训练手段带回国内。现在的世界是一个走向融通的大社会，各国间的体育交流是大势所趋，只有具备国际视野，摒弃狭隘的胜负观，多相互学习，这才符合现代奥林匹克精神，也才有可能真正迈向更快、更高、更强。

女排精神新启示：直面挫折享受拼搏

1981年女排首夺世界冠军前，我在中国青年报社讲座时曾说，姑娘们这么苦练，付出了超人的代价，我个人认为她们应该拿世界冠军，但假如拿不下来呢，女排精神仍然值得歌颂，这就是团结起来，振兴中华，为了祖国荣誉而忘我拼搏。这次里约奥运会女排夺冠前夜，我同样这么想，再拿一个奥运冠军当然好，但即使拿不了，只要女排精神回来，也就足够。

当年，中国女排经过五连冠的辉煌之后，有一段步入低谷，后来一点点回升，再回到巅峰。实际上，单纯从成绩的角度来说，世上没有常胜将军，起起伏伏，胜胜败败，新旧更替，都是体育的规律。所以如果只是盯着比赛成绩，希望一直站在顶峰，结局一定是失望。但是如果从体育中获得一种直面挫折、永不言败的自信，一种享受拼搏、超越自我的愉悦，这才不会错过体育带给我们最珍贵的人生礼物。

关于直面挫折、永不言败这一点，李宁的经历很能说明问题。1988年，"体操王子"李宁兵败汉城，受到国内许多批评和指责。那天，我去奥运村运动员住地找他，我俩找了一处人不太经过的墙根坐下聊了起来。我说："看你虽然输了，但在赛场上还是笑眯眯的。"他说："我是世界冠军，不能那么没有风度，但我回到屋里哭了，很难受，因为我胸前挂的是国徽，我给我们团队丢分了。这次奥运会之后我就要退役了，想弥补也弥补不了，作为运动员我觉得很内疚，所以怎么骂我我也能承受。"正聊着的时候，几个韩国姑娘拿着鲜花走过来，说："李宁，你永远是我们心中的体操王子。"李宁接着又说："不过，我现在还只有20多岁，人生之路还长着呢，这次失败对我今后的人生来说未尝不是一件好事。"果然，曾经黯然离开体坛的李宁，日后在商界再创辉煌。

关于享受拼搏、超越自我这一点，这次里约奥运会结束后，主教练郎平有句话很精彩。她说，女排精神不是赢得冠军，而是即便知道难以取胜，一样竭尽全力。30多年来，随着社会变革和时代变迁，国人的心态已经悄然发生了变化，对竞技体育也不再"唯金牌论"，而更多地追求一种在拼搏中不断超越自我的享受，正像游泳运动员傅园慧说，我对自己的成绩很满意，因为我已经使出"洪荒之力"了。所以，人们对这次出征里约奥运会的女排姑娘们既寄予希望，但也没有非拿冠军不可的要求。这说明，随着时代的发展，国人对于奥林匹克精神"更高更快更强"的内涵也有了新的理解：真正和自己较量的对手是自己，在拼搏的过程中不断实现自我超越，从而感受生活的愉悦，实现精神的享受，这才是体育运动的真正价值。

经过30多年改革开放，国人对奥林匹克精神有了更深刻、更准确的理解。直面挫折，永不言败，享受拼搏，超越自我，这是一种自信的体现。这种自信的价值已经远远超出体育界，甚至超出一个民族，成为全人类共同的财富。

（原载于《纵横》2016年第6期）

众志成城第一搏

——中国乒乓男团首夺世界冠军纪实

徐寅生　李富荣　庄家富等　口述
袁念琪　采访整理

　　1959年4月，新中国成立十周年前夕传来了两个"第一"的喜讯：一是4月5日，容国团在第25届世乒赛上为中国夺得第一个体育世界冠军——男子单打圣·勃莱德杯；二是第25届世乒赛期间召开的国际乒联大会决定：第26届世乒赛将于两年后在北京举行，这也是中国首次举办国际体育大赛。

　　国际乒联是新中国参加的第一个国际体育组织。直到1971年10月恢复在联合国的合法席位前，我国尚被许多世界单项体育组织拒之门外，国际乒联是个美好的例外。这次第26届世乒赛在我们家门口举办，不仅有利于中国乒乓球水平的进一步提高，也向世界开启了一个展示新中国的窗口和交流平台，全国上下对此寄予厚望。

为了"一百零八将"，半个国家体委
都被搬到了乒乓球队

　　为备战第26届世乒赛，时任国务院副总理兼国家体委主任贺龙指示：国家体委成立领导小组，由副主任荣高棠挂帅，成员有李梦华、张之槐和陈先等；同时组织一支集训队，从全国选调精兵强将。

徐寅生（第26届世乒赛男团世界冠军队成员、国家体育总局原副局长、国际乒联原主席）：先是从全国青少年比赛和第一届全运会中选出170多名运动员编成四个队，分别在北京、上海、广州等地集训。经过三次比赛，再从中选出108名运动员，组成国家集训队，于1960年12月起在北京工人体育场集训。

在京集训的108人，人称"一百零八将"。其中男选手62名，以上海和广东最多，各11名；女队员46名，最多是广东8名，其次是上海7名。男选手中有容国团、庄则栋、徐寅生、李富荣、张燮林等，女选手则包括邱钟惠、林慧卿、王健、郑敏之、李赫男、梁丽珍等，此外还有教练员9人，领队5人。这些人中，总的来看上海人最多，李富荣就是其中之一。难怪参与过集训的人曾半开玩笑地说：当年在乒乓球国家队里到处都讲的上海话。

李富荣（第26届世乒赛男团世界冠军队成员、国家体育总局原副局长）：当时我在中国青年队，也随队于1960年与国家队合并。我们这批"一百零八将"统统住在工人体育场，我与容国团分在一个房间。当时不是上下铺，是单人铺，八人标准的房间一般也就住五六个人。

一起住进来的还有荣高棠所率的一批国家体委的司局级干部，他们现场办公，与运动员、教练员们共同生活。人们感叹贺老总此次的决心之大，纷纷说：这下子可把半个国家体委都搬到乒乓球队了！

全国优秀的乒乓球运动员齐聚北京后，被要求向解放军学习，进行大运动量训练，一切从难、从严、从实战出发。针对世乒赛七个比赛项目，集训主攻团体赛，分攻单打和双打，并在考察国际乒坛实力后锁定了两个目标——日本和欧洲。傅其芳这位从香港回到内地、经验丰富的男队教练还提出，中国要走快攻打法，积极主动地去打，坚持"快、准、狠、变"的风格。

运动员在集训中经常跑万米，从工人体育场跑到北京火车站再折返。这是徐寅生最头疼的训练项目，但他坚持每次跑完全程，把这当作磨炼意

志的绝佳机会。随着长跑恐惧的消除，集训的甜头和感悟也与日俱增。

徐寅生：通过集训我领悟到，强与弱可以易势。具体联系到与日本选手的力量对比，我的反手技术、近台技术、速度要比他们强。日本队既要卫冕冠军，又在明处，容易背包袱；而我身在暗处，压力小。这样一分析，我的信心就增强了。集训除了抓训练，也抓学习。队里引导我们学习毛主席著作，运用毛泽东思想联系实际，学会分析处理训练比赛、思想作风上的各种矛盾。

李富荣：当时我们有两个学习榜样：一是为中国夺得首个世界冠军的容国团，他那句"人生能有几回搏"的名言曾让我们那一代人热血沸腾；还有一个是1960年5月25日创下人类首次从北坡成功登顶珠穆朗玛峰的中国登山队。当时，这些榜样的力量已经超出了体育界，对各行各业搞好本职工作都有积极意义。

参加集训的人都明白，尽管相比于第25届多特蒙德世乒赛的区区11人国家队名单，此次本土作战的人数已经大幅上升——单打有男女选手各32人参加，但究竟不是人人能打上比赛，注定有人要做铺路石。在他们之中，梁友能从运动员转为教练。他曾在有庄则栋、李富荣、周兰荪等高手参加的全国六院校乒乓球赛中获单打冠军，现在则服从大局辅佐傅其芳，分管张燮林等削球手。在接下来的第26届世乒赛上，中国队的非主力选手张燮林击败夺冠呼声最高的日本选手星野之木，成为中国男单夺冠的开路先锋。此外还有从印尼回国的19岁选手李光祖，他被安排模仿匈牙利选手打法，陪练主力队员，无怨无悔，竭智尽力。

李光祖（第26届世乒赛中国集训队成员）：那时候，国家的物质条件不是很好，但是队员们一心想着为了祖国。祖国让做什么，就做什么；党要做什么，就做什么。

集训正逢三年困难时期，食品奇缺，但集训队获得了特殊待遇。

李富荣：三年困难时期，对许多人来讲是很难过，但对我们而言应该说还是很可以的。你想，鸡蛋、牛奶、白面、肉，都有基本保证。当时国家很困难，但对我们的照顾应该讲是挺好的，这一点我很感激。

为举办世乒赛，北京还新建了能容纳一万多人的工人体育馆。徐寅生从宿舍里，就可见到体育馆在一点点成形。可是有一天，工地的机器声却消失了。

徐寅生：原来是钢材、水泥和资金碰到了困难，我们心里都很着急。后来在全国多方的支持下，工程又慢慢恢复了，体育馆如期完成。

弧圈球——日本队的"核武器"，如何制服它？

距第26届世乒赛开赛还有三个多月时，紧张备战的中国队听说日本人发明了一种新的进攻技术——弧圈球，有日本记者称它为获胜的"核武器"。

徐寅生：我们第一次听说弧圈球是在匈牙利队和南斯拉夫队联袂访问中国的时候，听说最近他们去日本访问时，被日本的一种全新进攻技术打得一塌糊涂，甚至连球都接不到，因为这种球旋转极强，他们防守时不是一碰就飞，就是一碰就出高球。

匈牙利乒乓球男队可是一支老牌劲旅，世乒赛25届历史上共获得男团冠军11次，日本队不过只有5次。可是，弧圈球到底是个什么鬼？匈牙利队却没弄明白。

徐寅生：日本队的这一新动向引起了中国乒乓球界的高度关注。我们的体育科研所赶紧去了解情况，集训队领导也召集教练员、运动员一起商量对策，并让几位运动员模仿试验。刚开始模仿时，怎么拉球也拉不像，后来改变了拍形再拉，才慢慢摸到了一点门道。

这时有消息传来：日本队要到香港访问比赛，做赛前适应练兵。因为香港队的打法与内地相似，多是直拍攻球，于是上级派广州人庄家富赴港去探个究竟。

庄家富（前乒乓球国手、中国乒乓球队教练）：我心里明白，这是要你去"搞情报"。因为我对香港也不太熟，国家体委请新华社香港分社帮忙，派人在深圳国旅与我接头。见面时，那位同志拿出一副墨镜让

我戴上，说这样效果好。

接下来，两人分开各自入关，到香港后再会合。于是，穿西装打领带戴墨镜的庄家富，揣着国家给的1000英镑走上了罗湖桥。

庄家富：那时候香港规定，边防过了中午12点就关门，而我去的时候已经下午2点了。警察问我："你干吗啊？"我事先与新华社同志做了功课，就说："放假到香港玩几天。""住哪里啊？"警察又问。"住九龙。"就这样，警察看我气定神闲的样子，也就放行了。我本打算到香港后住旅馆，但新华社的同志说不能住，容易暴露，于是就住在他家。他家里只有他爱人知道我的身份，并告诉自己孩子："这次来的是你表哥。"

庄家富在香港"昼伏夜出"，晚上出去看球，三天看了两场，白天则在家整理资料。

庄家富：看球的时候，我注意观察弧圈球是怎么拉的，它的威力到底在哪里，并把这些记在报纸旁的空白处。看着看着我有些明白了，弧圈球其实是长的上传球、摩擦球，用球拍中部摩擦球的上部，这样球就非常转。我亲眼见到香港冠军吴国海败在弧圈球下，他一削球就飞出了界。观众见他接不住，失望地直骂：什么冠军，回家捡大粪吧！

探清秘密的庄家富归心似箭，他在香港坐晚上7点多的末班火车赶回广州，又从广州坐末班飞机到北京，此时已是夜里10点，国家体委的车直接把他接到华侨饭店，马上开准备会。原住工人体育场的球队，此时已经搬到这里。参加准备会的，有准备打团体赛的队员，还有教练和荣高棠。

庄家富与容国团住同一房间。弧圈球对容国团的搓球打法有很大威胁。

庄家富：容国团问我，弧圈球怎么样？我说，弧圈球对付搓球的确有一套，尽管它速度不快，但上旋力很强。但弧圈球也不是想象中这么牛，当时日本队和香港队打了两次比赛，日本队里拉弧圈球最好的星野就输给了香港的刘锡恍，刘和你一样，都是快攻打法。

要制服弧圈球，就要有对手练。为保证主力队员能得好成绩，一些队员主动学弧圈球做"靶子"陪练。先有"一百零八将"中的薛伟初、胡炳权等老队员，后有廖文挺、吴小明和余长春等年轻队员。

徐寅生： 第一次接弧圈球就让我大吃一惊，因为来球的上旋实在太强，我的拍形控制不住，球一下子蹿起老高，出界很远，不是一般远，而是飞出了拦板。我怎么也没有想到弧圈球的旋转会有那么强，如果是在比赛中第一次碰到这种球，不仅会失误不断，心理上也会受到重创。可是，练得多了以后大家发现，尽管弧圈球威力巨大，但也不是无懈可击。它对付下旋球比较有效，但对于速度快的来球还难以发挥作用。

"国产"弧圈球选手每天要轮番陪练五六个主力队员，做到重点保证，随叫随到。拉弧圈动作大，每拉一板都要很大力量，他们每天甩臂转腰上千次，把胳膊都拉肿了。正是有了他们，我主力队员对付弧圈球的技术有了很大提高。第26届世乒赛中，庄则栋未失一分夺得男单冠军。他曾回忆道："陪练队友不争名、不争利，很辛苦，为的是国家荣誉。我是代表我们的集体领奖！"

终于搏出了个斯韦思林杯

1961年4月4日，第26届世乒赛在北京开幕。来自30多个国家和地区的200多名优秀选手，为七个项目的桂冠展开拼搏。

战前动员时，贺老总给庄家富留下了深刻印象。

庄家富： 他刚视察部队归来就到球队，上来第一句话就讲："打球和打仗一样，你不怕输就不一定输。所以，你们去参加比赛，第一要有信心，第二不要怕输。"然后，他把自己的假牙一拔，说："大家看看，我这个门牙是怎么打掉的？有一次我带部队往前冲锋，前面这个子弹呼呼的就像风吹过来一样，就这样被打掉的，可是我贺龙不怕死。比赛和打仗一样，一定要勇敢，一定要不怕输。"贺老总一番生动的动员，对大家鼓舞很大。

在第25届世乒赛男团半决赛中，中国队负于匈牙利队，没能实现原定夺冠目标。这回主场作战，中国队不负众望，连续击败联邦德国、厄瓜多尔、民主德国、蒙古、加纳、尼泊尔和缅甸等队。半决赛中再次对阵匈牙利队时，又以5∶1大胜对手，昂首进入决赛，与上届冠军、自第21届世乒赛以来连续五届夺得男团冠军的日本队争冠。赛前，容国团对庄家富说："你在香港探球时，我们也在假设中日如果对阵决赛谁赢的可能性较大，有人说中国的胜率是51%，也有人说最多不超过49.5%。"

中日男团决战一票难求。且不说想看的人多，像这样的国际赛事，当年是要经过政治审查合格后才能给票的。为了使队员们安心参赛，上级特意照顾大家，给每人花3元钱买了一张决赛票以送亲友。

4月9日，决赛大幕开启。中国男队阵容为容国团、王传耀、庄则栋、李富荣和徐寅生，其中上场三人，为容国团、庄则栋、徐寅生。比赛采取9盘5胜制，教练傅其芳与班子反复推敲后定下中方出场顺序为：庄则栋打1、5、9盘，徐寅生打2、4、7盘，容国团打3、6、8盘。日方情况是：星野展弥打1、4、8盘，木村兴治打2、6、9盘，荻村伊智朗打3、5、7盘。

比赛十分激烈，比分三度打平。庄则栋拿下开门红，2∶0完胜星野展弥，但接下来徐寅生则以1∶2不敌木村兴治，总比分打成1∶1。第三上场的容国团又以0∶2输给荻村伊智朗，此时，第四出战的徐寅生并未被前败所扰，一举击败星野。尤其是在第三局，徐寅生上演了连扣十二大板的好戏。当时，徐寅生以20∶18领先，星野发球，徐寅生侧身抢攻扣杀，星野赶紧远离球台放高球。

徐寅生：按说这时我应该发力猛扣，力争一板解决战斗，但在这至关重要的时刻，操之过急反而容易失误。看到星野已远离球台，无回手之力，我便用中等力量连扣他的反手，寻找最后发力扣杀的机会。他也在寻找机会转守为攻，但被我牢牢控制住，只得死心塌地连续放高球。他的唯一希望，就是我扣杀失误。

中央电视台的现场解说员张之,在徐寅生扣下第三板后就跟着扣球喊:四板!五板!六板……场内万名观众也齐声呐喊。这时,第11个高球过来了,徐寅生往他中路猛扣第12板,星野接球失误,球到界外,徐寅生以21:18获胜!全场欢声雷动,总比分再度打平,2:2。

第二次上场的庄则栋再传捷报,2:0胜获村伊智朗,至此他一人独得两分,也使中国队再次以3:2领先。有"小老虎"之称的庄则栋是中国队年龄最小的,以直拍近台两面快攻的打法,气势逼人,发挥稳定。遗憾的是,随后容国团却又以0:2不敌木村,双方以总比分3:3第三次打平。

第七盘,第三次出场的徐寅生2:0胜获村,中国队以总比分4:3第三次领先。决赛到了关键时刻,接下来第八盘容国团对星野,若胜则中国队就将以5:3夺冠,若输则要打第九盘定输赢。现场的气氛顿时凝重起来。此时容国团已输了两盘,对手星野之前也输了两盘,双方的压力同样巨大。

徐寅生:我们非常能理解此时容国团面临的压力,先输两盘,他可是世界冠军,是队中的绝对主力,是台柱啊!

辅助傅其芳教练的梁友能负责运动员赛前准备和赛时战术传达。这时,傅其芳让他转告容国团几条战术:一定要放开打,星野弧圈球的能力不如其他两人。所以,只要放开打形成快攻,胜算很大。

在休息室,梁友能见到了容国团,还有特意从主席台上过来的荣高棠。

梁友能(*时任中国乒乓球队教练*):荣高棠并没有批评容国团,相反还积极鼓励他,说:"你现在要丢掉世界冠军的包袱,轻装上阵。不就输了两场吗,你现在就当自己什么冠军也不是,去拼这个日本的全国冠军星野,把他拼下来!"听到这话,容国团的情绪一下子被调动起来了,满面通红,两眼放光。当我把傅其芳教练布置的战术意图向他传达后,他斩钉截铁地说:"你们放心吧,我会拼的!"

银色的乒乓球再次被抛了起来,恰如升起了一颗拼搏的信号弹。第

一局，容国团赢，第二局又以20：18领先，眼看再下一球就赢了，可惜容国团打丢了这个近网高球，继而被对方追平逆转，双方打成1：1。

这时，队友徐寅生也到场子里来加油，他想尽可能走近一点，没成想却挡住了掌控灯光的工作人员视线。他们猛拍玻璃，叫他闪开一点，因为只要容国团一赢下来，他们好即刻将场内灯光全部打开。军乐队几次起身准备奏乐，又坐下，拿起乐器和指挥棒，又放下……

徐寅生：打到最后一个球的时候，大家都目不转睛地盯着，真是看得人心惊肉跳、惊心动魄。双方在反复相持，看不出谁比谁更有利。正在这时，突然星野拉球出界了。当时，容国团还处在紧张应对来球的状态，见状还愣了一下。当他意识到已经获胜时，一下子就跳起来了。

终于，容国团以21：18获得第三局胜利，并最终以2：1拿下星野。中国队以总比分5：3击败日本队，第一次捧起了乒乓球男团世界冠军——斯韦思林杯。此时的体育馆已经沸腾了，灯光全部打开，观众都跳了起来。

徐寅生：大家兴奋地把身上能扔的东西都扔了。后来打扫场地的时候，什么帽子、围脖的，收了好几大筐。

李富荣：我很佩服容国团，在这个关键时候能够咬得下来，确实难能可贵。关键时刻，运动员的战斗意志发挥了关键作用。他再一次实践了自己的那句名言：人生能有几回搏。

在第26届世乒赛上，中国队共夺三项冠军。除男团外，庄则栋和邱钟惠分获男女单打冠军。此外，中国队还包揽男单前四名，李富荣获亚军，徐寅生和张燮林并列第三，王健则获得女单季军。这一胜利不仅开启了世界乒坛的中国时代，也翻开了中国体育事业新的一页。从此，小小银球在960万平方公里的土地上大热并被推崇为国球，乒乓球也成为中国走向世界的一张新名片，其影响力也远远超越了体育。李富荣对此曾深有感触地说："在我们国家最困难的时候，乒乓球取得好的成绩，鼓舞了人心，给老百姓信心！"

（原载于《纵横》2017年第8期）

第一次夺得世界速滑冠军

王金玉

对于新中国第一代速滑运动员来说，1963年是终生难忘的一年。因为在那一年的世界速滑锦标赛上，新中国的速滑运动员第一次在世界冰坛夺得了冠军，取得了多项好名次，并有两人打破了男子全能世界纪录。可以说，1963年是新中国速滑运动成绩最为辉煌的一年。虽然30多年过去了，但对参加那次锦标赛的经过和前前后后的一些往事，至今仍记忆犹新。

新中国速滑运动的崛起

中华人民共和国成立后，党和政府十分重视在青少年中普及体育运动。我们黑龙江省地处祖国东北边疆，每年有将近半年的结冰期，从50年代初期开始，滑冰运动就开展得十分活跃。每年冬天，各市、县都把体育场浇冻成公共冰场，对外开放；许多中、小学校也把操场浇冻成冰场，开设"滑冰课"。全省经常参加滑冰的青少年有数十万人之多。哈尔滨、齐齐哈尔两座城市，由于冰场多、参加滑冰的人多，素有"冰城"之称。

1956年，国际滑冰联合会举行全会，吸收中国冬季运动协会为会员国。从1957年开始，全部由黑龙江省运动员和教练员组成的中国速滑队，即逐年参加了一年一度的世界速滑锦标赛。

圆梦民生

　　1957年，中国速滑队第一次参加世界速滑锦标赛时，世界男子速滑锦标赛已经举行到第五十一届，女子也举行到第十五届。由于我们国家开展现代滑冰运动较晚，运动员缺乏国际比赛经验，首次参加世界速滑锦标赛的中国速滑队，成绩相当落后。当年的世界男子速滑锦标赛，有15个国家的39名运动员参加，世界女子速滑锦标赛，有8个国家的35名运动员参加。中国速滑队最好的男子单项成绩是第27名，最差的是第38名；女子稍好一些，最好的单项名次是第22名，最差的是第25名。由于单项成绩不好，全能名次根本排不上。

　　第一次参加世界速滑锦标赛归来后，根据国家体委的指示，黑龙江省体委决定，进一步把速滑运动作为重点项目来抓。在各市、县业余体校普遍增设滑冰班的基础上，哈尔滨、齐齐哈尔、佳木斯和黑河等几个城市和地区，并选拔优秀选手成立速滑队。我就是在1958年从煤城鹤岗入选到哈尔滨市速滑队，后来又入选到省速滑队的。

　　回想起来，我们那个时候的训练是相当艰苦的。刚一入冬，我们就赶到满洲里、黑河的天然冰场去进行"提前上冰"训练。整个冬季的训练都是顶风冒雪地在室外冰场进行，手脸冻伤的情况经常发生。但是，大家的决心都很大，训练热情都很高，训练十分刻苦。在1959年参加世界速滑锦标赛时，中国速滑运动员的成绩就有了大幅度提高。哈尔滨运动员杨菊成，在男子500米比赛中获第二名（与获得冠军的苏联运动员同时冲到终点，成绩同为42秒4，只是裁判员认为，在刀尖触线的一刹那，苏联运动员的身体稍微超前了一点儿，故判苏联运动员获第一名，杨菊成获第二名）。在那次世界速滑锦标赛上，我获得了10000米第五名和全能第九名。哈尔滨女运动员孙洪霞、杨云香分获全能第九名和第十三名。

　　此后，在1961年的世界速滑锦标赛上，齐齐哈尔女运动员刘凤荣获得了全能第四名。孙洪霞的全能名次上升到第八名。1962年，刘凤荣继续保持全能第四名。在当年举行的第五十六届世界男子速滑锦标赛上，我的全能名次上升到第五名，并被授予"亚洲最佳速度滑冰运动员"称号。来自绥化地区的罗致焕，也取得了全能第六名的好成绩。

从1957年到1962年，仅仅五年时间，中国速滑运动员就在世界速滑锦标赛上取得了令人瞩目的成绩，表明中国速滑运动已摆脱了落后局面，开始进入世界速滑强国行列。中国速滑运动的成绩，引起了世界冰坛的关注。国际滑冰联合会副主席拉夫特曼（瑞典人）借用毛泽东主席当时讲过的一句"东风压倒西风"的话，风趣地赞扬说："中国滑冰运动技术的提高，是使用了'东风'的力量！"

顽强拼搏为国争光

1963年，第五十七届世界男子速滑锦标赛和第二十一届世界女子速滑锦标赛，同时在日本举行。中国速滑代表团在黑龙江省体委副主任万思元同志率领下，由四名男运动员、四名女运动员和两名教练员组成，前往日本参赛。男运动员有罗致焕、王文生、苏洪斌和我，教练员是孙显墀，女运动员有王淑媛、刘凤荣、孙洪霞和杨云香，教练员是李昌燮。

我速滑代表团去日本参赛时，中日两国尚未建交。日本有关方面，对我代表团很不友好。我代表团去日本途经香港时，日方有意刁难，不及时办理签证。几经交涉，直到飞机起飞前始予签证。锦标赛在日本长野县的轻井泽高山冰场举行。赛前，我们先在箱根参加了一次国际速滑邀请赛。在比赛场的看台上，一些旅日华侨和台湾的留学生们，打着五星红旗为中国运动员助威，竟遭到日方工作人员的制止。对此，万思元团长十分恼火，马上进行了义正词严的交涉，并对华侨和留学生们说："中国人不打中国国旗，打什么旗？打！"从此，日方工作人员未敢再加干涉。从箱根去轻井泽参加比赛时，日方不给提供交通工具。我们自己雇了辆车，日方竟扣下司机不让开车。经代表团提出抗议后，始予放行。到轻井泽后，大会又不给安排食宿，我们只好自己找个旅馆住下。赛前，到冰场去练习，日方有时故意提前发车，有时到冰场后，以种种借口不让我们上冰练习，给我队造成很多困难。

在正式比赛的前一天，万思元团长特地召开了一次赛前动员会。万思元同志是抗日战争时期参加革命工作的老干部。当年，在山东曾担任过县游击队队长和抗日政府的县长，以抗日坚决、勇敢、打日军不怕死，闻名于范县、东平、张秋一带，素有"万老虎"之称。在动员会上，他联系日本有关方面的种种不友好的表现，特别是日本军国主义当年侵略中国的历史，勉励我们，要勿忘国耻，在这次锦标赛上要滑出优异的成绩，显示中国人民的精神风貌，为国争光。在动员会上，运动员们个个眼含热泪地表示，一定全力以赴，拼搏到底！动员会开成了誓师会。

2月21日，锦标赛开始。头两天进行的是女子比赛。来自牡丹江市19岁的女运动员王淑媛表现出色。在当天上午的500米比赛中，她名列第十四。下午参加1500米比赛，奋勇争先，名列第四。第二天，她再接再厉，全力拼搏，在上午的1000米比赛中，战胜苏联名将、世界冠军沃罗尼娜，以1分34秒6的成绩，夺取了这个项目的银牌。参加下午的3000米比赛，名列第十一。全能排名第六名。哈尔滨女运动员杨云香，在这次世界速滑锦标赛中的全能名次，也进入了前16名。

女队取得的成绩，给男队以很大鼓舞。我们几个互相鼓励，决心在稍后进行的世界男子速滑锦标赛中滑出好成绩，实现中国速滑运动的重大突破。

2月23日，首先进行了男子500米比赛。我取得了第四名，罗致焕取得了第六名。

2月24日，这是中国速滑史上永远值得纪念的一天。当天上午，男子1500米比赛开始。我首先出场，与世界冠军、苏联选手斯捷宁编在一组。斯捷宁是上届1500米金牌得主。比赛一开始，他就一马当先，跑在了前面。我紧紧盯住，紧追不舍，进入第二圈就加速超过了他。最后一圈的铃声响过，我采取提前冲刺的战术，以2分09秒6的成绩，率先到达终点。这时，我在1500米排名中位居最前列。

轮到罗致焕第四组出场了。与他同组的是实力雄厚的挪威选手伊瓦尔·默。发令枪一响，罗致焕便向对手发起猛烈攻势，以32秒9的速度滑完第一圈，遥遥领先。罗致焕的弯道滑行技术特别出色，第二圈用时33秒9，继续保持领先。看来，罗致焕必胜无疑。在全场观众特别在华侨啦啦队的助威呐喊声中，罗致焕也采取提前冲刺的战术，使出全身力气向终点冲去，战胜了紧随其后的伊瓦尔·默，以2分09秒2的成绩，创造了世界锦标赛男子1500米最新纪录，并取得该项金牌，成为我国第一位速滑世界冠军。我在这个项目中，名列第三。

在本届世界速滑锦标赛上，我和罗致焕还分别获得了全能第五名和第十名，并双双打破了男子全能世界纪录。

胜利的喜悦与反响

中国速滑运动员在本届世界锦标赛上取得的成绩，是个历史性的重大突破，得到各方好评。男子1500米比赛结束后，在冰场上举行了隆重的发奖仪式。当罗致焕登上冠军领奖台，挥动双手向观众致意时，全场响起热烈的掌声和欢呼声，特别是手持五星红旗的爱国华侨更是尽情地欢呼，许多人都流下了激动的热泪。国际滑联副主席拉夫特曼先生给罗致焕戴上金质奖章后，双手亲切地抚摸罗致焕的脸颊，表达了他对第一个亚洲速滑运动员荣获世界冠军的祝贺和对中国人民的友好情意。日本滑联理事长渚住正人说："中国运动员获得了非常好的成绩，干得很出色。"日中文化交流协会的白土吾夫在欢送中国速滑代表团的宴会上发表讲话说："中国速滑飞快的进步，是中国社会主义事业大发展的一个反映。"世界滑冰运动发达国家也对我国速滑运动员取得的成绩，给予高度评价。挪威《晚邮报》发表评论说："我们应把中国的王金玉和罗致焕列入世界上技术高超的第一流选手的行列。"苏联速滑队教练在赛后也说："今后不能无视亚洲速滑选手。"

1963年，我们中国速滑代表团去日本参加世界速滑锦标赛期间，旅日侨胞对我们的深切关爱与热情鼓励，中国运动员取得的成绩在侨胞中

所产生的反响，也令我至今难忘。听说在日本举行的世界速滑锦标赛有中国运动员参加，侨胞们都把它当作一件喜事奔走相告，极为高兴。比赛期间，许多爱国华侨从日本各地赶到轻井泽以高价购票观看比赛，并组成啦啦队为中国运动员加油助威。他们当中的一些青年人还自动组成保卫小组，在代表团住地日夜值班，以保证代表团的安全。长野县华侨分会担心我们吃不惯日本饮食，每天特地派人送来各种各样的中国饭菜。对我们真可以说是关怀备至。比赛期间，我们每天都收到很多封各地侨胞发来的电报，对我们进行慰问和鼓励。每当我们取得一项好成绩时，在场的侨胞无不欢欣鼓舞。特别是罗致焕取得冠军时，侨胞们都激动得哭了起来。他们说："中国运动员取得胜利，我们都感到自豪！你们为中华民族争了光，为祖国争了光，也为我们华侨争了气，我们感到腰杆子硬多啦！"赛后，长野县华侨分会特地为中国速滑代表团举行了联欢会。许多侨胞热情地邀请我们到家中做客，大家互赠纪念品。代表团离开轻井泽时，长野县华侨分会的代表和许多侨胞又到车站送行，依依惜别。

中国速滑代表团圆满完成了参加世界速滑锦标赛的任务后，仍然取道香港回国，到广州一下火车就受到了当地领导和群众的热烈欢迎。原来，广东省政府接到了国务院副总理贺龙元帅的指示和受国家体委的委托，专门组织群众到车站迎接代表团凯旋。回到北京时，贺老总又在当时有名的四川饭店接见并宴请了代表团全体成员。席间，贺老总详细地询问了比赛的情况，对运动员从训练到个人生活关怀备至，并亲切地勉励我们要"为革命而滑冰"。回到省里后，我们又受到了省委第一书记欧阳钦等省委、省政府领导同志的亲切接见。贺龙元帅和省委领导的亲切接见，充分体现了党和人民对中国速滑运动员的关怀，是对我国速滑运动员、教练员和有关工作人员工作成绩的肯定，给了我们以极大的鼓舞和鞭策。这也是中国速滑运动一代人的光荣。

（选自《文史资料选辑》第 151 辑，
中国文史出版社 2011 年 9 月版）

难以忘怀的冠军之路

吕　彬

当我站在泳池边上，看我的队员仰起稚气未脱的脸，听我的技术指导时，心里总是涌上一股感慨的热流。十几年的岁月，让我从一名游泳运动员成长为一名游泳教练，这其中的酸、甜、苦、辣，永不会随着时光的流逝而变淡。

1985年的夏天，我还是个扎羊角辫的小姑娘，为了和妹妹有个伴，便到沈阳市铁西区体校利用业余时间学习游泳。开始的时候，只是觉得好玩儿，在水里稀里糊涂地游来游去，非常畅快。可是时间一长，兴趣没了，只剩下了重复带来的枯燥和疲乏。除了游泳还是游泳，游泳池已不再是令我兴奋和感到可爱的地方。小小的我忽然间感觉到自己已经与许多同龄的孩子不一样了。不可以随便支配时间，没有玩耍的机会。有时在去训练的路上，我会停下脚步，贪婪地注视路边踢毽子的小女孩，心里难过极了，边走边抹泪。有一回，我偷偷地背着父母逃练，结果可想而知，要强的父母狠揍了我一顿，当时我委屈得要命，现在想来，要不是一顿揍，我也许就不会有今天。不谙世事的我，真心地感谢我的启蒙教练张丹，是她在我人生的旅途上，帮我确立了方向。她认定我是一棵游泳的好苗子，假以时日，刻苦训练，会取得好成绩。教练的鼓励，使我产生了初步的理想——做一名优秀的游泳运动员。那时我模糊地感到，游泳池将和我缘定一生。为了加大训练的强度，我几乎天天跑步上学，父亲为了我和妹妹学游泳，三十几岁的他放弃了自己许多的爱好和

199

个人的乐趣。一年四季，顶着大雨、冒着寒风地接送。一天不难，天天坚持，真是不易啊。其中的苦累，直到今天父亲也从没和我谈起过。看到辛苦的父母，我心里更认同了自己所走的路。

我的进步较快，1986年便进入沈阳市游泳队，由苏西莲教练任教。在市游泳队，苏教练为我打下了更坚实的基础。训练也进入较系统的阶段。这时心里逐渐萌发了争强的念头。有了动力，自然也有了长进，1988年进入省体校游泳队，强手一多，不敢怠慢，训练更加刻苦，师从战福章教练。战老师很认真，也很严格，使我的成绩进步幅度大增。很快许多运动员渴望的机会开始向我招手了。1990年3月，我被选入国家游泳集训队。当时压力很大，那时身体尚未充分发育、个子小，力量也不行，成绩未达标，只给半年的时间，如果进步尺度小，就意味着被淘汰。我母亲看见瘦小的我要背负这么大的压力，离家到千里以外的北京，眼睛都哭红了。这么多年了，当时的一幕仍清晰如昨日。我是抱着背水一战的心情，去北京报到的。

当时国家游泳队，女队员强手如林，名不见经传的我心里的压力可想而知。我一生都不会忘记在国家队的八年里教练幺正杰和助练黄红对我的教诲和帮助。当时训练量很大，为了尽快赶上其他队友，我只有多下功夫，一次肚子疼得顺脸淌冷汗，腰都直不起来了，真想躺下哪怕躺一会儿，可一想自己的成绩，我是没有这种权利的。咬咬牙，练。还有一次，我母亲去北京看我，一进屋，见我跪在床上，头抵着床痛苦地喘息着，她吓坏了，一问才知道我对水里的消毒剂过敏，得了哮喘，时常发作，很痛苦。母亲心疼女儿，劝我："别练了，太遭罪了。"也许我习惯了，因为那时队友都很刻苦，大家为国争光的想法特别强烈，气氛真的很好，因此当时整体成绩好是不奇怪的，师姐做榜样，在我这个师妹看来，吃苦是正常的。我一边喘一边说："哪能不练，人家都这样，我多什么？"后来有媒体介绍说杨文意在大赛前由于大运动量的训练，偶尔会出现恍惚感，是不夸张的。金牌的后面是多少的付出啊。为了训练腹肌，我拼命地在器械上练，尾骨周围全都皮开肉绽，但从未耽误下水训练，钻心的疼，我就用拼命地游泳淡化疼痛。有时会有一段时间，成绩不理想，这对运动员的心理打击是很大的。幺教练每每在这个时候，会给我仔细分析，耐心开导，找出原因。他从没有冷言冷语对待过我，从生活上关心，技术上指导，信念上鼓舞，像父亲一样，在我少年的心怀里，感到了人生的温暖，也更坚定了夺标的信念。我的助练黄红，曾经是一名优秀的游泳运动员，她一直和我吃住在一起，如同姐妹，在我心灰的时候不断地给我打气，哪怕是一点一滴的进步，她都忘不了鼓励我，几乎每次训练她都跟着我，发现毛病，赶紧纠正，就这样我的成绩进步得很理想。

　　1991年全国锦标赛，在200米自由泳和200米个人混合泳项目上，我均获金牌。同年参加第一届城运会，获200米自由泳、200米个人混合泳、100米自由泳、4×100米自由泳接力四块金牌。1992年我参加了在日本广岛举行的第四届亚洲游泳锦标赛，获200米自由泳金牌、200米仰泳银牌，在国际泳坛上，初露锋芒。那种初尝为国争光的快乐，使我喜不自禁。在日本，有一位老先生，只要有我参赛的项目，他就专程来观看，他喜欢看我的游泳姿势，认为很大气，后来他还专程来沈阳看我，游泳也传递着中日人民的友谊。1992年7月我去巴塞罗那参加了奥运会比赛。在4×100米自由泳接力赛项目上，打破世界纪录。1993年全国冠军赛，200米自由泳和200米个人混合泳均获金牌。1993年在第七届全运会上，200米自由泳获金牌，并打破亚洲纪录。在频频夺奖牌令我兴奋不已的同时，得到了幺教练的及时提醒：蛙泳与其他泳姿成绩横向看较差，这个技术障碍使我很快冷静下来。蛙泳一直是我无法全部得到要领的泳姿。对于初学者最易掌握的，对运动员有时恰恰最易忽略，不好悟。我每天在水里反复地游，仔细地琢磨，一点一滴地找水感，幺教练甚至把动作掰开帮我分析。实际上，有时即使做对了，也不一定奏效，急得直想哭。功夫不负有心人，当我终于攻下难关时，喜悦的劲头不亚于夺取金牌的感觉。

　　1994年的罗马，是令我一生都魂牵梦绕的地方，在第七届世界游

泳锦标赛上，我获得了200米个人混合泳金牌，4×100米自由泳接力金牌；4×200米自由泳接力金牌，并同时获得200米自由泳银牌、100米自由泳银牌。在泳道的尽头，当我在大家注视的目光中，知道自己夺得的是第一名时，顷刻间不知是泪水还是池水顺着脸颊流过。每一个运动员刻苦训练10年、20年，不就是为了这一瞬间的成绩吗？可是对于运动员，这一瞬间就是他们心中的永恒。有时对于失败的竞争对手，不免泛起一种同情。赛场是无情的，每个人都有自己的祖国，运动员更大的愿望是为国争光，个人利益在夺取金牌的时候是次要的。站在冠军的领奖台上，耳畔响起的是中华人民共和国的国歌，眼前闪耀的是中华人民共和国的国旗。当我们的国旗因为我的成绩而定格在最高处时，激动的泪水汩汩而出，人生有几个十年！为了这一刻，我舍弃了许多孩子都在享受的乐趣，我忍受了在床上蜷缩着喘不上气来的痛苦，今天我终于得到了回报。为国争光的幸福，是什么也换取不了的。一名运动员，当你历经磨炼，穿越了生命的极限，你就拥有了金钱也买不到的弥足珍贵的自我价值，这种价值的集合，便是一个民族强大的重要元素。

回国所受到的欢迎盛况空前。国家主席江泽民及其他国家领导人亲自迎接我们的凯旋，设宴款待。最令我难忘的是，我代表全体运动员致辞。当江主席紧握我双手的一刻，我幸福万分。人民大会堂流光溢彩，到处是欢声笑语。很多年过去了，被江主席亲切接见的瞬间，永远定格在我生命的记忆里。

一名曾经辉煌过的运动员，不会因为时光的流逝而淡忘自己的记忆，积淀下来的精神财富，会在今后的生活工作中受益终生。今天，我已做了教练，我会用我的经历鼓励我的队员继续为国争光，青出于蓝而胜于蓝。为祖国的体育事业再作贡献。回首往事，当我独自一人沉浸在幸福的记忆里时，泪水仍会悄悄地涌出——快乐的极致是想哭。

（选自《文史资料选辑》第151辑，
中国文史出版社2011年9月版）

中国申办2000年奥运会的前前后后

何振梁

1990年7月3日，邓小平视察为亚运会新建的体育设施。他向陪同视察的北京市和国家体委的负责人说："你们对申办奥运会下决心了没有？为什么不敢干这件事呢？"他老人家虽然只是提问，但在场的所有人都理解，这是他老人家下的斩钉截铁的决心。邓小平的决心说出了人们的心里话。北京市和全国体育界一片欢腾。

众盼奥运

1991年2月底，中央正式批准关于北京申办2000年北京奥运会的报告。5月13日，北京申办2000年奥运会委员会正式挂牌。从那时算起，到1993年9月在蒙特卡洛国际奥委会101次全会投票选定举办城市止，申办2000年奥运会的工作历时前后近三年。三年之中，在中国这个有12亿人口的国家里，全国上下为力争实现这个愿望，心往一处想、劲往一处使，真是拧成了一股震撼山河的力量。

然而，申办工作并非一帆风顺。首先是观念上的转变。

申办工作是一项主要以争取委员和国际体育组织的支持为目的的对外工作，它既应遵循我国的对外方针政策，又要按照申办自身的"游戏规则"办事。这是一门艺术，并不是从一开始人们就懂得这一点。北京奥申委的有些人曾强调外事要"以我为主"。这当然是对的。但在申办

工作中如何理解和体现"以我为主",我花了相当多的时间和精力,也通过实践本身的教训,才使大家理解了:申办工作中除了对涉及国家利益的原则不能有丝毫含糊外,我们的一切工作要从有利于我申办成功出发,这才是真正的"以我为主",而不是要别人来适应我们的习惯和要求。

大家的努力没有白费,奥申委的工作愈到后期,愈达到了"专业水平"。1993年3月,国际奥委会派出的评估委员会来北京考察时,奥申委同他们座谈。奥申委在这个委员会成员的座位前,人手一册,摆好了北京申办的各方面情况的汇报材料。这是在万嗣铨秘书长的指挥下,连夜赶出来的一份印刷和装订质量上乘、内容翔实的材料。连我这个爱以挑剔的眼光严格要求的人,也感到惊喜和满意。

我一般只参加国际奥委会的有关会议,很少参加对外访问活动,也不愿意老往国外跑。但是如今要申办,奥申委领导人就要分工参加各种国际会议和活动,因此那几年我马不停蹄地跑了很多,而且有些活动还非去不可。有时甚至得有点赴汤蹈火的劲头。我们到秘鲁去拉票。当时秘鲁首都利马的恐怖活动非常猖獗,我国驻秘鲁大使馆刚被炸过两次。我们居住的旅馆对面的一座高层大厦的玻璃窗已被完全炸飞了。旅馆门口就部署了对付恐怖活动的装甲车和荷枪实弹的特种防暴部队。每次外出时不知道什么时候会碰上突如其来的爆炸事件。另一次我们到非洲去拉票。为了省时间,离开尼日利亚时原来选定了尼日利亚航空公司的班机。尼日利亚朋友获悉后,力劝我们立即改订别的航班,并讲了该公司一些管理混乱的例子。有一次,飞机已经开始滑行后,才发现飞机油箱并未加足油;还有,当地人去麦加朝圣时,带上了煤油炉,就在飞机座舱的过道里煮食。我到阿尔及利亚去拉票,到达后,使馆告诉我,阿尔及利亚委员泽尔吉尼坚持为我在一个景色较好的旅馆订了房间,与使馆预订的不是同一个旅馆。次日,使馆告诉我,该旅馆得到可能发生爆炸事件的警报。王大使建议我另换旅馆,但是我考虑旅馆是阿尔及利亚委员给订的,如果换旅馆,是对这位委员不尊重,因此坚持不换旅馆。为了我的安全，王大使派了使馆的秘书在房间外面通宵值班看守。次日我起来，才发现使馆的同志，心中激动不已。我还到没有外交关系的巴拿马和危地马拉去拉票，危地马拉因为还有中国台湾的"大使馆"，过去几乎没有中华人民共和国的人员入境。机场的边防人员见到我的外交护照，一脸惊讶的表情，气氛有些紧张。危地马拉委员解释后，气氛才缓和过来。访危时，危地马拉委员卡尔·施密特要驾驶自己的小飞机带我去另一个小城市，我欣然同意了。一路上颠簸起伏，还飞过火山口。后来我把此事告诉别的委员时，他们都吃惊地说："你居然敢坐他驾驶的飞机！他的驾驶技术可不敢恭维。"由于申办那一段老在外面跑，各种意外都有可能发生，我给两个孩子留好了短信，写上了最简短的告别嘱咐，让孩子们在万一父母回不来时拆开看，幸亏这封信没有派上用场。

巨人之争与"八国联军"

最初，参加申办2000年奥运会的城市共有八个，除北京外，有澳大利亚的悉尼、德国的柏林、英国的曼彻斯特、土耳其的伊斯坦布尔、巴西的巴西利亚、意大利的米兰、乌兹别克斯坦的塔什干。其中巴西利亚、米兰、塔什干弱一些，其他都各有优势。

国际舆论普遍认为，柏林、悉尼和北京三家势均力敌，各有千秋。俄罗斯委员斯米尔诺夫对我说："这次申办是一场巨人之争，是奥运会申办史上前所未有最激烈的一次，胜负很难预料。"

在整个几年的申办时间里，几大对手时时处处剑拔弩张，竞争气氛相当紧张。政治因素也掺和了进来。中国是唯一申办的社会主义国家。感觉得出来，几个对手在有意或默契地联合对付北京，他们之间互通情况，但对北京却封锁消息。

由于北京的申办势头不断上升，1992年后出现了申办对手联手攻击北京的情况。首先是柏林奥申委负责人纳夫罗基在2月和4月先后两次将北京的申办同天安门风波相联系。德国名誉委员拜茨听说后，对在申办

中如此攻击对手的行为表示不能容忍，向我驻德大使表示了对纳夫罗基的愤慨。在他的要求下，纳夫罗基不得不写信向中国大使道歉。悉尼的申办负责人麦克吉奥也恶毒地攻击北京，发动澳大利亚舆论攻击中国的"人权"问题。澳大利亚委员高斯珀很有绅士风度，他不同意麦克吉奥用政治原因攻击北京的做法，主张友好竞争。但是，拜茨和高斯珀的绅士风度并未能制止柏林和悉尼对北京的攻击。

美国没有申办城市，但却要插手奥林匹克事务。1993年6月10日，美国众议院外委会人权小组委员会通过决议案，反对在北京或在中国的其他地方举办2000年奥运会，要求国际奥委会的美国委员投票反对北京。

6月24日，萨马兰奇在瑞士发表谈话说，美国应该尊重国际奥委会的独立性，并放弃其发动的反北京申办的运动。他说，国际奥委会将排除外界干扰，独立决定举办城市。但是在随后的几个月内，美国的狂妄态度变本加厉起来。6月21日，美国参议员布雷德利也加入了反对北京申办的行列。他给萨马兰奇主席写信说，他"强烈反对在北京政府否认其公民的基本人权的时候让北京举办奥运会"。7月26日，美国众议院在一项以287票对99票通过的决议中说，"强烈反对"让北京举办2000年奥运会，要求美国委员在蒙特卡洛投票时投北京的反对票。中国奥委会于7月27日发表声明表示严正抗议。

随着9月23日的临近，西方官方及舆论更加紧了攻击，政治压力也步步升级。9月14日，澳大利亚总理基廷访问美国。他公开说："选择北京是个政治性决定，国际奥委会应脱离政治，不要选择北京，不要让政治压倒体育理想。"英国《泰晤士报》在9月15日发表文章，题为《北京不应该主办千禧年奥运会》，说是即使曼彻斯特失败，北京也不应成功。紧接着9月16日，英国外交大臣赫德访问澳大利亚，他对记者说："最佳的选择是曼彻斯特。万一曼市落选，大家就应该到澳大利亚参加奥运会。如果选择北京，将是一个糟糕的主意。"

9月16日，欧洲议会通过决议反对北京申办。所有这些强大的政治压力，不能不对一些西方国家委员起一定的作用。

香港人士霍震霆一家都是最热心支持北京申办的，他也参加了北京奥申委代表团来到蒙特卡洛。他对西方舆论界围攻中国的感受很深。他说，外国记者向北京奥申委提的问题，多是政治性问题，含攻击性，与体育无关。中国运动员创造好成绩，本来是好事，也被说成是阴谋。当地能看到的电视和报章报道，都在有系统、有步骤地诋毁中国。他形容这种形势说，有如"八国联军"攻击中国。

但是，公道自在人心。北京申办也得到国际上体育界和外界人士的支持。1992年3月，秘鲁的32名议员联名写信给国际奥委会和中国奥委会支持在北京举办奥运会。美国的社会各界成立了支持北京举办奥运会委员会。亚奥理事会执行局在1993年8月一致通过决议，支持在北京举办奥运会。意大利著名作曲家莫罗德曾被重金相邀，为洛杉矶奥运会和汉城奥运会谱写了脍炙人口的会歌。他义务地主动谱写了祝福北京好运的歌送给北京奥申委，许诺将来申办成功后，将为北京奥运会谱写会歌，并且热情地说，不知道2000年还会到哪个国家去，但他肯定地知道那一年他将来中国。

90多把钥匙

《奥林匹克宪章》第37条明确规定："遴选主办城市是国际奥委会的独特权利。"有权决定2000年奥运会举办地点的是90多个委员。委员们的选择不是一成不变的，做工作的余地很大，但是都只决定于他个人。因此，在整个申办过程中，要不断做争取委员的工作。不管是走出去也好，请进来也好，工作目标就是要把工作做到每个人的心坎上，使自己成为他选定的城市。一把钥匙开一把锁，要有90多把精心设计的钥匙。

到投票前夕止，91名国际奥委会委员的分布情况是：亚洲14名、非洲16名、拉美16名、北美3名、欧洲38名、大洋洲4名。

　　亚、非、拉美委员是我们的基础，必须全力做好工作，并以此为基点，争取有更多的支持。欧洲、北美共有41票，占总票数的45％。能否从其中争取到尽可能多的委员，将是成败的关键。所以，工作中除了"巩固基础、扩大外围"外，要特别抓好几个有影响人物的工作。首先是抓萨马兰奇。萨马兰奇早在1984年出席我国35周年国庆时就提出北京应考虑申办奥运会。当北京有明确申办意向后，他又组织动员60多个委员来北京出席亚运会开幕式。萨马兰奇私下对我说："北京的申办是我的申办"，"我可以为北京取得15票到16票"。他还委托他的好友、巴塞罗那银行家罗德斯、为巴塞罗那取得奥运会举办权的关键人物来帮北京工作。但是萨马兰奇毕竟是西班牙人，他对政治问题特别感兴趣，在西方攻击北京的"人权""民主""西藏"等问题上，他有迎合西方观点的一面。对于美国国会施加的压力，萨马兰奇一方面反对美国的政治干预，另一方面他也向执委会表示，要尽量争取同美国保持关系，避免对抗。我认为，对萨马兰奇，既要争取其支持，但也不能把希望寄托在他一个人身上。不仅因为他是主席，只能不偏不倚，并且，正如他自己所说的，尽管他可以施加影响，但国际奥委会里完全听他话的也只有十五六人。所以当我们申办未成后，有种舆论认为这是由于萨马兰奇不够朋友、支持不力造成的，我认为这种说法有失公允。

　　亚洲的委员基本上我都很熟悉。为了争取阿拉伯国家的支持，我主动撤出与科威特的阿赫迈德竞选亚奥理事会主席。沙特在阿拉伯各国有特殊地位，我专程拜访沙特委员费萨尔亲王。费萨尔对我的访问很重视，亲自到机场迎接，举行了两次会谈、一次宴请。我通过他们两人，加上又登门拜访了北非两位有声望的资深委员泽尔吉尼和姆扎里，巩固了阿拉伯委员的支持。日本有两名委员。在1991年确定1998年冬运会地点时，当时美国盐湖城呼声很高。而且如果1998年冬运会选定长野，有可能影响北京申办2000年奥运会。但是我权衡了利弊，在投票前夕明确告诉日本委员我将投票支持长野。我的考虑是，美国委员估计不会投票支持北京，但日本委员的票是可以争取的。所以我以自己的一票换取日本两票支持北京的申办。中国台北的吴经国与我有多次接触。这时澳大利亚也积极争取吴经国，甚至以要求吴经国的支持为条件来同台湾有关方面商谈台湾的航班直飞澳大利亚问题。据吴经国事后告诉我，去摩纳哥前，他的父母交代他不要忘记自己是中国人。他在投票时，与坐在相邻的哥伦比亚委员门多萨相互展示自己纸条上写的"北京"。后来台湾当局确实派人传话，要他不要支持北京，他没那样做。会后台湾有人说吴经国没投北京的票，从他在台湾的处境出发，他未否认或证实，而只强调投票是秘密的。他对我说，如果有一天国际奥委会的档案会公开，他可以证明自己确实投了北京的票。在北京下一次申办时，他将不顾其他，在一开始就宣布自己支持北京。南亚印、巴两国的委员与我的交情都很深，互相称兄道弟。朝鲜民主主义人民共和国委员金俞顺本来已经离开体育岗位，不再担任本国奥委会主席而出任朝鲜驻罗马尼亚大使，一般已不参加奥林匹克的活动。但是为了支持北京申办，他的国家支持他去摩纳哥投北京的票。泰国的他威虽已是名誉委员，但仍主动以泰国奥委会主席的名义，写信给国际奥委会，明确支持北京申办。其他亚洲委员也绝大多数态度明确。

非洲委员中最有影响的是塞内加尔委员姆巴伊，他早年参加过进步学生运动，担任过海牙国际法庭副庭长，在本国担任宪法委员会主席，在国际奥委会和非洲社会声望很高，是非洲委员公认的领袖人物。我同他交往很深，我们在国际奥委会中观点相近，经常互相支持呼应。他深情地对我说："你可以把我当作北京申办班子的一个成员，甚至把我当成你自己。我将全力支持北京。"非洲委员中另一个有影响的是刚果委员冈加。他是一位有争议的人物，曾经长期担任非洲体育最高理事会秘书长，能言善辩，是位国际体坛反对种族歧视的斗士，曾为我们恢复在国际奥委会中的合法席位出过大力，也曾担任刚果驻华大使三年，对中国一片深情，但是他在小节上不够谨慎。他在非洲委员中积极串联，争取到不少支持。

拉美主要的人物是墨西哥的拉尼亚和巴西的阿维兰热。拉尼亚是传

媒大王，社会地位高。为了争取他的支持，不仅北京奥申委领导多方晤谈，还请李鹏总理出面接受他的独家采访。阿维兰热是中国的老朋友，从1974年他担任国际足联主席起，他就一直为恢复中国的合法地位而奋斗。中国回到国际足联后，他又想尽办法为中国足球队进入世界杯比赛而努力。80年代末，他又提出世界杯应该在亚洲举行一次。他对我说，他心目中的亚洲是指中国，如果中国提出申办世界杯，他将全力支持并看作是他当主席期间力求实现的最后一个愿望。我们权衡后，认为应集中精力申办奥运会而不是世界杯。他多少感到失望，不得不支持日本及以后的日、韩合办世界杯。但他仍然出自内心希望北京申办奥运会成功。这位年迈而不知疲倦的资深委员确实为寻求对北京申办的支持尽了全力。

欧洲委员中，有影响的奈比奥罗和赫尔佐格等人也明确支持北京。奈比奥罗是意大利人，拥有国际田径联合会主席、国际大学生体育联合会主席、夏季奥林匹克项目国际组织总会主席等多个头衔。赫尔佐格是在法国被视为民族英雄的人物，是世界上登上8000米高峰的第一人，当过部长。他们都属于"拉丁集团"。我同他们都有较深的交情。

大洋洲有四名委员：澳大利亚、新西兰占了三票，但我们仍未放弃努力，重点做西萨摩亚的工作。我去访问了西萨摩亚委员沃尔沃克，不管他的投票如何，加深了彼此的友谊和感情。

决战蒙特卡洛

经过近三年的艰苦奋斗，终于到了最后的决战时刻——1993年9月23日在摩纳哥的蒙特卡洛举行的国际奥委会第101次全会。会上将投票选定举办2000年奥运会的举办城市。

临近最后的投票时刻，各个申办城市都在做最后的努力。悉尼更是使出了全部招数。从6月份起，悉尼派出了国际奥委会委员科尔斯和助手常驻巴黎，专门做欧洲委员的工作。为了抵消、至少要削弱我们在非洲国家的影响，7月上旬起，澳大利亚派出专机由前总理惠特拉姆带上申办班子访问11个非洲国家，到处许诺，大把撒钱，争取支持。到了蒙特卡洛，悉尼提出了个诱人的"居家计划"，参加奥运会的10000名各国运动员，每人可带两个家属去，悉尼社区为他们安排住宿，为家属们提供来回机票，还给每家1500澳元。为了给曼彻斯特加油，英国的梅杰首相专程来到国际奥委会总部，与萨马兰奇会晤。

我因为要参加9月17日的国际奥委会执委会，14日和少数人先行出发到蒙特卡洛。北京奥申委代表团200多人则在16日乘包机出发。

蒙特卡洛这个小城寄托了我们几年来的最大期望。从各个途径得到的信息看，真是"胜利在望"。法国尼斯机场的接待人员热情地欢迎我们，说"希望北京获胜"。在蒙特卡洛的报章上，既有西方记者的攻击污蔑，也有不少关于北京获胜大有希望的分析。英国最大的威廉·希尔博彩公司从9月1日起计算赌注时就把北京放在第一位了。好些委员见面时都说"你们希望很大"，甚至个别委员已在投票前夕先行祝贺，说要随北京代表团一起回北京开庆祝会。投票前几天我见到摩纳哥大公雷尼埃，他主动说"听说你们希望最大"。一次会议间隙时，萨马兰奇还私下里问我："北京两字应如何准确发音？"尽管不断传来丝丝令人乐观的消息，但是我仍坚持做两手准备，不敢有丝毫懈怠。我在同北京奥申委的同志分析时指出，我们有把握的约40票，有4到5票还需要大力做工作努力争取。

"抵制"风波

17日下午国际奥委会执委会举行会议。会议还未开始，萨马兰奇就让秘书把几则电讯稿送给我看。萨马兰奇在电讯稿上写了"何"字，并在后面打上了个大惊叹号。我看了电讯后吃了一惊。原来是几家通讯社分别从悉尼和蒙特卡洛发出消息，说张百发于8月31日在北京接受了澳大利亚特别广播公司电视台的采访，张说，如果因美国国会的阻挠而使

211

北京申办失败，我国要抵制1996年亚特兰大奥运会加以报复。我不相信张百发会在这个敏感时刻，发表这种授人以柄的谈话，但会议马上就要开始，又无法立即与代表团取得联系和查清原委。

果然执委会一开始，萨马兰奇就问我有没有抵制这回事。我毫不含糊地表示根本没有。萨马兰奇听后很高兴，立即让国际奥委会公共关系主任纳皮埃在当天国际奥委会的新闻发布会上安排我去讲话。萨的意图明显是要为我提供机会去澄清事实，把西方蓄意制造的这场"抵制"风波压下去。这并不合某些人的意。于是会上有人说："中国方面如要澄清事实，可以自行召开新闻发布会，何必让何在国际奥委会的新闻发布会上去讲话？"萨马兰奇仍坚持让我去说明情况，他说："让何在新闻发布会上说明他在执委会上表明的立场，有何不可？"我知道，萨是在这关键时刻帮北京说话。

会议休息时，我急忙赶回旅馆，并与住在另一个旅馆的代表团联系。我对伍绍祖说，必须以最快的速度把这场风波压下去。

这天在蒙特卡洛，这件事马上被"哄"成了最大新闻。几家电视台整天每小时一次地播放"中国要抵制亚特兰大奥运会"的新闻，还播出了澳大利亚电视台采访时的一些镜头来证明他们"言之有据"。西方几大通讯社一天几次地播发有关中国要抵制的消息，有的消息别有用心，说中国从来就把政治利益放在奥林匹克理想之上，以往就有过抵制1956年墨尔本奥运会和1980年莫斯科奥运会的历史；说北京又在打政治牌，这次是想用抵制来"讹诈"国际奥委会以取得举办权；说奥运会交给北京办，到时候万一来个变化，很靠不住。

去新闻中心之前，我匆匆了解了一下当天我们代表团新闻发布会的情况。果然不出所料，西方记者抓住所谓"抵制"问题，频频向我代表团发言人发难。出乎意料的是，我们的发言人在回答时不够明确坚定，只说"还没有研究1996年亚特兰大奥运会的事"，"中国奥委会一贯尊重和支持奥林匹克的宗旨，对有利于发展奥林匹克运动的事，我们都会积极支持"。这种用外交辞令的回答，不仅不能把"抵制风波"压下去，反而使人产生"事出有因"的感觉。

于是在国际奥委会的新闻发布会上，我对几百个记者开门见山地说明："美国众议院关于反对在北京举办奥运会的决议，是对奥林匹克事务的粗暴干涉，严重违反奥林匹克精神，我们坚决反对。北京申办2000年奥运会的目的是为奥林匹克运动在中国和世界的发展做贡献，促进人民间的相互理解、友谊和世界和平。不论表决的结果如何，中国为奥林匹克运动做贡献的立场将始终不渝。不存在中国抵制亚特兰大奥运会的问题。"记者还在追问："中国是否参加亚特兰大奥运会""正在积极训练不等于届时参加""你对张百发的讲话有何评论"等。我先用法语回答："我不知道张百发先生有这类谈话，有关他的讲话显系误译误传。我想指出的是，我是中国奥委会的主席，我再重复一遍，不论蒙特卡洛的表决结果如何，我们将参加利勒哈默尔冬运会和亚特兰大奥运会。"我又用英语重复了一遍。穷追不舍的记者们终于不再提问。

事后了解，8月31日澳大利亚特别电视台采访张百发时，他确曾对美国国会明目张胆地违反奥林匹克原则、干涉中国人民申办奥运会的权利，表达了十分气愤的心情。他说有一位美国朋友对他说，美国那样对付你们，你们完全有理由抵制亚特兰大奥运会。张百发同澳大利亚电视台记者说，我们完全有理由对美国进行报复，但我们不会那样做，因为我们一贯支持奥林匹克运动。没有想到澳大利亚方面把这段讲话掐头去尾地加以编制之后，在蒙特卡洛表决前夕播出，并且把内容事先透露给西方各大通讯社。澳方的真实意图就是在临近表决之时，突然投下一颗重磅炸弹，以阻遏北京正在不断上升的气势，使我们难以在最后关头翻过身来。

直到19日，国际奥委会总干事卡拉尔对记者说，中国将参加亚特兰大奥运会的立场已像水晶般的清楚。"抵制风波"总算是过去了，但是它对表决会带来多大影响，还很难说。

记住这一天

1993年9月23日，天下着大雨。会上按抽签顺序，柏林、悉尼、曼彻斯特、北京、伊斯坦布尔依次向国际奥委会全会作陈述报告。北京的陈述是下午的第一个，北京代表团所有参加陈述的发言由我用法语和英语交替着串联起来。

这一整天，我的心理压力极大，既要怀着高度紧张的心情参加北京自己的陈述报告和聆听别人的陈述报告，又要进行与外界隔绝的秘密投票并猜测每轮投票的流向，而投票结果的最后宣布又将是令人极度的喜悦或沮丧。申办是一场只有冠军的竞赛，所有其他竞争者，不论你的成绩有多好，连一枚银牌或铜牌的安慰都没有。它就是这样残酷。我的心脏不好，妻子怕我经受不了这一天，特别是宣布表决结果时那一刻的心理压力。一早起来，她不仅给我口服和外贴了防止心脏发病的药，还在我口袋里放上急救的口服药和喷雾剂。由于投票会场是与外界隔绝的，外人不能进入，为了预防万一发生什么情况需要紧急处理，头一天她又把一份急救药交给了与我们交情甚笃的日本委员猪谷，请他在会场里帮忙照顾。

陈述结束后开始秘密投票。同过去逐轮宣布投票情况的做法不同，这一次每轮投票结果统计后不宣布各城市的获票数，只由国际奥委会主席宣布被淘汰的城市名字。第一轮、第二轮投票后，监票的委员交给萨马兰奇的都是开口的信封，先后淘汰了伊斯坦布尔和柏林。正如我事先估计到并担心的，剩下来是悉尼、曼彻斯特联手对付北京的局面。果然第三轮被淘汰的是曼彻斯特，第四轮决赛是在北京与悉尼之间进行。这时候主席宣布了前几轮投票的票数。第一、二、三轮北京的票数都比悉尼多。第三轮北京是40票，悉尼是37票，曼彻斯特11票。这时我估计曼彻斯特的绝大多数支持者将会转而支持悉尼，北京已经没有获胜的希望。在投票会场里我转过身对坐在我右侧的第二副主席、澳大利亚委员高斯珀说："我想我该向你祝贺了。"

这一天晚上8时，最后一轮投票结束后，全体委员到路易二世体育馆参加投票结果宣布大会。会前，我曾同万嗣铨商量好，由万在他的旅馆门口等着，这里是我从会场到路易二世体育馆的必经之地。如果申办有望成功，我以向万微笑招手为号；如果没有希望，我将无任何表情和手势。天仍下着大雨，我在约定的旅馆门口没有见到万，而是在体育馆门口见万伫立在那里，满脸期待的表情。两人的眼睛对视了一下，我就转过脸去。进入体育馆，执委们先在休息室等待，在旁边没有其他人时，我对萨马兰奇说："看来悉尼获得了主办权。"萨马兰奇说："你怎么知道呢？也许是北京呢？信封打开之前，谁也难以确定谁家获胜。"我说："不，曼彻斯特的支持者大多数将支持悉尼。"执委会开始走上宣布结果的主席台时，我提醒自己，既不能笑容满脸，使亲人们误以为申办已到手，也不能表现冷漠，流露出任何失败的沮丧。我代表着创造过历史辉煌、经历过苦难屈辱、如今蓬勃向上、前途无量的、古老而又新生的中国，我必须以微笑面对这次挫折。

萨马兰奇最后一个走上主席台，他庄重地掏出决定申办命运的信封，当众拆开，取出表决结果，然后宣布："胜利者是悉尼。"此时此刻，我感到特别难受。这一切虽然在我的意料之中，但看到台下的北京奥申委代表团同志们的表情似乎凝固住了时，我真感到受不了了。举办千禧之年奥运会的荣誉，你曾经离我们这么近，而你现在却与我们擦肩而过。但是我必须挺住。全世界的电视观众看到的是：我在主席台上大度地而不是沮丧地祝贺身边的第二副主席、澳大利亚的高斯珀。为了这次违反本意的带着微笑的握手，我承受了巨大的心理压力。

45票对43票，仅仅两票之差，奥林匹克运动会与我们失之交臂。要不是西方政界强大的政治压力，要不是盎格鲁—撒克逊集团的联手对付我们，要不是竞争对手明目张胆地收买拉票，一直领先的北京完全可能获胜。从那一天到现在，我从来没有提过"申办失败"这几个字，而总是说"两票之差使我们失去了机会"。我们没有失败。

那天大会后，我拖着身心交瘁的身子，穿过拥挤的人群，感谢委员们的抚慰。我反复对自己说，坚持住，绝不能垮下。我回到代表团所在的旅馆，向大家介绍投票的经过。回到房间后，我还尽量冷静地回答朋友们接连打来的慰问电话。到了深夜，当北京的女儿哭着来电话说她看了电视转播的全过程，她难以接受这个结果。她要我们多保重并说她爱我们。我原来一直憋着自己的感情，眼泪直在眼眶里打转，放下电话时，我再也抑制不住自己，放声大哭了起来。

第二天一早，好几个委员告诉我们，他们整晚气得没法入睡。有的委员劝我们：第一次申办取得票数这样接近的成绩，应该庆祝才是。在上午的全会上，高斯珀在发言中感谢大家对悉尼的信任，他出人意料地说："可能有些同事在投票给悉尼时，心里想的却是北京。"我也要求发言。我向悉尼表示祝贺，对理解并支持北京申办的委员表示衷心感谢，对选择了悉尼的委员表示尊重，并表示中国将一如既往积极参加奥林匹克运动。

这次全会后，我离开了副主席岗位。委员们纷纷走上主席台和我告别，有的许诺等北京再次申办时，将更多地为北京出力，有的感谢我为国际奥委会奉献的智慧和做出的牺牲。波多黎各委员卡里翁紧握着我的手说："你的话打动了我的心，我知道当你微笑着向悉尼致贺时，你的内心在流泪。"

*　　　*　　　*

申办2000年奥运会的工作带着全中国人民的遗憾在七年前结束了，许多往事仍历历在目。我们所有人对有朝一日能在中国大地上点燃奥林匹克圣火的信念始终不渝。

目前，北京正在为申办2008年奥运会再次努力。我虽然已退居二线，但壮志未泯，仍将为争取在中国举办奥运会的荣誉而竭尽全力。

（原载于《纵横》2000年第7期）

"书生部长"的铁路记忆

——傅志寰访谈录

杨子楠

　　傅志寰，铁路专家，1998年至2003年任铁道部部长，铁路大提速的主要推动者和决策者之一。20世纪六七十年代，在株洲电力机车研究所主持设计、试制了韶山一型至韶山四型电力机车以及我国第一列电动车组；20世纪八九十年代在铁道部工作期间，组织开发了具有我国自主知识产权的电力机车、内燃机车、货车等20余种产品，形成国产品牌系列，适应了货运重载客车提速的需要；在铁道部担任领导职务期间全力推动铁路提速，遵循开发高速重在安全技术的科学理念，并且组织筹划青藏铁路早期建设工作，为建成世界上海拔最高、距离最长的高原铁路作出了贡献。1999年在他的领导下，开工建设了中国第一条时速200—300公里的秦皇岛至沈阳客运专线，组成高速铁路，研制了高速电动车组，三年后在这条铁路上创造了321.5公里/小时的当时中国铁路第一速。

　　2003年当选为中国工程院院士、俄罗斯交通科学院院士、欧美同学会副会长；从2003年3月到全国人大财经委员会任主任委员，五年里组织审议和起草了30多部法律，开展了经济监督工作；2009年被选为中国节能协会理事长，组织开展调查研究、宣传培训、咨询服务、节能技术开发及推广活动。几年来他致力于从事构建综合

交通运输体系的研究，取得了多项成果。

本期，我刊特别刊登傅志寰访谈录，将这位书生部长的铁路记忆献给读者。

"我是听着火车汽笛声长大的"

主持人： 在2003年的时候，您离开了铁路工作。我很想知道您现在看到火车、看到铁路，是不是还会有不太一样的感情？

傅志寰： 我出生于铁路世家，从小就在铁路边上长大的，也可以说是听着火车汽笛声长大的。后来我在铁路工作了42年。如果从小时候算起，我跟铁路打交道已经有六十几年了，所以我对铁路的情结非常深，可以说是难以割舍的。

主持人： 当您在铁路边上长大、在铁路边玩的时候，有没有想过自己今后这么长时间的人生都会跟铁路有关联？

傅志寰： 小时候没有想到，就是有兴趣、就是玩。我出生在哈尔滨，父亲是火车司机，家里生活条件也是比较差的。那时候也没什么幼儿园，经常跟邻居家的小朋友跑到火车站去，在空车厢里边跑来跑去、跑上跑下玩。没什么事干了，就捡个钉子放在钢轨上，火车一过去压扁了，自己再修理修理，就做成了一把小刀，很有趣。

主持人： 当时更多是把火车看作自己生活的一部分，伴随着自己成长的一种存在，那么在您的印象里，那时候的火车是什么样的？

傅志寰： 那个时候的火车就是蒸汽机车，车厢里非常简陋。我们家就在铁路边上，一天到晚都能听见"扑哧、扑哧"的蒸汽声，虽然是噪声，但我已经习惯了，如果听不到反而睡不踏实。

"坐着火车去苏联学造火车"

1955年高中毕业后，傅志寰被选送到北京俄语学院留苏预备部学习俄语，一年后去了苏联，在莫斯科铁道学院铁路电气化系学习，从此和电力机车结下了不解之缘。留学是年轻人的梦想，1957年对傅志寰来说是难忘的一年。毛泽东在莫斯科接见了中国留学生，他说："世界是你们的，也是我们的，但是归根结底是你们的。你们青年人朝气蓬勃，正在兴旺时期，好像早晨八九点钟的太阳，希望寄托在你们身上。"领袖的殷切期望激励了他的一生，傅志寰深知自己肩负的责任，努力克服语言方面的困难，起早贪黑地苦读。到了二年级各门功课全优，三年级时他的照片上了系里的光荣榜。

主持人：看得出来您对铁路对于火车真的是有很深的感情，所以在参加高考的时候才会报考唐山铁道学院蒸汽机车制造专业。

傅志寰：对。我有个志向，不想离开铁路，而且要超过自己的父亲。他是开火车的，我应该是造火车的，所以1955年我在高中毕业的时候报考了唐山铁道学院，专业就是蒸汽机车制造。但没去成，因为此时要选拔一批人当留苏预备生，我的成绩比较好，而且年纪小，经过体检、政审，就被北京俄语学院留苏预备部（今北京外语大学外语学院）录取了，学校就在魏公村，学了一年。

主持人：这一年的学习结束之后，您就坐着火车去苏联学造火车？

傅志寰：那时候飞机很少，几乎没有别的选择，所有的留学生不管学什么专业，都是坐火车去的，而且是专列，一个专列有1000多人。这对我来说比较特殊，因为我是学铁路的。在满洲里要换乘苏联的火车，它跟我们的不大一样，是由内燃机车和电力机车牵引的。当时在国内还没有，所以火车头对我来说很新鲜。那时火车到站一般都停十几分钟，只要一停，我就跑到前边去，看看未来要学习制造的电力机车。去苏联一路共花费了七天时间，其中在苏联境内有五天，大家都感到很枯燥，唯独我感到非常有意思。不管是蒸汽机车还是内燃机车、电力机车，我都非常有兴趣。

主持人：所以您能够去苏联学习自己感兴趣的专业，心里是不是觉

219

得很幸福？

傅志寰：当然了，像我们家庭是比较困难的，解放以后升大学还是有可能的，因为我成绩也还不错，可以拿到奖学金，但是从来没想到要到苏联去学习。当时社会上流传的说法是"苏联的今天就是我们的明天"，这是非常深入人心的，特别是年轻人，都特别向往到苏联去看一看，更甭提到苏联去学习了。

主持人：到了苏联遇到了哪些困难，会不会觉得很辛苦？

傅志寰：头一年是非常非常困难的。虽然在北京学了一年俄语，但是这点儿基础知识对于上大学来讲是远远不够用的。开始听课的时候基本听不懂，更没法做笔记，只能下课以后借苏联同学的笔记看。

主持人：这样的感受应该是挺难过的，一方面是自己求知若渴的心情，另一方面只能看见老师的嘴唇在上下地张合，但是又不知道他在说什么。好在这一年过后您还是成了一名非常优秀的学生。

傅志寰：应该说成绩还可以吧。我们中国同学非常非常用功，到苏联学习很不容易。那个时候我们每个月的助学金是500卢布，500卢布是个什么含义？就相当于五六个、六七个工人的工资，也就是说可以养活五六个家庭。我们都知道这笔钱对国家来讲是来之不易的，所以大家都有一种紧迫感，既然来了一定要好好学习，学成了以后要报效国家。

主持人：那么当时您到了苏联除了学习之外，在观念上、在社会生活上，受到的最大的冲击是什么？

傅志寰：我们的中国同学当然包括我在内，所有的时间几乎都用在学习上面了。头一年语言没有过关，要补笔记、做作业，是非常辛苦的，我记得不到晚上一两点钟我们是不能上床的。开始的时候，考试成绩非常不好，所以拼命在学，就没有业余时间了。到了二年级稍微好一点，真正语言过关了是在三年级。一共大学上了五年，前两年非常吃力，后三年基础打得是相当好的，自由度比较大了。那时候苏联同学的业余活动是比较丰富的，但是我们中国人没有这个精力，他们对我们也不大理解，还给我们起外号，叫"面包干"。听着很难听，但我们觉得

"面包干"就"面包干"吧，成绩好一点，知识多掌握一点，回去以后能发挥更大的作用。当然课余之外偶尔还有人跳跳舞，这个不是我的强项。因为我是哈尔滨人，冬天假期的时候滑冰呀、滑雪呀，这是我的爱好，但是一旦开学了以后我都是全力以赴搞学习。

"田心是中国电力机车的摇篮，也是我最留恋的地方"

1961年，傅志寰毕业回国。为了报答国家的培养，他在志愿书中写道："坚决服从祖国分配，愿意到最艰苦的地方去。"于是，他被分到了位于湖南省的铁道部株洲电力机车研究所，并不在株洲市区，而在位于五公里外一个叫田心的小镇上。该所成立不过两年，老技术人员只有几名，其余为几个新来的大学毕业生，办公室也是借的。20世纪60年代初，国家处于困难时期，人们连肚子都吃不饱。然而，这些困难却没有影响满怀抱负的傅志寰的工作热情。

主持人：您在毕业回国分配志愿书上说要到祖国最需要的地方，到最艰苦的地方去，这句话可能在现在的人听来更像是一句口号，在当时您写下这样的话是什么样的心情？

傅志寰：不光是我一个人，我们绝大多数都是这么写的，这是发自内心的，不是什么口号。如果说没有国家的培养，我们不可能留学，如果国家不给我们钱，我们也没有这么多精力全心全意把功课学好。我们不但是属于父母、属于家庭的，更是属于国家的，在这个时候不能和组织讲价钱。我们一同学习铁路电气化专业的五个人，分到北京的有三个，还有一个分到了鞍山，而我分到了株洲。株洲当时的条件是比较艰苦的，我被分到铁道部株洲电力机车研究所。这个所是1959年成立的，我是1961年毕业，所以我到这里的时候，它基本上刚刚组建，条件很差。办公室是借别人的，一个屋子里大概有20张办公桌，只有一部电话，还是由接线员接。电话的通话质量很差，声音要非常响才能让对方

听到，一个人打电话，旁边都跟着听。像什么实验室也都没开始建。我在苏联买了很多很多书，因为当时电力专业刚刚起来，我觉得在国内可能找不到资料。大连那时候没有汽车，我就托运过来，和另外一个同事拉了一个板车，大概走了五公里，到火车站把书箱子拉回宿舍。

我这个人是爱火车的，非常热爱我的专业，株洲电车研究所是我们国家比较早的制造电力车的地方，全国就这一家。既然我是学这个专业的，就没有打算离开，尽管当时条件比较艰苦，一方面工作，一方面还为填饱肚子发愁。我们很多宿舍都偷偷摸摸搞电炉子，买点萝卜、买点酱，但油是定量供应的，买不着，粮食则根本没有。饿极了只能煮点萝卜吃。

主持人：生活条件很艰苦，科研条件更艰苦。您在株洲的这23年间，其实取得了非常大的科研成果，田心那样一个小地方却成了中国电力机车的摇篮。

傅志寰：是的，应该是在1958年末、1959年初，出了第一台电力机车，后来又出了第二台。然而这两台车是不能用的，是"大跃进"时期为了赶时间，按照苏联的图纸造出来的。我赶上了第三台电力机车的制造过程。开始还有苏联专家，后来因为中苏关系比较紧张，苏联专家撤走了，把图纸也拿走了，怎么办呢？我们当时想：你们撕毁合同是你们不遵守信义，你们走了那我没办法，但是你们走了不等于我们干不出来！我们一方面愤怒，一方面自己干，大家都说要"愤发图强"，是"愤怒"的"愤"，不是"奋斗"的"奋"。我们这群人，原来的老工程师没搞过电力机车；当时有上海交大的一批毕业生，实际上也没有接触过电力机车，就在书本上学了一点；我比他们稍微强一点，实习过，看过电力机车是怎么造的，当然也是皮毛，开过电力机车。所以那时候就搞了很多很多实验，不管是白天还是晚上，也没有什么礼拜天，就是一门心思要把这个技术掌握住，一定要让机车过了关，一定要实现批量生产。所以那个时候劲头非常足。就这么着，跟他们在一起干了很多年，电力设施从无到有，我们自己的电力机车过了关，投入了批量生产。

傅志寰在株洲工作23年，最能表达这段时期感受的是他在多年后与老同志聚会时的讲话，他说：我们是从困难中走过来的，然而我们却非常自豪。虽然我们付出了很多，但是无怨无悔，尤其感到骄傲的是为我国铁路电气化事业作出了贡献，我们想想看，天上飞的是外国造的空客、波音飞机，地上跑的是奥迪、桑塔纳等国外品牌的汽车，但是在我们的铁道线上奔驰的是中华牌，是用我们的心血创造出来的新型机车。我们的付出得到了很大的回报，这个回报不是对个人的，而是对祖国的。他又说：田心虽然是个小地方，但它却是中国电力机车的摇篮，也是我奉献青春年华的地方。这里有我同甘共苦的朋友，是我最留恋的土地。

"再不提速，火车就没人坐了"

1981年，傅志寰去德国进修。一年里，他亲身体验到了时速200公里火车的竞争威力，德国发达的工业、优美的环境以及德国人对工作的认真态度。德国铁路为增强竞争能力，不断提高列车速度，这也开拓了他的思路。他说，当时印象最深的是人家的列车像风一样呼啸而过，而我们的火车一路都是"咣当、咣当"的声音。德国之行让他眼界大开，同时也让傅志寰产生了一个想法：中国的铁路也应该达到这个速度。

主持人：一开始您是留苏的，在苏联学习到了很多先进技术。1981年到1982年期间，您又去德国进修了。这时候您还是在株洲工作的，这一次进修的感受跟当时去苏联又不太一样了吧？

傅志寰：因为经历了"文化大革命"，在这段时间我是"走资派"，挨批斗之后到车间劳动。平反后，我当了研究所的生产组组长，管科研。我认为自己当时还是很努力的，过去损失了很多时间，我要把时间赶回来，也搞了一些新产品，觉得自己还不错。然而到了德国以后才发现，世界原来是这个样子的，受到非常大的震动。

主持人： 当时我们主要的差距在哪？

傅志寰： 我们与世隔绝十几年，不知道外面的世界什么样，认为自己还不错，闭门造车。等我到了德国以后发现，当时客车最高时速已经到达了200公里。德国高速公路很发达，我有一次坐着火车从波温到法兰克福，旁边就是高速公路，等于是我坐的火车和高速公路上的汽车在竞赛，看谁跑得快。所以我感到非常震撼，这十年，世界上发生了很大的变化，我们落后了。

主持人： 我们落后除了在速度上还有什么？

傅志寰： 我们在技术上也落后了。我们还是用传统的技术，他们已经在用交流传动技术，技术上已经更新换代了。所以我回来之后组织了一个班子，研究交流传动技术。

主持人： 刚才您也谈到了我们的电力机车是从无到有的，您从德国回来之后，再次开始了一种拼搏的状态。

傅志寰： 我进株洲电力研究所是在1961年，到德国去是1981年，已经20年了，这20年已经发生了很大的变化。我去那工作的时候只有七十几个人，等我从德国学习回来，已经七八百人了，壮大得很快。特别是"文化大革命"以后，来了一批新的大学毕业生。另外在实验手段上，我们上了很多实验室、可以做实验的工厂，自己的研究成果可以在工厂里把它试制出来，特别是一些零部件。

主持人： 可以看得出来，说起在株洲这20多年的工作，您还是感到非常自豪的。

傅志寰： 我吃了很多苦，我们加了很多班，作了很大的牺牲，但是回报应该说是加倍的，不光是对个人成长的回报，更主要的是向祖国贡献了新型的、大功率的、成熟的电力机车。

主持人： 我们的铁路事业这么几十年来的发展，其实是每一个人都可以确确实实地看到的，因为铁路在我们中国老百姓的生活中发挥着太大的作用了。1984年您调到了铁道部工作，在整个任职期间，您总共主持了四次大提速。您觉得速度对于我们的铁路来说意味着什么？

傅志寰：这个想法还是在德国学习的时候形成的，当时对我冲击最大的一个就是速度，另一个就是它的技术已经在升级换代了。回来以后，如果提速的话，作为一个电力机车研究所的副所长，我顶多是提提建议。但是我到了铁道部以后，开始在科技局当总工，后来当了局长，这个时候我的平台很大，资源比以前要多得多。所以这时我做了一些调研，发现还是一定要提速。当时我们改革开放已经起步了，而公路率先走向市场，因此建设速度比较快，我们的汽车产业也跟着发展起来了，高速公路也已经开始修了。这个时候如果铁路再不提速，我们还是像老牛破车一样的，火车就没人坐了。即便在德国，铁路应该说已经很发达了，但在高速公路的冲击下，虽然速度比较高，技术也比较先进，竞争能力也大大下降了，更何况是我们。所以我带着这个想法，进行大量的调查研究，向铁道部党组提出建议，一定要提速。

　　客车大面积提速是傅志寰倾注心血的重点工作，20世纪90年代初，我国铁路客车平均旅行时速只有48公里，最高时速徘徊在80—100公里，傅志寰认为，如果再不提速很多人会不再乘坐火车了。铁路提速是个系统工程，他参与领导了全路第一次大提速，此后又领导了三次大提速。除了提速，傅志寰还不懈地推动高速铁路建设，2002年秦皇岛至沈阳的客运专线铺轨成为我国高速铁路实验线，在这条铁路上，创造了当时中国铁路第一速。

主持人：在您的领导下，开工建设了我国第一条时速200—300公里的秦皇岛到沈阳客运专线高速铁路，之后我们看到在这条铁路上创造出了321.5公里的当时中国铁路第一速。这样一个速度之前您有没有想过？

傅志寰：在铁道部工作期间，我搞了四次大提速，但是这个提速受到很大的限制，时速只能提高到140—160公里，少数区段能提高到200公里。因为在既有的线路上，运输非常忙，没有时间改造。虽然，解决中国铁路问题，不建新线是不可能的，不建新线我们也是没有收入的，但是没钱怎么办？只能是改造。新建一条高速铁路恐怕要一个亿到两个

225

亿，但是提速改造花的钱比较少，只要100万—200万元就解决了。当时只有这个条件。我在任期间搞了一条实验线，从秦皇岛到沈阳420公里左右，准备搞客运专线，酝酿时间相当长。1992年我们就开始对北京到上海这条铁路进行前期工作，有时候搞些规划、搞些设计，但是因为各种原因，没有上报。后来有一个机会要建沈阳到秦皇岛的铁路，当时定的速度大概250公里，经过几年努力，基本建成了，同时研制了"中华之星"先锋号，几个动车组实验速度达到了321公里，应该说在当时这个速度是很高的。

世界屋脊上的铁路

主持人： "速度"是一个关键词，除了更快之外还有更高。我们看到，在2000年至2003年的时候，您组织了青藏铁路的筹划和早期的建设工作。在世界屋脊上来建铁路，我们说它现在是世界上海拔最高、距离最长的一条铁路，在建设过程中是特别艰苦的，从当时媒体的报道也可以看到，里面有特别感人、特别可歌可泣的故事。那么当时在建青藏铁路的时候遇到最大的难题在哪里？

傅志寰： 这条铁路的建设很早就规划了。青藏铁路是从青海西宁到西藏的拉萨，前一段西宁到格尔木很早以前就建成了，这段海拔还不算高，格尔木也就是2800米。我们修这一段没有经验，很多铁道兵战士很勇敢，工作也非常积极，但是缺乏基本的知识，所以牺牲了不少人。如果再往上走，到4000米甚至5000米，最大的问题就是高原缺氧，后来又有新的问题，就是环境保护。还有一个是多年冻土。我在哈尔滨铁路局当过局长，在大兴安岭有一段铁路就是在冻土上面修的。夏天冻土融化，有很多水冒出来，铁路就下沉；到冬天它就胀起来了，鼓起一个包。如果不加整治的话，铁路是弯弯曲曲的，火车在上面没法跑。最好的解决办法就是不要使冻土融化。从60年代起，我们就有一批科研人员围绕这个问题开展攻关，我们在海拔4000多米有一个观测站，叫风火山观测站，他们一住就是30年，用他们辛勤的劳动攻克了这个难关。中国地图上到处都有铁路，唯独西藏没有，就是由于上面讲的几个难题没有解决。后来我们综合国力有所增强，也有钱了，而且西藏也有这个要求，要把铁路修到那里去。中央下了决心，就实现了开工建设。

主持人：这真的是一项非常伟大的工程。修铁路远远不是我们看到地面上铺一根铁轨这么简单的事情，这背后有无数的铁路人，从工程师到工人都为此付出了非常艰苦的努力，这才给了我们这么大的便捷。

傅志寰：青藏铁路凝结了很多人的心血。我认识一个人，他是青藏铁路中铁设计师，叫李金成。他身体不大好，有时候突然腿脚就不听使唤了，但是他的事业心非常强。因为青藏铁路要越过唐古拉山，这是整条铁路海拔最高的一点，在选线的时候有几种方案可以比较，要尽量从最低的地方越过唐古拉山。为了选择一条更好的方案，他便带人去选线。附近30公里开外是无人区，并且气候多变，虽然是四五月份却下着鹅毛大雪，稍微晚一点什么都看不见了，只能打着手电。结果那天他突然病情发作，走不动了，同时因为高原缺氧，每个人都没有力气，他让同伴先走，当然他的同伴是不干的。有时他只能靠自己慢慢爬，结果一天一夜才到了公路边，天亮的时候一辆汽车路过，把他送到了医院，如果再晚几个小时可能就有生命危险了。结果他就这样选了一条新线，给国家节省了几个亿。像这样的生动的事例还是很多的。

"立了军令状，扭亏不了就走人"

1998年，傅志寰被任命为铁道部部长，那时铁路一方面运能紧张，另一方面运输经营多年亏损，管理体制僵化，市场竞争力不强，迫切需要确立新的发展思路。面对这样的困境，傅志寰立下了一张军令状，完成国务院的任务，三年扭亏，不然就下台。

主持人：因为您是工程师出身，做技术肯定没有问题，但任职铁道部部长之后还要做很多决策上的工作，对您来说这其中最大的转变、最

大的挑战是什么？

傅志寰：我当过七年副部长，管科技等，我的任务就是管好我这一摊。对于提速，我可以提建议、负责技术问题，至于有没有钱的话就不是我的事了，但是当了部长以后完全就不一样。用这样一句话来形容，"不当家不知柴米贵。"很多好的主意有的可以实现，有的就不能实现，部长就要搞好综合协调。在某种程度上，一把手和副手完全是两回事，压力非常大。我是1998年任部长的，一上任，我就碰到两个问题。第一个是亚洲金融危机，原来我们是"铁老大"，人家求我们买票呀、运货呀，到了1998年我得去求别人——没货可运了。过去，人家到我这来，那个时候我要派人到工厂去，求他们给我点货源，这是一个。

第二个是1998年长江流域发大水，东北松花江、嫩江也发大水，我们很多线路都冲没了，钢轨拧成麻花，以前从没有见过，那时候铁路是非常困难的。当时我有一个任务，总理给我下的任务是三年扭亏，结果一下子遇到这两个问题，所以我当时的压力是非常大。我就千方百计想办法，到第二年我们采取了很多措施，实行改革，实行资产经营责任制，调动大家积极性，把指标分解下去，不久形势好转，三年扭亏任务最终仅用两年完成。

主持人：您觉得让铁路扭亏是您在任部长期间遇到的最大的难题吗？

傅志寰：是难题之一，因为当时我们所有铁路局局长、党委书记都来了，开大会，大家谈。扭亏指标层层分解，你得把它背回去。当时很多人认为不可能，但党组下决心了，一定要按照国务院领导要求办。中央电视台记者来采访我：如果说你实现不了诺言怎么办？我说，我带领党组成员集体辞职。如果铁路局完不成，我给它亮红牌。不行就走人，包括我自己在内，我扭亏不了，也要走人。

主持人：那您当时说这话的时候心里有底气吗？

傅志寰：这是个决心，只能如此了，因为对未来的形势我也不是那么清楚，但决心是必须下的，豁出去了。通过媒体，大家都知道傅志寰在那立了军令状，不行就下台。

"当一名称职的主任委员"

从2003年3月，傅志寰转到全国人大财经委员会工作。在任主任委员的五年期间，他组织审议和起草了多部法律，开展了经济监督工作。

主持人： 在2003年的时候您转到全国人大财经委员会工作，任主任委员。五年任期中，您似乎并没有之前在铁道部任期那么受关注，但其实您也还是做了不少的事情。

傅志寰： 当时我也没想到中央把我派到全国人大去工作，而且任财经委的主任委员，实际上我是不称职的。我是一个电力工程师，作为一个工程师我是合格的，但是我的知识面比较窄，对计划、对财政相当生疏。但既然把我放在这个岗位上，我还是要做好，于是开始拼命学习。

在我们那个委员会里有很多专家，有的当过财政部部长，有的当过国家计委副主任，有的当过外贸部部长。我是一把手，在业务上我不如人家，但是起码对有些问题，对形势、对下一步决策要发表自己的意见，要有自己的判断能力，所以要拼命学习。一是向书本学习，一是向我的副手学习，一是向年轻人学习。

主持人： 我们看到在这5年的时间里，您组织审议和起草了30多部法律，开展了经济监督工作，虽然对您来说是一个全新的领域，但您还是非常的投入。

傅志寰： 我在早上八九点以前肯定到，晚上6点才能离开办公室。

"当好一名老志愿者"

1957年11月17日，正在苏联访问的毛主席在莫斯科大学接见了中国留学生，傅志寰那时在莫斯科铁道学院学习，他依然记得毛

圆梦民生

主席的话，"希望寄托在你们身上"，这番话影响了傅志寰的一生，虽然已经退休，但他依然希望能够不断发挥余热，为党和国家的事业作出自己的努力。

主持人：刚才您特别谈到了，在不同的角色转换中一直都没有放弃学习，一直都在不断地自我完善、自我提高。在不同的时间、不同的阶段、不同的角色中，您的梦想都在发生着转变。您说到小时候的梦想是"父亲开火车我造火车"，要超过父亲；后来任职铁道部的时候您说是给了自己一个托梦的平台；到了人大财经委，您希望自己能够当一个称职的主任委员。那么现在您的梦想是什么？

傅志寰：我现在的想法很简单，当好一个老志愿者。我2008年就从全国人大财经委退下来了，彻底离开公职了，但总是闲不住。我在欧美同学会帮助做些工作，后来中国监理协会换届，要找一个新的理事长，因为我在人大财经委工作的时候组织修订过节能法，这样就认识很多朋友，他们认为我还可以，就叫我去了。

主持人：我看到您有一本著作叫做《交通运输节能问题研究》，一下子把您现在从事的行业跟您这几十年以来从事的行业结合到了一起。这也是您到了节能协会之后进行的思考吗？

傅志寰：是的，对交通运输来讲，这几年发展很快，特别是汽车，数量急速上升。而汽油、柴油等很多高级能源，我们国内生产量是不够用的，要靠大量进口。我很关心这个问题，如果汽车发展多了、发展快了，需要的汽油多了，有可能影响我们国家的能源安全问题。那么我想，把交通运输和节能两者结合起来，做些工作还是很有意思的，因此进行了一些比较深入的研究。把我们任重道远的节能工作搞得更好一点，也算是发挥余热，给国家作更多贡献吧。

（原载于《纵横》2014年第3期）

230

初设全国社会保障基金的台前幕后

—— 我的一点回忆

刘仲藜　口述

高　芳　采访整理

镕基同志曾在会见外宾时说，我将来不当
总理了，来当理事会的主席

　　新中国成立后相当长一段时期内我们是单一经济，无论国有企业还是集体企业，职工的社会保障都由企业负担。而有的企业亏损了，政府还要给补贴。当时有的国有企业效益不好，有机制问题，但也有社会负担太重的因素。职工退休后要给退休金，有病了要公费医疗，一个百十来人的县办工厂，有一两个职工得了重症，这个厂就可能被拖垮。有些企业还要办子弟学校、职工医院、托儿所，有的甚至还要办公安机构。

　　改革开放以后有了多种经济成分，外资企业来了，合资企业多了，私人企业发展起来了。这些企业对职工医疗、退休养老以及企业裁员和企业倒闭失业等生活保障，只按国家规定缴费，余下就由国家负责，也就是社会保障。这对国有企业来说，就形成了不平等竞争。因此，国有企业、集体企业也开始跟其他所有制企业一样，加入社会保障。

　　我国从国情出发，积极、渐进地推动社会保障制度改革，并在逐步完善中。先是在城镇形成了以职工养老、医疗和失业保险，以及居民最

低生活保障为重点的社会保障体系框架，之后又逐步向农村拓展。当时，社会保障基金的来源正如2000年9月25日新华社通稿《筹集积累社会保障基金完善社会保障体系国务院决定成立社保基金理事会》中披露的那样，主要是：城镇企业职工基本养老、医疗和失业保险基金主要是依靠参保企业和职工本人缴费；各级政府机关职工的基本养老保险依靠政府财政，医疗保险依靠政府财政和个人缴费；全额拨款的事业单位职工基本养老保险依靠政府财政，企业化管理的事业单位基本养老保险依靠单位和职工缴费，全部事业单位职工的医疗保险和失业保险基金依靠单位和职工缴费；城镇最低生活保障的资金主要来源于各级地方财政。

这期间有的地方出现了欠发养老金的问题。欠发原因较多，一个是有的地方社保的收入不够支出，也有个别地方挪用的问题。欠发的部分，后来由中央财政拿出一笔钱补上了。

在这样的情况下，很多研究机构，包括世界银行，对中国的社会保障问题进行了广泛的研究，包括保障范围、制度设计、发展前景、资金需求、筹措渠道。有的说，中国开始进入老龄化社会了，多少年以后养老金需要多少多少，再过多少年又要增加多少。主张很多，数字也很多，这个研究机构一个，那个研究机构一个，有的账听了以后很惊人。国务院领导讲，这个"账"不能"买"，但这个事情说的是对的，早晚要发生，将来进入老龄化以后肯定有一笔大的开支，现在差一点儿财政可以补，补到一定程度也会补不起了。为了满足社会保障资金日益增长的需要，在缴费标准不宜过高的情况下，国家有必要从多种渠道筹集和积累一笔基金，发挥补充和调剂作用。

有一次，时任总理的朱镕基同志接见美国斯坦福大学教授刘遵义时，刘教授就此向镕基同志建议设立一个全国性的储备基金。镕基同志表示同意，说，我将来不当总理了，来当这个理事会的主席。从这时候起，他就开始酝酿这件事。

社保基金是一种"战略储备"

1998年，我离任财政部部长，到国务院体改办任主任，那一年我64岁。过了一年，我向镕基总理提出，我已65岁，按规定当免去行政职务，请他考虑一位接任者。朱镕基总理说，你先别下，我还有事要交你办。直到2000年11月我被任命为全国社会保障基金理事会理事长后，才被免去国务院体改办的行政职务。

记得是在2000年五六月份，有一次国务院在京西宾馆开会，会上通知：计委的王春正、财政部的楼继伟、社保部的张左已，还有刘仲藜，你们几个会后留下。散会以后我们几个到了会议室，镕基同志说：我今天有一个题目，成立一个理事会，准备将来老龄化出现的问题，大家赞成不赞成？几位部长都说赞成。镕基同志说：那我提个建议，就请刘仲藜来筹备吧。大家表示没意见。我说：您不是说过以后自己来当主席吗？镕基同志说：那是说说嘛，我怎么能当？

当时需要考虑的有几个问题，一是这个机构是什么性质，二是基金从哪儿来，第三，基金既要安全又要增值，得有个投资的管理办法。关于机构的名称，我问总理，国外都叫养老基金，我们叫什么？总理想了想说，我们叫社会保障基金。

我们之所以叫社会保障基金而不叫养老金，是因为社会保障的范围比养老金要宽，说明这个钱可以用于养老，也可以用于最低生活保障，用于医疗、失业救助。

初步方案制订后，提交到国务院常务会议上讨论。大家都说，成立理事会这个事有远见，是大好事。总理说：那是不是就请刘仲藜当理事长？吴邦国同志说，我赞成。大家也都表示同意。

国务院通过后，就上报了中央。2000年8月，党中央同意建立全国社会保障基金并设立全国社会保障基金理事会，任命我担任第一届理事长。中央把社会保障基金提得很高，明确指出，这是"一种战略储

备"。总理回来后向我们作了传达，并对一些细节商定后，指示我起草并提供给新华社一份通稿，说明全国社会保障基金理事会成立以及它的背景、宗旨，等等，经总理亲自审定后发表，当时国内各大报纸都刊登了。

创业难

9月新华社发出通稿之后，我就开始着手理事会的组织筹建工作。当时我体改办主任还未被免职，又要筹建理事会，可是两手空空，无人、无房、无钱。"兵马未动，粮草先行。"我先从体改办"借"了七位同志，他们是分管各类业务的各个职别的工作人员，以后都成了理事会的工作人员。这些同志一到岗就开始工作。我列举一下：

一、这些同志按分工，分别到中办、国办、中纪委、国家机关工委以及有关部门，报到并建立"户头"，向这些部门汇报中央关于成立全国社会保障基金理事会的决定，要求文件发送、参加有关会议、保密制度、档案建立，以及机关党组织的设立等等。这些部门非常负责，很快，应有的文件发了，应参加的会议接到通知了，并到理事会办公地点对值班安排、档案建立、保密制度等进行了现场指导。

二、落实办公地点。经过财政部有关司协调，在中国农业发展银行安排十几个房间"落脚"。农发行十分支持，包括卫生打扫、职工就餐等都安排得十分周到。

三、经费问题。先要一些经费运作起来，下一步再完善申报预决算，因为多少人没定，如何开展业务还无"谱"，财政部也同意先预拨一些开办费。但我考虑到，将来不管谁来接，财务账目不论是基金积累，还是机关的财务收支，都要能交代清楚。于是我找到财政部会计司，要一个会计高手来管财务。会计司长问我要谁，我说了三个人的名字说，从三人中任选一位给我。对方哈哈大笑，说：你怎么这么了解情况？我说，我从这儿出去的嘛。最后沈小南同志到理事会担任财务部主任，她是一位会计专家，三年前升任为副理事长。

四、编制问题。当时的人事部部长兼中央机构编制委员会办公室主任宋德福问我，理事会需要多少编制？我说，这类性质的理事会在中国还是首家，而且理事会刚成立，我也说不上多少人最合理，编办也不好定，能不能这样，先定50个人，文件上留一句话，"根据将来的实际情况适当调整"。他说，我赞成。就这样暂定下来了。

筹建中还有许多细小问题，就不一一列举了。

按照镕基同志的意见，理事会被定为国务院直属的事业单位。本来我最初的设想是学国外模式。在国外，理事会理事长、副理事长都是虚设的，真正的执行人是底下的总裁（总干事），我们通常叫秘书长。后来理事会又陆续进来几位副部长来担任副理事长，有劳动和社会保障部的刘雅芝副部长、财政部的冯健身同志，还从证监会调来副主席高西庆同志。总理就讲了，这么多领导，理事会得成立党组。理事会"升格"了，我就跟宋德福说，这下得加编制，四个省部级领导，每位配秘书一个、司机一个，四乘三，这就占去12个。宋部长也觉得有道理，编制加到了80个。

初创时理事会的人员来自四面八方，行政机关调转一部分，毕业生一部分，还有从投资基金管理公司吸收一部分。到我卸任的时候，理事会有60多个人。我不希望人多，无事生非，人要少，忙得不可开交就挺好。

镕基同志指示我，理事会的理事要选一些在社会上有点名声，对钱的管理又有经验的。我理解他的苦心，他是希望这个钱能管好，能让社会上放心。所以，我们第一届的理事有袁宝华、杨纪珂、陈锦华等人，陈锦华是最拥护成立这个理事会的人之一。另外还有几位省里的省领导。

从2000年8月中央批准成立理事会到当年年末，五个月内，我主持完成了理事会的"落户头"、理事党组及机关党委组建、招兵买马、办公地点、经费、基金投资、管理办法等筹建工作。

基金是老百姓的养命钱

理事会刚组建的时候，基金的资金来源方面，一是国家的财政拨款，每年给一些；二是从国有企业上市筹措的资金里提取一部分，等于一次性划拨一部分股份过来；三是从彩票收入中提取一部分，包括体育彩票、福利彩票，大体上一年给近10%。社会上反响不错，因为是取之于民、用之于民，最后还是要用到老百姓身上去。

理事会的主要任务是：管理中央财政拨入的资金、通过变现部分国有资产所获得的资金以及其他形式筹集的资金；根据财政部、劳动和社会保障部共同下达的指令和确定的方式拨出资金；挑选、委托专业性的资产管理公司对基金的资产进行运作，在此基础上实现其保值增值；向社会公布社会保障基金的资产、收益、现金流量等情况。

全国社会保障基金理事会对基金的资产运作，最重要的原则是保证社会保障基金的安全，并实现增值。记得吴邦国同志半开玩笑半认真地说："刘仲藜，理事会不赚钱还可以宽恕你，要把钱搞丢了那可是……"我深知他的关心，这里都是老百姓的养命钱，理事会责任重大，真是不能掉以轻心。

全国社会保障基金理事会是国务院直属的事业单位。它跟基金管理公司不一样。基金管理公司里每一个人员的收入分配是按为公司创造的收入根据比例来提取，盈利多就分得多，盈利少就分得少。这样有激励员工努力的一面，但也容易产生风险大的项目。一般来说，回报率高的风险相对大，回报率小的风险较低。为了不让理事会去冒大的风险，镕基同志定了几条：第一，理事会单位的费用和人员的工资由中央财政开支，不占用社会保障基金，财政部对理事会做预算安排，而基金增值部分全部归入基金，员工收入跟基金的收益脱钩；第二，员工收入比行政单位稍微高一点；第三，从制度上对理事会的权力进行制约。按照镕基同志指示，在投资管理方面，理事会设了两个委员会：一个叫投资决策委员会，一个叫风险控制管理委员会。其中的投资决策委员会，它的机制跟联合国安理会常任理事国一样，实行一票否决。比如我作为理事长，大家说往哪儿投资，我要不赞成，这个提议就被否掉了；但是我一个人也不能决定投资哪个项目，因为其他四个人有一个不同意就不行，必须五个成员意见一致，官儿再大也没用。

全国社会保障基金作为国家的一项战略储备，有两个目标：一是保障资金安全，二是要增值。其中安全是第一的，增值多少要看情况。党中央、国务院并没有给过指标，也从来不给指标，只给投资管理办法。但我们自己内部定了一个目标，即回报率不能低于通货膨胀率，因为低于物价上涨水平就等于贬值了。

根据2000年国务院批准的社保基金投资管理办法，企业债券、股票这些风险较大的投资不能超过总投资的49%。银行协议存款、国债这些相对稳定安全的投资不能低于50%，这就从决策机制上控制了大的风险。另外在实际操作中还有风险控制。按照投资管理办法，理事会还聘请了托管人、管理人。托管人就是基金管理公司，管理人是银行。托管人是怎么产生的呢？我们请了15位专家对基金管理公司进行评选。这15位专家也不是都参加，每次随机抽样聘请9位，所以基金管理公司想走后门也不知该找谁。经过专家评选，最后我们评出七家，现在又扩大了几家。银行也是经过专家委员会评选出来的，当时评选了两家：一个建设银行，一个交通银行。理事会的钱都存放在银行，支付也都通过银行。比如说理事会要买国债，我们通过银行把钱支付给销售单位的账号。为了避免"事故"，由我们理事会财务部主任、银行主管，还有卖国债一方"三头对案"后，经分管财务的副理事长批准后，才调拨资金。

推进多元化投资

我们一开始的时候比较谨慎，慢慢经验丰富了，管理也比较成熟了，工作也是一点一点地放开的。最初理事会只有一个投资部，后来陆

续增设了股权部、境外投资部，等等，投资范围逐步扩大，业务量逐渐增加。我那时候还没开始搞股票投资，是协议存款、国债、企业债，另外还有信托投资。当时我们研究，像三峡这样的工程何必发企业债呢？我们用信托投资给三峡，对三峡来说，它比发企业债的利息要低，而对于我们，投资也是安全的，这个信托投资是丢不了的，除非把三峡大坝冲垮，发电设备都冲垮，不然肯定是旱涝保收的。

我离开的时候，正在对股票投资管理人进行招标，专家正在评审。我离开后大概两三个月，专家评审结果出来了，七家基金管理公司开始陆续代理理事会的基金进入股市。

总的来说，理事会在风险控制方面做得比较好。有赚有赔，多赚少赚，这对投资者来说也是正常的。但努力方向是少赔多赚，总体要赚，尤其要注意长远。迄今为止，理事会十几年的收益率达到了八点几，应当说是相当不错的，没有辜负党中央、国务院的托付。

近几年，又开始允许一些地方将结存的养老金委托理事会投资运营，由理事会代理股票、企业债权、信托等投资。怎么操作呢？比如理事会承诺地方，假设今年银行存款年利率是3%，我们合约每年给你4%。如果实际收益达到6%，理事会就拿出2%，作为风险基金；假设明年收入只有3%，就从风险金中补足，补到4%。有几个省是这么办的，它们也是愿意的。4%是最低标准，这个数字已经不算低了，现在通货膨胀率都不到2%，买国债的话一年期还不到3%。

越大越好，多多益善

2002年十六大以后，镕基同志结束了中央政治局常委任期。有一次我汇报完工作后问镕基同志，您准备再干些什么？他说，不干了，回家，写书。他问我，这几年怎么样？我说，按照您的安排，这五年我干了两件事。他问，什么两件事，干了那么多，怎么只两件？我说："您给我两件事，一个叫组建，一个叫撤销——撤销了三个机构，组建了三个机构：撤销体改委，撤销特区办，两个合并组建体改办；组建专题办，撤销专题办；组建社会保障基金理事会……”说到这儿，镕基同志说："这可不能撤销啊。"我说："不会，不会。"我还说："组建还好办一些，撤销收摊比较难，尤其是在人的去向安排方面。"他说："不错，都安排好了。原来体改委100多人，特区办有四五十人，加起来200多人，两个机构合并以后，国务院体改办才80多个编制，最后都安置好了。"说到理事会，镕基同志说："你现在最大的问题是什么？"我说，最大的问题是上市公司股权划拨一部分作为社保基金问题要尽快决策。因为这是重要的基金来源之一。他听了后，当即告诉秘书，安排第二天就研究落实这个问题。不几天，这个问题就解决了。理事会又增加了一项社保基金的重要资金来源。

2003年3月，我从理事长的职务上退下来，到了全国政协，由项怀诚同志接任。从2000年到现在，理事会已经15年了。从参与理事会的初创到现在，我最想说的是，希望理事会的资金来源再多一点，战略储备再大一些。我记得头一年，因为刚开始，没有筹到多少钱，到2000年，财政开始拨入几百个亿。到项怀诚同志接任的时候，理事会共筹到了1700亿元。到今年6月末，通过财政拨入的预算拨款、国有股减持、转持资金，彩票收益金等各项资金，共计近7000亿元，成立以来累计投资的收益为7746亿元，总量达到14700多亿元。

不光是我，包括我们理事会开会的时候，大家都希望资金来源的渠道能够增加，数量增加一些，做大"战略储备"。比如，随着国有企业的进一步改革，股权划拨上可以再放开一点，这并不会影响到企业的经营。而且，国有企业现在如果股份多元一些，监督可能更好一些。

实在地说，理事会也是国家经济建设中的一分子，它的资金并没有闲置，通过银行存款，购买国债、企业债，信托投资等等参与到了国家经济建设当中，在经济活动中流动，产生效益，只不过是归到了理事会的名下。基金要做大，相应的要解决资金长远来源的问题，这是一个重要方面。另一方面，社会保障的支出上也要把握幅度、节奏。我们国家

的民生福利这几年一直在提高，开支一直大幅度增长。要开源节流、提质增效、收支平衡。国际经验值得重视，所以现在就要想得更长远一些。理事会的战略储备要扩大、扩大、再扩大，同时社会保障各个项目在制度上要不断改革完善，两个方面加起来，使我们真正做到平衡、协调、可持续。

（原载于《纵横》2015 年第 10 期）

中国电影业 "大地震"

——国产电影 "统购统销" 的 "打破"

田聪明

再过几个月，取消中国国产影片"统购统销"政策的改革就整整20年了。那是1993年开始实施的中国电影业改革的"切入点"，曾引起强烈反响，甚至被有的媒体称为"中国电影业'大地震'"。

新中国成立以来，全国各电影制片厂拍摄的电影一律由中国电影发行放映输出输入公司（以下称"中影公司"）统一发行，即"统购统销"。其利益分配办法几经变动，到20世纪90年代末，是以票房收入为基准，确定放映单位、省级公司（地、县公司）、中影公司、制片厂及洗印厂的分配比例的。在我1990年底任国家广电部分管副部长时，除中影公司外，几乎方方面面都对这个体制有意见。其中，最大最直接的意见，是认为"利益分配不公"；最大的意见方，是电影制片厂。因为制片厂每部影片的收益，主要由中影公司"根据影片的发行放映情况"确定发行的拷贝数，再确定一个拷贝向制片厂付多少钱。据当时核算，作为电影出品单位的制片厂大体只能得到一部影片票房收入的15%。因此，电影界普遍认为，这个体制严重束缚着电影生产力的发展，必须进行改革。

这方面给我印象最深的是全国制片人协会秘书长袁小平。他从峨影厂退下来，已经76岁，常住北京制片人协会总部。他对中影公司"垄

断"发行的体制，对由此而形成的利益分配不合理的情况意见很大。而且一有机会就讲，凡讲必一针见血，有时甚至表述有些过激。因此，中影公司对他"相当烦"，而制片厂却坚持不让他退。

我从担任了领导工作后就坚持着一条原则：凡接手一项新的工作，三年之内以调查研究为主；凡出台一项重要的新举措，一般都在三年之后。在1991年初到1992年底的两年里，我考察了绝大多数电影制片厂，跑了十几个省（区、市）的几十家电影发行公司和上百家电影院与放映场所。考察的基本结论与电影界绝大多数人的意见是一致的，这就是，中国电影企业必须加快改革。中国电影要进行真正意义上的改革，就必须取消中影公司的"统购统销"政策，打破中影公司及各级公司几十年的"垄断"体制。改革的主要对象是中影公司，因为中国电影"统购统销"政策的所有定性、定量的规定，虽然是以政府部门文件的方式发布的，但都是由中影公司提出，并由中影公司执行的；中国电影发行放映的管理职能，理论上说是广电部及广电部电影事业管理局（以下称电影局），各省（区、市）、地（市、盟）、县（市、旗）政府部门，实际上也是中影公司在起主导作用。

同时，我也觉得电影界大多数人关于当时打破中影公司的"统购统销"很难的观点有道理。因为人们都认为中影公司执行的是政府的决定；中影公司的经理是由国务院总理签发的任命书；其财务直接对财政部，并被称作全国电影业资金的"蓄水池"。特别是党的十二届三中全会作出经济体制改革的《决定》后，以中影公司牵头拿出了一个改革方案，特别强调了"进口补国产、城市补农村、长片（故事片）补短片（新闻纪录片、科教片、美术片）、发达地区补边远贫困地区"等，强调体现中国国情，得到了政府部门的批准，被称为"中国特色的社会主义电影管理体制"。据说，此后几年曾两次试图改革这个体制，但均半途而废。因而有人说"撼山易，撼中影公司难"。所以，我就继续扎进电影界里，潜心学习、调查、思考，朝思暮想改革方案和实施时机。

1992年春天，邓小平发表了南方谈话，这一年秋天召开的党的十四大提出了"社会主义市场经济体制"的改革发展目标，全国的改革发展迅速，受到了很大鼓舞。在参加这年11月初在桂林举办的"金鸡百花电影节"期间，电影界的同志几乎都迫切希望加快电影改革的步伐。正是这个新的形势，促使我下了将电影改革提前一年实施的决心。

经过近两个月的紧张筹备，《关于当前深化电影行业机制改革的若干意见》（以下称《意见》）经有各省（区、市）政府主管部门负责人、各电影制片厂厂长、各省级发行放映公司及电影放映协会负责人、影院代表参加的会议讨论，于1992年12月26日通过，广电部于1993年1月5日以3号文件下发实施。

《意见》的核心，就是明确宣布从当年起，取消中影公司对国产故事影片的"统购统销"政策，由制片厂直接面向电影市场发行放映。文件强调的依据，一是党的十四大确定的"社会主义市场经济体制"改革目标，明确提出"中国电影必须适应社会主义市场经济体制，电影作为精神产品，市场就在观众"。二是中国电影发行放映要执行《中华人民共和国著作权法》。

当时，为了使这场电影改革既抓住取消"统购统销"这个"切入点"，又尽可能减少些"震动"，还作出了一些"分流矛盾"的规定：进口影片继续"垄断"经营，以稳住一点中影及各级发行公司；国产故事片要"首先向省级公司发行"，在双方商谈不成时再往下发行，以稳定一点省级发行公司；电影票价原则放开，具体由省（区、市）政府定，以稳定住一点省（区、市）政府主管部门；鉴于当时新闻纪录片、科教片、美术片发行难，决定上述短片70%仍由中影公司按规定收购，以稳住一点"短片"制片厂。对儿童片、少数民族语言译制片及农村16mm拷贝的发行等，都根据统筹考虑、分类指导、分步实施的原则，作了"过渡性"安排。1995年，中影公司对国产电影的"统购统销"便全部取消了。

3号文件是经电影界公开讨论修改了近两个月形成的，从1992年11月开始就不断有媒体报道，有关各方应该都有思想准备。而且我在会议

243

总结中分别对制片、发行、放映及政府主管部门，一一叮嘱抓好落实。但"万事开头难"，形成一个方案难，落实一个方案更难。加之国产故事片是中影及各级发行公司的业务大头，取消"统购统销"涉及中影与各级发行放映公司2/3的经营业务和相关机构、人员和收入，落实工作确有难度。所以，虽然会议开过了，文件下发了，而各方面都有一些人对改革方案能否真正实施仍持观望态度，以致少数同志好心地以近十年来两次"改革失败"的教训来提醒我要有思想准备。当时，中影公司和各省（区、市）电影发行放映公司对发行国产故事片大多不"积极主动"；地、县公司中有愿意并有能力发行的，因顾忌中影和省级公司的态度，也不愿做"第一个吃螃蟹的人"。这就使当时的制片方、发行方，实际上都在相互"唬着、望着、等着"。

在此状况下，最着急的当然是手头有急需发行影片的制片厂厂长。由于改革发行体制是他们多年的企盼，他们对自主发行寄予很大的期望，因而有的制片厂头年后两个月完成的影片，有些也"拖"到当年初才报送电影局审查通过，要自主发行。怎么办呢？电影界的目光无疑盯着看广电部特别是我如何"动作"。

我对此是有准备的，当时工作日程上的第一要事，就是抓住春节前后电影放映的黄金档期，从条件较好、负责人改革积极性较高的北京电影制片厂（以下称北影）和上海永乐电影公司（以下称上海公司）入手，使取消"统购统销"政策的改革尽快在实践中取得"突破"。当时北影的《狮王争霸》一片主创人员强，又具有观赏性，我就让北影厂厂长成志谷拿着拷贝去找上海公司的总经理吴孟辰，抓紧商谈该片在上海的发行放映。成、吴都是拥护改革的"明白人"，也清楚我的意图，但一到具体行动，无疑也都要为本单位的利益而"力争"。我就抓住这件"万事开头"的"难事"亲自做，且咬住不放，抓紧"劝洽谈、促成交"。

1993年1月中旬的一天上午，在成、吴商谈的基础上，我在北京，他们在上海吴孟辰办公室，交替电话协调。在各方的努力下，双方在互利的基础上艰难地"成交"了，即从实际行动上"突破"了旧的发行体系和利益分配链条，第一次使改革从文件到了实践，我甚感欣慰。随后，我又亲赴上海参加了在大光明电影院举行的《狮王争霸》首映式。该片在上海放映的第一个档期内，就收到了影院上座率高，观众评价好，制片、发行、放映三方收入均成倍增多的极好效果，出我所料。上海"突破"及其良好成效的消息迅速传开，紧接着就出现了苏南的"苏州突破"等，使取消"统购统销"政策开始了全面落实。

这一改革引起了电影界乃至社会上的强烈反响，有国产故事片在我国意识形态领域和文化战线的重要地位和影响的问题，更重要的就是打破了中国电影几十年"统购统销"体制下形成的"权""利"格局。所以，"反弹"一直未消停，特别是由于省及其以下的电影行业仍归文化部门管（人们称为管理体制的"上下错位"），有的省级公司就通过文化部门发文，甚至通过省级党政主管领导说话，要求省内各级发行放映单位不得直接与省外电影制片厂接谈影片发行。更有少数省级公司经理联名向文化部上书，以种种理由"抵制"广电部主导的这场改革。

以上形形色色的"碰撞"一传十，十传百，少不了添枝加叶，越传越神乎其神，就有了"中国电影业'大地震'"之说。

记得1993年春节后的一天，有位同志急匆匆地给我拿来一张报纸。我展开一看，是广东的一张都市报《舞台与银幕》1993年第一期，在第8版用大半个版刊载署名"金天"的长篇报道，题目叫《中国电影业"大地震"揭秘》。报道的题目字体很醒目，还配发了一张我与艾知生部长同巩俐等《秋菊打官司》剧组部分创作人员的照片；全文共六个部分，有两个部分转到了第6版；报道以当年开始实施的中国电影行业机制改革，特别是取消国产故事影片"统购统销"政策为主要内容，突出了由此引起各方面的强烈反响。此报道我事先一无所知，作者至今也不认得，文章的遣词用语颇有些文学色彩，包括"始作俑者""死水狂澜""杀机毕露""疾恒不死""奋起应战""潮涨潮落"六个夸张的小标题。题目中还用了"揭秘"一词，为了吸引读者的眼球，也表明作者对这场改革

的看重，还可能说明当时社会上对这场电影改革的关注。

我当时快速看后想了想，觉得"揭秘"有点说过了，因为改革方案是电影界公开讨论过的。报道中有些事实特别是有些涉及我个人的"说法"以及有的数据、时间、地点等均有不够准确之处，但有关电影改革的核心内容是真实的，倾向是赞成改革的。因此，"中国电影业'大地震'"的提法准确与否我也就不在乎了。

（原载于《纵横》2012 年第 11 期）

乌兰牧骑改革事业的一段亲历

安泳锝

在我的人生履历的多个行业岗位中，让我终生难忘、记忆犹新的是分管全自治区艺术工作的那段岁月。尽管已经过去多年，但那些与乌兰牧骑改革创新事业有关的点点滴滴，仍旧历历在目。

1957年，乌兰牧骑诞生在内蒙古大草原。成立60多年以来，乌兰牧骑长期坚持扎根基层为农牧民服务，努力开拓创新"演出、宣传、辅导、服务"四项任务，成为农牧区公共文化服务的排头兵和主力军。60多年来，他们走遍了草原上的农村牧区，总计行程150多万公里，为农牧民演出服务近40万场，各族观众达3亿人次之多。乌兰牧骑还走遍了全国各地，为全国各族群众送去了草原儿女的情怀；还出访过50多个国家和地区开展文化交流活动，成为享誉海内外的民族文化品牌。

艺术为人民，要把乌兰牧骑艺术节办到
旗县、苏木、嘎查去

2000年9月，我调任内蒙古民族歌舞剧院院长后，曾去北京拜见老领导布赫和珠兰其其柯。两位老前辈向我谈起了乌兰牧骑队员一专多能、贴近实际、贴近生活、贴近群众的精神，也谈了当年他们在做艺术工作期间如何为人民、为百姓贡献青春年华的往事。后来，我在担任自治区文化厅副厅长期间又去拜见二位老领导，他们再次语重心长地对我

说："艺术要为广大人民群众服务，要把全区的乌兰牧骑工作抓好、抓实，要深入基层，深入农村、牧区，为广大农牧民送去精神食粮。要学习乌兰牧骑精神，深入到农村、牧区为广大农牧民演出，要多排演农牧民喜爱的文艺节目，向老乌兰牧骑队员学习，继续发扬乌兰牧骑的优良传统，让乌兰牧骑这面旗帜永远飘扬在内蒙古草原大地上。"在老领导的鼓励下，我开始筹备自治区乌兰牧骑艺术节，按照文艺下基层的要求，决心把艺术节办到旗县、办到苏木（乡）、办到嘎查（村）去。

"乌兰牧骑大家庭"聚会鄂托克：回眸第三届乌兰牧骑艺术节

2005年8月，鄂托克草原风光如画，牧草飘香。在这草原上最美的季节里，第三届内蒙古自治区乌兰牧骑艺术节在鄂托克旗乌兰镇隆重开幕。这是内蒙古自治区乌兰牧骑艺术节第一次办在了基层，全区18支优秀的乌兰牧骑队伍在艺术节的七天里不仅参加了一专多能竞赛，而且还分头到各个苏木、嘎查为农牧民演出，赢得了广大农牧民的高度赞扬。

8月11日上午9时，气势恢宏、具有浓郁民族特色的开幕式大型广场文艺表演"相聚鄂托克"在乌兰牧骑老队员、著名艺术家拉苏荣和金花的歌声中拉开帷幕。从亲切的《文化轻骑队之歌》到成吉思汗战车；从欢乐的那达慕歌舞到草原上的婚礼景观和腾格尔演唱的《天堂》；从著名歌唱家牧兰等新老乌兰牧骑队员代表共同演唱的《乌兰牧骑新歌》到振奋人心的乌兰牧骑红旗方阵舞……看后令人荡气回肠、激情难抑，"相聚鄂托克"也成为本次艺术节最具吸引力的一道文化大餐。

七天里，来自全区各地的18支乌兰牧骑代表队相聚鄂托克，风格各异的文艺表演不仅充分展现了"一专多能、小型多样"的乌兰牧骑艺术特色，而且表现出乌兰牧骑与时俱进、改革创新的精神。从乌兰宫剧场到乌兰广场和赛马场，从苏木到嘎查，从白天到夜晚，这18支乌兰牧骑代表队的演出和广场群众文化活动接连不断，交相辉映。据统计，从11

日到16日的每天下午和晚上，在鄂托克旗乌兰镇举办了各种文艺表演和消夏广场文化活动11场，参会的18支乌兰牧骑在剧场、广场、周边的苏木、嘎查等共演出39场，推出新编排节目255个，观众累计人数达到10万人次之多，这是本届乌兰牧骑艺术节的最大亮点之一。艺术节中的20场演出，都在旗所在地范围内现场直播，鄂托克旗的人民群众外出可以在广场看演出，在家可以在电视上看直播，充分享受到艺术的成果，饱尝了精美丰盛的文化盛宴。

在这七天里，大家欢聚一堂，其中呼伦贝尔市鄂伦春族自治旗乌兰牧骑距离举办地鄂托克旗有3200多公里之遥，真可谓不远千里来相聚，足见这是一次乌兰牧骑大家庭的大聚会。大家在艺术节期间相互学习，交流经验，开阔了眼界，接受了历练。

第三届乌兰牧骑艺术节是乌兰牧骑成立近50年来规模最大、内容最丰富、层次最高的艺术盛会。这届乌兰牧骑艺术节一改以往惯例，第一次在基层的旗县举办。艺术节组委会还由此作出决定：今后原则上每三年在旗县举办一届乌兰牧骑艺术节，要将乌兰牧骑艺术节打造成一个具有世界影响力的文化品牌，并将此作为建设民族文化大区的一项重要战略措施加以实施。

乌兰牧骑50年，请人民检阅：记第四届乌兰牧骑艺术节

2007年金秋8月，硕果飘香，美丽富饶的苏尼特草原披上了节日的盛装。在全区上下热烈庆祝自治区成立60周年的喜庆日子里，庆祝乌兰牧骑建立50周年暨第四届内蒙古乌兰牧骑艺术节于8月23日在全国第一支乌兰牧骑诞生地——苏尼特右旗隆重开幕。这是继第三届内蒙古自治区乌兰牧骑艺术节之后又一次乌兰牧骑文艺的盛会，得到了国家和自治区领导的重视和关怀。

8月23日上午8时，入场仪式开始。当69支乌兰牧骑红旗队和22支乌

兰牧骑代表队走过主席台时，许多人的眼眶湿润了……从当初在苏尼特右旗建立的第一支乌兰牧骑到如今的69支乌兰牧骑，他们从不同时间、不同年代走过了50年的光辉历程，50年来他们冒着严寒、酷暑，一代又一代乌兰牧骑队员的足迹踏遍了内蒙古大草原乃至全国各地，118万平方公里草原上的广大农牧民群众始终亲切地称他们为"玛奈乌兰牧骑"。

在纪念表彰大会上，受到表彰的"十佳乌兰牧骑"代表上台领取中央代表团赠送的舞台流动车钥匙，这不禁令人感慨万千。乌兰牧骑从最初成立时骑着马、赶着马车下乡为农牧民演出，到现在坐着舒适的大巴车并能够在现代化的舞台流动车上进行演出，足见乌兰牧骑50年来的大发展、大变化，也预示着乌兰牧骑这一文化品牌将在全国产生更大的影响力。会上，人们看到了老艺术家拉苏荣，虽然他早已离开乌兰牧骑队伍到中央民族歌舞团工作，但举手投足都还保留着乌兰牧骑人的本色；人们还看到了第一代乌兰牧骑老队员伊兰，她虽然已是白发苍苍，但依然精神抖擞地站在台上，脸上洋溢着纯真、喜悦之情。50年前乌兰牧骑成立伊始时第一代乌兰牧骑队员骑着马、赶着马车为农牧民演出的情形又一一浮现在人们的脑海里。

本届艺术节最具吸引力的是由3000多名演职人员参加的具有浓郁民族特色的开幕式大型文艺表演《乌兰牧骑之歌》。从第一乐章《乌兰牧骑的摇篮》中，人们看到了乌兰牧骑建立初期的艰苦奋斗历程；从第二乐章《人民的乌兰牧骑》中，人们看到了乌兰牧骑如何成为农牧民的"玛奈乌兰牧骑"；从第三乐章《永远的乌兰牧骑》中，人们看到了乌兰牧骑辉煌的未来。整个以乌兰牧骑建立50周年为主线，突出草原文化和民族特点、突出地域特色和时代精神，采用乌兰牧骑经典作品和时尚元素相结合的艺术形式，再现了乌兰牧骑精神。德德玛、拉苏荣、牧兰、金花、乌云毕力格等蒙古族知名演员和乌兰牧骑老演员们共同演绎了"永远的乌兰牧骑"这一主题。尽管当天天气恶劣，但演员们尽心尽力，观众们情绪高涨，乌兰牧骑精神得到了真实再现。

艺术节开幕当晚，我去苏尼特右旗乌兰牧骑广场观看了远道而来的新疆和布克赛尔蒙古自治县乌兰牧骑的大型史诗歌舞剧《江格尔》的演出。尽管演出当晚气温极低，但苏尼特右旗乌兰牧骑广场上人山人海，气氛相当热烈。这支从新疆千里迢迢赶来的乌兰牧骑为苏尼特老百姓们带来了耳目一新的艺术享受，精彩的演出赢得了在场观众的阵阵喝彩与掌声。我在同演员聊天中了解到，他们是乘火车（只买了一半的硬卧，其他都是硬座）长途跋涉了70多个小时才来到这里的。在演员即将离开广场时，台下的观众们纷纷拥到舞台前，热情地与演员们握手，久久不愿离去。

8月28日，伊金霍洛旗乌兰牧骑赴苏尼特右旗额仁淖尔苏木阿尔善图嘎查为牧民们进行了慰问演出。这一回，下乡为农牧民演出的乌兰牧骑全部在中央代表团赠送的流动演出车的舞台上为乡亲们进行慰问演出。流动舞台车对于牧民来说还是个新鲜事物，前来观看演出的牧民们一个个目不转睛地看着队员们熟练地搭建车上的舞台设施，眼神满是好奇与惊叹。演出开始前，演员们在舞台车后面的空地上进行排练，他们边喊着节拍边跳动着，每一个人的脸上都洋溢着热情与朝气。演出中，演员们用舞台车与地面舞台相结合的方式表现出了立体的演出效果，精彩的演出让农牧民看后都久久不愿离去。活动期间，下基层进行慰问演出的各个乌兰牧骑都把流动舞台车用到了实处，把丰富多彩的节目送到了基层老百姓面前，把中央代表团的关怀送到了农牧民中间。

值得一提的是，内蒙古军区文工团常年活跃在8000里边防线上，不仅为边防官兵演出，同时也被边境线上的农牧民称赞为"军中乌兰牧骑"。果然，后来这支军中流动艺术团被特批为"内蒙古军区乌兰牧骑艺术团"，成为人民解放军的第一支乌兰牧骑。闭幕式上，我为内蒙古军区文工团颁发了"内蒙古军区乌兰牧骑艺术团"牌匾。至此，全区乌兰牧骑队伍已经发展到69支。乌兰牧骑队伍的日益壮大说明，乌兰牧骑已经成为草原上的著名文化艺术品牌和永不褪色的鲜艳旗帜，在为越来越多的人服务的同时，也为越来越多的人所认可和欢迎。

乌兰牧骑走出国门

时至今日，内蒙古草原上已经活跃着75支乌兰牧骑，3000多人。各支乌兰牧骑以弘扬民族文化为己任，注重发掘本地特色文化，创造性地打造出一批艺术品牌，对外文化交流更加广泛。60多年来，乌兰牧骑走遍了五大洲近百个国家和地区进行对外文化交流活动，生动地传播并弘扬了中华传统民族文化。

2008年，应蒙古国教育文化科学部邀请，内蒙古自治区伊旗乌兰牧骑队员共29人组成中国艺术团，代表我国于8月27日至9月3日在蒙古国首都乌兰巴托及达尔汗乌拉省开展了为期八天的文化交流演出。伊旗乌兰牧骑为此次出访演出做了充分的准备工作。整台节目时长达90分钟，通过中国少数民族传统节目集中展示了中华民族丰厚的文化底蕴和各民族热爱祖国、热爱生活的真实情景。首场演出在乌兰巴托的中央文化宫举行，演出前中国驻蒙古国大使余洪耀和蒙古国教育文化科学部国务秘书米希格扎布分别代表两国致辞。

整场演出中，观众掌声不断，气氛热烈，演员们精湛的表演把演出一次次推向高潮。演出后，米希格扎布上台接见全体演员时说："演出非常精彩，这是一场高水平的演出，让我们品尝了独具中国特色的文化大餐。"一位蒙古国老牧民也激动地走上台说："我是听说中国艺术团在这里演出，专门前来观看的，没想到你们演得这么好，真是太精彩了。"他还把自己心爱的两本蒙古国名著赠送给了我们两位乌兰牧骑演员。接下来，乌兰牧骑在蒙古国达尔汗乌拉省演出时受到该省省长弓嘎等当地领导人的热情接待，演员的精彩表演赢得了全场观众的热情欢呼，歌唱演员玛希和金花多次加演节目。此次出访演出获得圆满成功，受到当地观众的热烈欢迎和蒙古国领导人的高度评价，蒙方还为艺术团颁发了荣誉证书。

如今，我虽然已经离开艺术工作岗位多年，但在我心中，乌兰牧骑早已不仅是一个文艺团体，而是一种社会主义文艺为人民的精神。一幅幅生动的画面，一张张鲜活的面孔，都在向人们诉说着永远的玛奈乌兰牧骑！

（原载于《纵横》2018 年第 2 期）

由"票证供应"到刷卡消费

凌义斌

　　我家有一本"珍藏本",粘贴着各类票证,什么粮票、布票、肉票、油票、糖票、火柴票等,应有尽有。这本"珍藏本"是老爸送给我的。他对我说:"现在生活好了,时常看看这本本子,可不要忘了过去的生活。"

　　记得小时候,发下了票证,到知道可以凭票购物了,每次见到的总是排着长长的队伍,而"排队"总是我的光荣任务,虽然每次要花一两个小时排队才能买到物品,当拎着带鱼呀、肉呀,一路上也不由流下了口水,什么累呀也不知道了。

　　1955年,全国第一套粮票正式流通,拉开了我国长达38年之久的"票证经济"的帷幕。记得当时外出,总忙着求人调换全国粮票。由于物资缺乏,票证成为了人们购买商品的重要凭证。

　　1980年我刚参加工作,老爸花了100多块钱给我买了一只法国洋马牌手表,当时是他3个月的工资。由于"洋马"是名表,还是好不容易托人才买到的。

　　当时在宁波商场里东西少,家里有辆凤凰牌、永久牌自行车已让人十分羡慕了,因为都是凭票供应的,单位里经过抽奖发给职工,中了奖的职工像中了彩票一样高兴。我表哥在上海工作,抽上了一张永久牌的车票,马上买好自行车从上海乘轮船托运到宁波,这是让我最喜出望外的礼物。

记得1985年在商场里很难买到彩电，我的单位通过关系买到了不少彩电，职工们纷纷争相购买。由于人多，首先为结婚户考虑。虽然那时我还没有对象，但在"要结婚"的理由下还是买到了一台。我在1992年结婚，那时彩电已很普遍，我买的彩电也成了"旧电"，这还成了别人的"笑料"。

现在对于我的女儿来说，粮票、布票、肉票、油票、糖票、火柴票之类的票证往往让她不知所云，而对于我们来说，这些票证却能够勾起对于物质稀缺年代最深切的回味，这可是当年买东西不可或缺的"重要物件"。随着时代的变迁，我们再也用不着这些"票票"了，这些票证已进了博物馆。人们的腰包越来越鼓，商品越来越多，"选择"成了我们消费者的享受。走出家门到处都是商场，天一广场、万达广场、家乐福、欧尚、农工商、乐购、三江、二百、银泰、苏宁、五星、国美，等等。在鳞次栉比的大小商场，各种商品琳琅满目，应有尽有的商品让人目不暇接，我们消费者可以"货比三家"任意选择。买到称心如意的商品，拿出银行卡一刷就行了，感觉真"爽"！甚至可以通过互联网络，实现坐在家中购物，这在过去是难以想象的。

国内贸易迅猛发展，物资供应从商品紧缺、销售单一到琳琅满目、繁荣活跃，从"卖方市场"到"买方市场"，展现出市场兴旺的商贸繁荣景象。不断变化的消费方式，印证了商贸发展的巨大变化，也使我们老百姓的生活越来越绚丽多彩。

我们真切地感受到时代的变迁。商贸巨变，改变着我们百姓的生活。摸摸鼓囊囊的钱袋子，看看满当当的菜篮子，谈谈新住进的大房子，品品生活中的好日子，我们衷心祝愿祖国繁荣富强，人民的生活一天比一天更美好。

（选自《大潮·口述：百姓的故事》，
中国文史出版社2018年7月版）

从商品短缺到商品极大丰富

周溪舞

市委书记抱怨，过年连吃饺子的醋都买不到

20世纪80年代初，深圳经济特区初创时期，深圳市的人口急剧增长。

县改市的时候，全市有35万人左右，在深圳市区，即原宝安县政府所在地深圳镇这个地方，只有三四万人口。建市初期，常住人口（户籍）由于受到控制，所以增长不快。暂住人口和流动人口增加非常快。在深圳市暂住人口其实并不暂住，一住就是一二十年；流动人口并不流动，往往是一家人都流到了深圳。这里面有大量的建筑工人、打工者、求职者，还有跟随这些人来的家属。当然，也有一部分是来去匆匆的游客。

在1981年、1982年的时候，大约有五六十万人在深圳市生活，而且每日每时都在增长。到2005年，深圳人口已经达到了1000多万。

当时国家实行计划经济，商品分配基本上按照常住人口数量、消费水平、消费习惯来分配的。商品本来就短缺，深圳人口急剧增长之后，商品就更加短缺了。

记得1981年秋天，市委书记开玩笑地跟我说："老周，中秋节，我吃饺子想买醋都买不到，你这财贸是怎么管的？"我心里想，在深圳何止是醋，买不到的东西多了。我也知道他是开玩笑，但我心头的压力还是很大的。

计划经济在商业方面主要表现为以下几个方面：

第一，全国所有的商品分为三类：一类商品由国家统一收购、统一销售，国家制定价格，销售时按常住人口凭证定量供应，如粮、棉、油；二类商品，国家按计划收购、计划销售，价格由国家制定，国家完成收购任务后，生产单位可以上市销售，价格由双方议定，国家实行监控，如猪、禽、蛋；三类商品，可以自由上市，价钱可以随行就市，但是也由国家监控。比如，农民自留地的农产品和农民完成收购任务后的农产品，还有一般的小商品和山货，等等。国家对这些商品的分类，会根据不同地区市场的供求情况随时调整。

第二，在商品流通方面，全国设有三级采购供应站：一级站设在省会和大城市，可按计划在全国范围内进行采购；二级站设在比较大的城市和历史上形成的商业流通枢纽的中等城市，可按计划在一定范围内采购；三级站设在中小城市，可在计划指定的范围内采购。

第三，在商品零售方面，主要由商业部系统的各专业公司，如百货公司、五金交电公司等门市部销售；在农村主要是由供销社系统的各个商店销售。当时，私营经济在商业领域中几乎被完全排除。

在这种体制下，深圳要想解决商品短缺的问题，只能靠改革开放和国家给特区的特殊政策，运用国家给特区的特殊政策，打破商业领域中计划经济的限制。

不断"惹麻烦"的进出口服务公司

当时深圳市成立了一个进出口服务公司，它既不属于商业部系统，也不属于外贸部系统。深圳成立这样一家公司，利用特殊政策、灵活措施在国内外采购商品。既为了解决特区商品供应，也为了特区积累资金。这家公司成立后，做了不少工作，也取得一定的成绩，但是由于特区的特殊政策和全国的计划经济体制发生碰撞，也遇到了很多困难。

1982年上半年，国务院特区办公室转来一个信息，说四川省的商业部门投诉深圳市的商业部门去四川收购干辣椒，影响了四川的辣椒收购计划和供应计划。

我听了以后，暗骂了一句我们这个经理真是太窝囊了。谁都知道四川人没有辣椒过不了日子，而深圳人包括流动人口，并不一定天天吃辣椒，更何况，收购干辣椒，哪里不好去，偏偏要跑去四川收购呢？我在佛山地区工作的时候，军分区有一位副政委，他是经过长征的红军干部，老家在四川。70年代初，他回家探亲后曾跟我闲聊，他说当时四川干辣椒是凭证供应的。我们的公司到一个凭证供应的地方去收购干辣椒，不是找死吗？

没多久，国务院特区办公室又转来一个信息，说山东省的商业部门投诉深圳市的商业部门到山东去收购大花生，影响了他们的收购计划和出口计划。

这一次，我打电话给进出口服务公司的经理叶振忠，说我要去公司看看。我到了他们公司仓库后，在一个角落看到堆着七八个麻袋包，打开来，抓起一把大花生，这种花生比深圳市面上卖的花生差不多大一倍，剥开外壳以后，里面露出了粉色的内衣、白白的果仁，煞是可爱。如果单从商业观点来说，这个收购是成功的，肯定价格和销路都会很好，但影响了人家的计划就不行了。

中国有句俗语："屋漏偏逢连阴雨。"1982年上半年，省商业厅在新会县召开商业局长会议。深圳市当时先行一步，进行机构改革，把经济性质的行政局都改成了公司，如商业局改成了商业总公司，外贸局改成了外贸总公司，工业部门也改成了电子工业公司、机械工业公司、轻工业公司……因此，召开商业局长会议的通知便不知往哪里送了。

深圳没人去参加这个会议，结果失去了在会上争取多分配商品的机会。直到会后，商业厅打电话来问："为什么不派人去开会？"我们才知道这回事。

好在，当时省商业厅厅长鹿益三和我是老熟人，他来深圳检查工作的时候，我和他共进午餐，三杯茅台落肚之后，我便开口了，除了说明没去开会的原因外，希望他能支援特区，多调些畅销的商品来，如永久牌、凤凰牌自行车、蝴蝶牌缝纫机、茅台酒、大中华烟……他表示尽量支持。

过了不久，我问商业部门，是调拨来了一些畅销产品，但数量不多，不好销的产品却调了一些来，如五羊牌自行车、红棉牌缝纫机、大丰收烟（廉价烟），等等。

广交会：不知道怎样与深圳代表团打交道

深圳商品短缺的问题越来越严重，我们只好认真钻研改革开放和国家给特区的特殊政策。

我们找出的第一条路就是到广交会去采购出口商品。

当时中国的大、中城市有这么两种商店：一种叫友谊商店，它是专门给外国游客用外币买东西的商店。商品品种比较多、质量比较高、价格比较便宜，多数是属于中国出口商品；另一种叫华侨商店，它是为了鼓励华侨汇外汇给国内的眷属而设立的。商业部门会根据华侨汇款多少发给一定的华侨购物票，华侨眷属可以拿着票到华侨商店购买商品。这里的商品也是品种比较多、质量比较高、价格比较便宜的出口商品。那时候在华侨比较多的县城都设有华侨商店。

当时国家给深圳的特殊政策，其中有一项是外汇收入全部留用，国家不分成。再加上深圳准备发行特区货币，可以和外币通用。我们想，深圳可以拿外汇采购出口商品来解决市场问题。这种想法得到了国务院有关领导的支持，我们便去找外贸部，找了当时分管中国广州出口商品交易会（简称"广交会"）的副部长王品清，还有进出口处处长戴杰（后来担任海关总署署长），和他们谈了我们的想法，他们都表示支持。

于是，我们就在1982年下半年，组团去参加广交会，由我任团长，

由分管财贸工作的副秘书长李定任副团长，并通知有关商业公司，组成一个代表团，去参加广交会。

到了广交会后，当时王品清还没有来，戴杰出国了，只找到外贸部进出口处副处长曹蕴章。我们说明来意后，他表示事先不知道这件事。他说："各省代表团都是来销售出口商品的，你们深圳市代表团却来采购商品，我们还没有处理过，要研究研究，你们先回深圳等。"我听了便急了起来，表示我们不能回去，要等就在这里等。他见我这么坚决，就说："那你们等吧。"也是不打不相识，以后我们成了好朋友，他后来调到中国驻加拿大大使馆任商务参赞，我到加拿大的时候还找过他。

没过几天，戴杰、王品清都到广交会来了，他们对深圳代表团的到来表示支持，并由广交会发了一个通知，通知各省代表团：深圳市由副市长、副秘书长分别担任团长、副团长来参加广交会。

见到这个通知我很高兴，马上叫人通知各家公司的同志来开会，布置他们分别去各个代表团拜访，看看他们收到通知没有，有什么反应，并准备开展采购工作。

到了晚上，我让人通知他们回来碰头汇报情况，结果从反映情况来看，并不乐观。虽然各代表团都接到了通知，但普遍反映："各省代表团都是来出口商品的，只有你们是来采购商品的，不知道怎么和你们打交道？有些政策也需要进一步明确，如商品卖给你们算不算完成出口计划？怎么作价？用什么货币结算？"

我听了以后，认为外贸部同意我们来采购，当然应该算完成外贸计划，价钱我们坚持要按照给国外总代理的到岸批发价（即给香港华润公司的价钱），货币基本上用外汇。我考虑到政策的问题容易明确，但还要做宣传特区和建立感情的工作。于是，我提出来，邀请各代表团到深圳参观，进入特区和沙头角的通行证由我们负责办理，费用由我们负担，然后布置大家分头邀请。

结果到深圳参观这件事情反应很热烈，因为有些人过去没来过深圳；有些人虽然来过，也是在创办特区以前，大家都想到深圳去看看，中国办经济特区到底是怎么回事？

当时深圳已经有了东湖宾馆、竹园宾馆和与广州合作办的泮溪酒家，招待吃饭是不成问题的。深圳有些项目已经开始建设，有了一点大兴土木的气氛。还有两个亮点可以参观：一个是沙头角镇的中英街；另一个是到罗湖桥头，看对岸香港罗湖车站挂着的英国国旗，也算看到一点"异地风光"。

经过这次参观以后，大家也开始熟悉起来，我们便开始了采购工作。一般来说，凡是出口好销、创汇率高的商品不大容易成交；出口销路不好的产品比较容易成交；有些出口销路不好、创汇率又不高的商品，用人民币就可以成交。其实，国际市场畅销的商品，我们不一定都需要，国际市场不畅销的商品，我们可能很需要。利用这种需求互补关系，我们在采购商品上大有文章可做。

1982年秋交会到1983年春交会前，我们采购了1亿元人民币的商品；春交会上又采购了1亿元的商品；春交会后又采购了1亿元的商品。一年左右的时间，我们采购了3亿元的商品，对解决深圳市商品短缺的问题起了一定作用。

实行内联，吸引内地商品入深圳

在深圳，只靠到广交会去采购出口商品，这一条是不够的。因为深圳外汇有限，发行特区货币也遥遥无期，因此还得运用国家给特区的特殊政策去想办法。

第二条路就是加强和内地商业部门的内部经济联合。

特区初创时期，深圳市就提出实行外引（对外引进外资）内联（对内地实行经济联合）政策。一开始，内部经济联合主要是和中央各部、各省的工业单位联合。要解决商品短缺问题，就必须和全国各地的商业单位联合，让它们到这里来开商店，把它们的商品带来。

我们用什么政策来吸引它们呢？

当时，深圳经济特区有权力批准设立收取人民币外币兑换券的商店。人民币外币兑换券是当时为了方便外国游客，在他们入境的时候，在口岸银行，根据当天的牌价汇率，用外币换取人民币兑换券。他们可以在指定的商店用这种货币购买商品，这里面主要是各种出口商品。一般来说，品种比较全、质量比较高、价格比较便宜；还有一部分是进口商品，比如，为了满足外国游客的需要，进口可口可乐、"555"牌香烟和万宝路香烟，等等。

这样外省把商品运到这里来，收取兑换券，差不多等于收取外币了。事实上，当时还可以直接收取港币。港币的国家外汇牌价，一元人民币可以换两三元港币，而在自由市场（黑市），港币的价格会高很多。在这么一个汇率差距比较大的情况下，港币在深圳市场上是很难禁止使用的。既不能公开允许它流通，又不能强行禁止，就形成了在自由市场上，港币在一定范围内自由流通使用。

有一些港澳同胞回来，或者有港币的人来买东西，他们嫌换兑换券太麻烦，因此就直接用港币来买，商店也愿意收，虽然不合法，但政府只能睁一只眼闭一只眼。这些商店不但可以收兑换券，也可以收港币，所以很多省的商业部门就和深圳的商业部门联合成立公司。

在这以后，山东和深圳的商业部门内部联合，运来了青岛啤酒、龙口粉丝；江西、湖南运来了莲子、腐竹；四川运来了腊肠、腊肉。这些东西都丰富了深圳的商品市场。

与此同时，中央有些部也到深圳来跟深圳搞内部经济联合。

有一次我到北京开会，商业部长刘毅找到了我，他说想到深圳来跟深圳联合办公司，我当即表示热烈欢迎。后来商业部就和深圳的友谊公司成立了一家合作公司，把商业部能够调拨的商品调到深圳来。

接着，纺织工业部也来这里成立作联公司，各省的纺织工业部门都到这里来内部经济联合。轻工业部、二轻工业部（即原手工业部）也进来，在这里办了兴华公司、振华公司，这些企业都有利于深圳的商品逐步丰富。

这种做法还带来了我们没有预想到的结果，各省在这里开的商店，多数是外贸部门或省直接管的商业部门来办的，后来有些省就在这个基础上成立了驻深圳办事处，而且他们为了建立窗口企业，利用特区开展进出口业务，在深圳都建了大厦、做自己的办公楼。比如，山东省和深圳商业部门内部经济联合建立了泰山大厦，陕西省建立了长安大厦，云南省建了金碧饭店，四川省建了四川大厦，上海建了上海宾馆，贵州省也想入股参与建设新都酒店，这些大厦都成了深圳市城市建设发展的一个重要组成部分。中央有些部也在这里建立大厦，比如电子大厦、格兰云天大酒店、华联大厦、华强大楼，等等。

现在你走在深圳的深南大道，就可以看到这条风景线。

合资企业部分产品内销

第三条路，当时我们有这么一个特殊政策，在深圳的合资企业，它们生产的产品，深圳市政府有权力批准一部分产品在深圳特区内销售。最典型的例子是百事可乐饮料，它在深圳建厂，投产后我们批准以20%的比例留在特区内销售，用人民币付款。而这些合资企业也需要收取一部分人民币作为在深圳的支出，如可以用人民币付水电费、工资。

这20%的百事可乐在深圳市场销售，就代替了原来深圳要到香港进口的可口可乐和百事可乐。而且有些商品很自然地通过游客流通到特区外去。还有其他的一些厂，像当时的家乐家具厂生产的床垫，这种弹簧床垫，当时在国内比较缺少，一部分内销，有的也卖到各地去了。

在国际市场收购国内紧缺商品

第四条路是利用国际市场，主要是香港市场跟内地市场的价格差距，从海外购进短缺的商品，在特区市场销售。最典型的例子是砂糖，当时砂糖在中国是按户籍人口凭证限量供应的。国家照顾广东人吃糖习

惯，每人每月供应半斤，其他省就没有这么多，有的省甚至就没有。

在国际市场上砂糖有些年份畅销，价格比较高；有些年份滞销，价格比较低。我们就利用国际市场价格比较低的时候，把砂糖购进来，在市场不凭证不限量出售，价格比国家牌价高一点，这样不仅解决了深圳和附近人民的吃糖问题以及饮食服务业用糖的需要，有些游客还可以买了带出去。像这种生意做得好的话，可以用收回来的人民币在自由市场上换回港币，有的时候能够把花出去的港币完全换回来，还有人民币的利润，只要把这个掌握好也是很有商机的。

我们通过以上种种办法，使商品短缺的情况一天天好转，社会商品一天天丰富起来。

走向市场经济的先声

由于港币事实上在深圳市场自由流通，带来了当时我们没有预想到的结果，就是后来催生了在深圳市成立全国第一家外汇调剂中心。

对港币既不能禁止，又不能放任自流，便要研究一个适当的管理办法。市委书记、市长李灏和国务院有关部门研究，想通过中国银行加以适当控制和运作。经国家批准于1985年11月成立深圳外汇调剂中心。所谓外汇调剂中心，就是有外汇（主要是港币）的单位到这里来，需要外汇的单位也到这里来。有外汇的单位说明自己有多少外汇，用多少人民币来换；需要外汇的单位也提出来自己需要多少外汇，想用多少人民币来买，两家互相商量，在那里成交。这样，在当时港币不能合法公开流通的情况下，外汇调剂在中国银行深圳分行的监控下运作。

我们这种做法，很快引起外国的关注。当时美国驻广州领事馆商务领事叶莺女士来找我，她说，美国驻香港总领事馆总领事李文先生，想带香港和广州两个地方的外交人员来参观，其中指定要参观外汇调剂中心。

经外事部门批准，他们来了，我带他们去看了这个单位。当天，就有人在那里挂牌卖港币，也有人挂牌来买港币，他们看了很感兴趣。中国银行深圳分行行长罗显荣做了介绍，他们也提出了很多问题。他们对这个既不同于外国的外汇市场，又不同于中国当时外汇管制情况下的调剂中心感到新奇！因此，我们也知道外国各方面的人士都是从深圳的一举一动，来看中国改革开放的走向，看中国经济社会的发展趋势。

深圳运用国家给特区的特殊政策，来解决商品不足的问题，就必须按照供求关系和价值规律来调整价格。这种价格调整的做法，在全国还是实行计划经济体制的情况下是不允许的。当时还没有社会主义市场经济这个提法，也没有说经济特区可以实行市场经济。因此，深圳市调整价格的情况，很快就引起了上级物价部门的不安，他们来深圳检查，并且准备处分一些干部，后来由于种种原因而没有处分。

中国设置经济特区15周年的时候，中共广东省委拍了一部《中国特区》的长篇纪录片，其中有一段采访我，我介绍了当时解决商品短缺的情况。纪录片有一段旁白："当时的特区人可能还没有意识到，此一举动实际上已经打破了自50年代以来一直实行的三级采购、统购统销的流通体制，这一突破势必引起市场领域中的连锁反应。随着内地各省、市纷纷来深圳设立商品批发站，特区的领导突然发现，深圳的商品丰富了，但市场的价格却再也无法用行政命令来协调统一了。就是在这种情况下，深圳特区开始提出按市场经济规律办事，改革商业、物资体制和改革物价管理，这个日子距离1988年全国范围的价格闯关整整提前了5年。"

（选自《大潮·口述：书记、市长与城市》，
中国文史出版社 2018 年 7 月版）

第一家消费者协会的诞生

袁荣申

张瑞法　整理

1983年5月21日，新乐县消费者协会诞生，由此拉开了中国消费者维权运动的序幕。一年半之后的1984年12月，中国消费者协会正式成立。在2001年全国3·15纪念大会上，新乐被誉为四个第一：中国第一个消费者协会、第一个消费者纠纷案件、第一个消协章程、第一个消协分会。新乐消协被表彰为"消费维权工作先进集体"。我作为全国第一家消协的创始人，2001年出席了在北京召开的"国际3·15消费者权益日表彰大会"，被授予"维护消费者利益先进个人"金质奖章，2008年又应邀走进中央电视台3·15晚会，被中国消协授予"维护消费者权益特殊贡献奖"。一位诗人赋诗颂道："心系众生愿，不畏歹人嫌；首创消协会，敢领天下先。"

恢复大小集市

1978年的新乐和全国一样，还在"两个凡是"路线的禁锢中徘徊，以"阶级斗争为纲"，抓纲治国，一切社会生活仍处在"文革"的余绪中。老百姓说："干部怕过冬，过冬就整风，一整几个月，弄住就不轻。"所有的集贸市场作为滋生资本主义的温床，统统关闭了。整个流通环节都是供应制，老百姓凡事凭票消费，粮票、布票、肉票、煤票等，没有票，什么也买不到，甚至农民缴猪也得凭票。辛辛苦苦喂了一年的肥猪，还得托人走门路，弄上一张猪票才能缴，否则就得干着急、白瞪眼。老百姓有限的布票、棉票根本不够用，就只有盖着多年的老套子棉被。穿的衣服，热了把棉套子抽出来改成单的，天冷了再改回来。有门路的，弄几条日产尼龙尿素袋，拆开染成单衣穿。当时有个顺口溜："远看来了个大干部，前头是日产，后边是尿素。"

为彻底割除资本主义尾巴，凡集日、庙会，各村村口都有民兵把守，市场、庙会上有工商人员随时轰走赶集上庙的老百姓。火车站是重点防范地带，凡带东西多的，一律视为投机倒把，物即没收，人即法办。

我当时在县生产资料公司任革委会主任，大女儿因生小孩，从太原回来住娘家。临走时，家里给女儿带了8斤挂面、5斤小米、6斤花生油，下午在承安火车站上车时被工商管理人员扣住了，怎么解释也不行，硬说是搞投机倒把。

第二天早饭后送行的儿子、老伴还没回来，我怕出事，赶到火车站一问才知道，上火车带东西，花生油不得超过1斤，白面、小米不得超过3斤。

工商人员无奈地说："我们这是奉命行事，上级有规定，这不光是你。"指着一屋子的东西说："你看扣下的这一大堆东西，都得上缴。"

我十分生气，心想："这也太过分了，老百姓的日子还怎么过？我要当了工商局局长，一定得改一改。"

说也巧合，这一年的10月，我调任新乐县工商局局长。上班的第一天，工商人员就把一位卖鸡蛋的老太太给抓来了，一问才知道，这位老太太家里鸡下了三个鸡蛋，舍不得吃，拿到市场上卖了打盐吃。一听工商人员要没收鸡蛋，老太太坐在地上号啕大哭。

我一见，立即训斥了工作人员一顿。

工作人员不服气地说是按规定办事，我生气地说："什么破规定？有

中央的红头文件吗？卖三个鸡蛋还能走资本主义到哪里去？立马放人。"

我暗下决心："一定要放开市场，让老百姓生活好起来。"

经过一个多月的缜密思考，在局长办公会上，我提议恢复全县的集贸市场，撤掉所有的关卡。

这一提议，遭到了六名班子成员中的四名强烈反对，另一位不反对，也不支持，对我说："把我安排干内勤吧，你爱咋干我不挡腿，将来有事儿也别找我的麻烦。"

县主管领导也说："这么干是不是太猛了，你胆子不小，万一闹出事儿来，你担得起吗？"

我说："这对老百姓有好处，我觉得没错，啥时候遇事儿也不能光考虑个人安危。过去抗战反顽，整天脑袋掖在腰里干革命，我都没怕过，现在还怕什么？天塌下来，由我姓袁的顶着！"家里的老伴、子女、亲朋好友听说后都来劝我不要冒险，悠着点，别找不自在。

正在争执不休之际，党的十一届三中全会召开了，在学习了三中全会公报后，大家的思想统一了，我的主张得到了上下普遍支持。我立即撤掉了全县范围内的所有关卡，恢复了所有大小集市，在长寿建成了以仔猪为主的综合性中心大市场，承安镇建成了花生米市场，化皮镇建成了粮食市场，邯邰镇建成了牲口市场，大岳镇建成了肉类市场。

为了让这五大市场尽快繁荣起来，工商局向全国各省市发出广告并承诺，凡来新乐经商的一律不查不扣，吃住提供方便，安排好场地，绝不乱收费。并将县里的四大庙会改成物资交流大会，邀请河北梆子四大剧团、吴桥杂技团来助兴。为鼓励本县农民经商，一下子批了6000多户个体工商户。

这样一来，一下子红火了起来，每逢集日、庙会，山西、河南、内蒙古等全国各地的商贩都来，推车的、挑担的、人背肩扛的，集市上是人山人海，拥挤不动。成交量很大，如长寿的仔猪市场每个集日能卖出几万头小猪，山西多半个省都开车来买，有时集市上还不够，工商人员就领着到各村去买。承安花生米市场，每个集都能卖出十几万斤花生。

头一次将庙会开成物资交流大会的是承安的四月二十八火神庙。当时真是热闹非凡，请了四个剧团一个杂技团来助兴演出，方圆几百里的商贩都来了，不下10万人，原定7天的庙会后来延长到10天。当时，工商管理费只收1%，税收也很小。虽然比数很小，但仅一个庙会下来就收几万元管理费，一年下来的工商管理费就是几百万元。新乐县迅速富裕起来，经济呈现出欣欣向荣的局面。

这是一个了不起的创举

市场开放了，问题也就随着出现了，缺斤短两、以次充好、假冒伪劣的情况越来越突出。

1982年的腊月，有一户农民在集市上买了一块肉和10斤淀粉，回家后切开发现是米猪肉，不敢吃，没办法就熬了油，接着用淀粉蒸焖子，在锅里一煮，却发现不是淀粉而是荞麦面，结果弄成一锅粥，本来是个高高兴兴的年却没有过好。

还有一名女青年相对象时，买了一双高跟鞋，美滋滋地穿上骑自行车去了后，一下车子往前走，顿感一脚深一脚浅，身子一歪一歪的，觉得不对劲儿，低头一看，才发现丢了一只鞋跟，惹得周围人哄笑，对象也吹了。

还有一户农民要盖房子，买了些空心楼板，当放到房顶上时，有几块夜间竟被十几袋水泥压断了，这家人一看不敢用，就只好另买新的，白白多花去1000多元。

对这些现象，工商局竭尽全力加强管理。但一方面管不过来，另一方面费力不小，却未能管好。这就让新乐县工商局的管理人员开动了脑筋，费尽了心思。

1983年3月的一天下午，工商局市场管理股股长任国英和工作人员路荣秋、孙明华正在七嘴八舌地议论着白天市场上一商户在秤上做了手脚的事。这时，我拿着一份《参考消息》对正在议论的同事们说："这

上面刊登着一则关于外国消费者协会的消息，他们说人人都是消费者，凡是吃、穿、用、住等商品都是消费品。在美国和经济发达的西方国家，在中国香港、中国澳门的消费者协会管的面都很宽，凡是侵害消费者权益的事这个协会都能管。昨天夜里，我琢磨了很长时间，我看人家把维护消费者权益让消协管，让消费者自己维护自己的正当权益很有点道理。"

孙明华说："咱们也搞一个试一试成吗？"

我沉吟片刻道："我琢磨着不妨试一试。你们想想咱这儿每逢阴历二、四都有集，每年还有三个大庙会。大小企业、私人摊商坑、蒙、诈、骗的事儿真不少，咱们就来个群众办、工商管，成立个组织处理起市场上一些事来，倒也名正言顺。"

很快我为此专门召开了局长办公会议，大家一致同意成立维护消费者权益的组织，但在叫什么名字上引起了争论。是叫"消费者协会"还是叫"消费者委员会"？最后一致赞成叫"新乐维护消费者利益委员会"。

1983年3月21日，"新乐县维护消费者利益委员会"诞生了。我任会长，任国英为副会长，路荣秋任秘书长，孙明华为理事。几个人便在工商局的一间小平房里摆了一张桌子，几把椅子，开始了工作。也是这一天，第一个消协分会在新乐县邸邰市场成立，李银辰成为中国第一个消协分会会长。紧接着，在长寿、承安、化皮四个大市场也都成立了分会。

1983年3月底，召开了有数十名消协工作者参加的新乐县消协第一次全会，会议主要是通过了协会章程。《章程》共分六章21条，把消协的性质定为"广大消费者自我服务的群众组织"。这个章程中规定了协会为消费者排忧解难、保护正当经营、维护买卖双方合法权益等工作任务。孙明华同志用蜡纸刻印了消协处理意见表。表格上有反映人、被反映人、有何要求、反映事由、处理结果、处理人等内容，类似于信访登记簿的格式。因为当时还不知有"投诉"一词，故表中没有"投诉"字样。以今天的眼光来审视这些文书及表格，无疑是简陋的。然而，这丝毫没能减弱开创者的神采。

时过不久，石家庄地区工商局在栾城县召开全区工商会议，我把成立"维护消费者利益委员会"的前前后后一一作了汇报。地区工商局局长梁万侠高兴地一拍桌子："这是一个了不起的创举，我大力支持。"

河北省工商局得知后，建议新乐县召开一个成立大会，以此扩大影响和起示范作用。

我想不到这么一个"小小"的举动，竟引起了各方的重视，马上筹备成立典礼。1983年5月21日，在新乐召开了有省、地、县工商局领导参加的成立大会。会上把该组织正式定名为"新乐县消费者协会"。新乐消协的工作打开了划时代的新篇章，同时也为中国各地成立消协这种组织开了个好头。

有事儿找消协

新乐消费者协会成立了，但老百姓不知道，怎么办？我和同事们决定先从缺斤短两这些群众十分关注的小事做起，他们在长寿、承安等四个大集上摆上桌子，设了公平尺、公平秤，群众自由核对，派工作人员专门看守，旁边竖上消协的牌子，标语上写着：有事找消协。赶集的群众感到很新鲜，围着看热闹。

正好一妇女从县百货公司买了五尺布，就试着用公平尺一量，少了一寸。这位妇女觉得百货公司是国营的，气派大，心里发怵，怕不给换，消协工作人员就陪着她到百货公司查问。经核实，确实是由于服务员粗心，少量了一寸，立马重新给这位妇女量了五尺布，并赔礼道歉。这位妇女赶到市场上再用公平尺一量，足足的五尺布，一点不少。

一个老头买了一斤韭菜，用公平秤一称，八两，整整少了二两，消协工作人员陪老头找到卖韭菜的，卖菜的用他的秤一称，足足一斤，一点不少，说："你看这不是高高的吗？"

工作人员接过秤仔细一看，发现定盘星那一段中间用金属包着，便

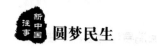

使劲把秤杆往里推了推，秤杆立马短了一小截，说："你再称称。"

这一来卖菜的傻了眼，说："我错了，你说怎么办？"

工作人员说："按消协的规定，论罚是缺一罚十，论改正是给足给够。"

卖菜的对老头说："啥也别说了，给你添够。"说着抓了一大把韭菜塞给老头。

老头到公平秤上一称，一斤二两，还多了二两！

这下子围观群众都信服了，到处宣传消协真管用，顶事。市场上缺斤短两、缺尺少寸、以次充好的现象一下子少了许多，市场秩序很快安定下来，同时消协的名声也一传十、十传百，传遍了城乡。

1983年3月28日上午，路荣秋秘书长和孙明华接待了第一位投诉者。本县何家庄村民王玉增从物资局桥西门市部购买了一条"红旗牌"900轮胎，用于拖拉机后轮，没用几天就出现钢圈卡住轮胎的质量问题。王玉增找到工商局，大家一想这种事正该消协管理。王玉增也就成了新乐消协接待的第一个投诉者。

消协请来了厂方驻石家庄的代表，协商解决投诉。厂方对王玉增说："这个轮胎如果在公路上用，就是过载也不会坏呀。"

秘书长路荣秋针锋相对地说："你们生产的产品并未标明只许在公路上而不许在土路上行驶呀。再说，农民购买农用拖拉机本来就是要在乡村土路上行驶的。"

厂方代表自感理屈，经测算，同意赔偿人民币30元作为修理费。双方均表示满意。

这件事虽说不大，却是中国消费者保护运动史上的第一起投诉。

随着投诉的增多，消协越来越发挥出重要作用。

1985年7月，新乐县承安镇农民石仓书在石家庄市购买了一台江苏南通川港机电厂生产的"桃花"牌电扇，由于产品小三线插头不符合安全标准，使用时整个电扇带电，酿成了石家两个孩子触电身亡的恶性事故。

新乐县消协受理此案后，进行了周密的调查研究，经商检部门检验，确认小三线插头不符合安全标准，质量不合格。经与厂家核实协商，做出了厂家赔偿受害者7000元，按有关规定交纳罚款1500元的处理。

国家标准计量局也因此通知全国各地经销单位停止销售该产品，并责令该厂停产整顿。这是新乐县消协成立以来受理的第一起大案。这起大案的成功解决，经媒体报道，新乐县消协名声大振。

走向成熟

犹如一株破土的稚嫩小苗，新乐县消协在各级领导的关心和呵护下，不断汲取着阳光雨露，苗壮成长。

1985年6月，中消协首任秘书长王江云到新乐视察市场建设情况时，不经意听到新乐于1983年就成立了一个消费者协会，感到非常吃惊和兴奋，立即派人专门赴新乐县消协进行参观、考察，同时指导县消协调整和健全领导组织机构。当年，新乐县消协召开第二次全体会议，经县政府批准，县人事局正式设立了消协编制，配备了5名事业编职工，聘请了20多名专业技术人员任理事。

组织的建设和完善，如同为新乐消协插上腾飞的双翼，让它在维权的天空更高、更快地翱翔。随着形势的发展，《河北省保护消费者合法权益条例》《消费者权益保护法》相继出台，消费者自我保护的意识也不断增强，新乐消费者协会也不断走向成熟。经过几代消协人的精心培育，新乐市消协已经由一株稚嫩的幼苗成长为一棵维权网络遍及全市各乡村、企业的参天大树。

（选自《大潮·口述："第一"的故事》，
中国文史出版社2018年7月版）

身份证的前世今生

阮清华

　　身份证是存储公民身份信息、证明公民身份的有效证件。我国身份证的发展历史，是近现代以来中国社会经济和科学技术发展的缩影；我国身份证的变迁，也见证和记录了中国近现代历史发展的过程。

　　近现代最早的身份证是马鸿逵为"防共"而"发明"的，系缝在老百姓上衣里的一小块白布，上书姓名、年龄、籍贯、职业、身高、面貌特征以及手纹箕斗形状等信息，后因国共合作抗战而不了了之。

　　中国近现代的身份证最早出现于民国时期的宁夏省，与马鸿逵有密切关系。1933年马鸿逵正式就任宁夏省政府主席一职，不久中央红军长征到达陕北，宁夏则成为"围剿"红军的主战场。为了"防共"，马鸿逵可谓绞尽脑汁。有一次他在读书时看到商鞅变法采用"照身贴"的办法来管理老百姓，深受启发，遂于1936年在宁夏推行"居民证"制度。马鸿逵所颁发的居民证是一小块白布，上书姓名、年龄、籍贯、职业、身高、面貌特征以及手纹箕斗形状等信息，基本具备了核查身份的各项要素。为了便于检查，省政府规定所有人都必须将这块白布居民证缝在上衣里面，否则轻则罚款，重则枪毙。但缝在衣服上的白布经常被洗涤，因此这种居民证常常因字迹模糊而难以辨认，失去核查身份的功能。此后由于国共合作抗日，马鸿逵的居民证制度也就不了了之了。

> 国民政府时期制发的是双页折叠式身份证，上面填写持有人的基本信息，有的贴上照片，无钱照相的则登记手指箕斗纹及体貌特征等信息，并盖有地方政府的印戳，颁发给年满18周岁以上国民。后因管理不善、乱象频发而遭到抵制。

抗战时期，国民政府在许多地方开始推行"国民身份证"制度，以便区别奸宄，但未能全面铺开。1946年，国民政府修正《户籍法》，明确提出"已办户籍登记之地方，得制发国民身份证"。同年6月，行政院颁布《户籍法施行细则》，对国民身份证的有关事项作了具体规定。1947年，国民政府开始制作双页折叠式身份证，上面填写持有人的基本信息，有的贴上照片，无钱照相的则登记手指箕斗纹及体貌特征等信息，并盖有地方政府的印戳，颁发给年满18周岁以上国民，这成为现代身份证的雏形。但由于国民政府推行身份证制度的初衷与马鸿逵如出一辙，都是为了防范共产党及其他革命者，而非为了保障公民权利和完善社会管理，因此在推行之初即受到各方抵制或冷嘲热讽。署名"黎民子"的读者在1946年《民主周刊》第三卷发表《略论"国民身份证"》一文，指出："政府举办（指推行身份证制度）的目的只为防止甚至排除异己，那就必然是一种苛政，同时也证明这政府之不孚民望。"作者认为这一制度甚至可以与"幽厉止谤，秦皇虐法"相提并论。

国民政府为了有效推行身份证制度，还颁布了一系列法律法规，明确要求年满18周岁的公民都需要申领身份证（有些地方如上海自行规定14岁以下的儿童也要申领身份证），同时规定凡公民住店、乘车等都需出示身份证，并随时派警突查，没有申领或未携带身份证者，一旦查实，将予以处罚。尤其是解放战争后期，随着形势日渐紧张，国民政府

对于共产党人和革命群众的防范更为严密；而随着经济形势的不断恶化，物资供应极为紧张，凭身份证购物成为进一步推行身份证制度的动力。然而国民政府在推行身份证制度的时候，却又面临人手和财力的匮乏，从而产生了诸多问题，甚至闹出不少笑话。1947年福州在给居民颁发身份证的时候，大量从社会上临时雇用失业人员填写身份证信息、贴照片，由于没有严格监督，导致差错百出：姓名、性别乱填，年龄不符合实际，照片张冠李戴等现象层出不穷。同样，在四川巫山，办理身份证的人为减少麻烦，事先将身份证印好，直接按保甲名册将姓名、年龄、职业等项填好，而不是当面询问居民具体情况。并且由于很多需要申领身份证的人穷困潦倒，无钱照相，因此只能以箕斗纹代替，但又因这一信息只能查看本人手指后才能知晓，办理人员"为免去招集人员加盖麻烦，在保上即由保丁代之，办完后收一笔身份证费，才发给人民"。也就是说，身份证上的箕斗纹是由办理人员胡乱填写的。但是在以后检查身份证的时候，箕斗纹不符即说明人证不一，"便认定是奸细而押起，甚至就地枪决"。如此乱象，竟成为民国时期的一种常见景象。

中华人民共和国成立后相当长一段时间，户口簿和介绍信暂代了身份证的功能，持有使用较为不便。

中华人民共和国成立以后，人民政府加强了对人口工作的管理，先后颁布并实施了一系列人口管理政策和措施。1950年，公安部颁布《关于特种人口管理的暂行办法（草案）》，开始对一部分有"敌特嫌疑"的人口进行重点管控。1951年，人民政府开始在城市中进行户口登记管理，并要求各户均置备户口簿，登记家庭人口之各项信息，户口簿由此成为城市居民家庭身份证件，个人亦得持户口簿办理有关业务。1955年，国务院发布《关于建立经常户口登记制度的指示》，要求全国城市与农村地区在1953年全国人口普查的基础上普遍进行户口登记工作，全面掌握全国人口状况。

随着全国基层政权的逐步建立与巩固，各项社会管理工作越来越正规化、精细化，需要户口证明或身份证明的事项越来越多。到1956年，一些大城市中，必须由公民出示户口证明才能办理的事项多达30余项。但当时没有公民个人证件可以作为户口证明使用，每个需要办事的人均须携带全家户口簿出行，这样显然不够方便。而在农村，许多农民家庭没有户口簿，农民需要证明身份的时候必须找基层政府开证明。

1956年，公安部召开首次全国户口工作会议，部署实施公民证的准备工作，这是新中国首次准备给全国居民发放身份证件。但是，随着我国农村粮食统购统销政策的实行以及"一五"计划的全面铺开，中央政府先后发布多个指示，要求严格劝阻、制止农民盲目流入城市。而农民个人一旦拥有身份证件，就更容易流动，因此刚刚提上议事日程的公民证准备工作在1957年5月即被叫停。

20世纪60年代初城镇人口大下放以后，人民政府强化了户口管理工作：城镇居民按户发放户口簿，农村依然以合作社为单位发放户口簿；农民个人和家庭都没有身份证件和户口簿，只是作为合作社社员与其他社员一起共有一个户口簿；合作社以外的农民则没有任何身份证件和户口簿。莫言小说《生死疲劳》中的主人公"蓝脸"，就因为是"单干户"，所以连户口簿都没有。

当时，若要证明自己身份，农民先要到乡政府开具介绍信或证明，城市居民要携带户口簿或到单位开具介绍信等，极为不便。同时，中央政府不断发布命令，严禁地方政府和单位随意开具介绍信或证明文件，因此开介绍信也变得十分困难。

改革开放后，"一代身份证"问世。人手一卡，标注持证人姓名、性别、民族、出生日期、家庭住址和有效期等基本要素，极大便利了公民的出行和相关事项的办理，也方便了对流动人口的管理工作。

改革开放以后，人口大规模流动已经无法阻止，公安部重新启动身份证发放工作。公安部高层认为使用身份证，"既可方便群众的正常活动，充分保障公民行使正当的权利，履行应尽的义务，又便于有关部门开展工作，有利于严密治安管理，保护国家和人民的利益，保证四化建设的顺利进行"。于是1984年4月6日，国务院正式公布了《中华人民共和国居民身份证试行条例》；1985年9月6日，第六届全国人民代表大会常务委员会第十二次会议通过《中华人民共和国居民身份证条例》，取消"试行"二字，并对试行过程中出现的一些问题加以改善。《条例》规定，全国年满16周岁的公民（军人、警察以及正在服刑的犯人和被劳教人员除外），"均应依照本条例的规定申领居民身份证"，宣告中华人民共和国成立以来真正意义上的"一代身份证"问世。

"一代身份证"上标注持证人姓名、性别、民族、出生日期、家庭住址和有效期等基本要素；其材质是聚酯材料，单页卡片，用15位编码，开头6位数字代表行政区划代码，每2位数字依次表示我国省（自治区、直辖市）、地区（市、州、盟）、县的名称，第7—12位代表本人出生年月日，第13—15位是顺序代码。身份证的有效期根据申领人年龄的不同分为10年、20年和长期三种。一开始，基本信息先由人工手写，然后再过塑。虽然制作工艺粗糙，但毕竟携带方便，且"人手一卡"，极大便利了公民的出行和相关事项的办理以及对流动人口的管理工作。

1986年11月，公安部发布《中华人民共和国居民身份证条例实施细则》，进一步明确了颁发身份证的基本原则以及如何申领、换领、补领身份证，并详细规定了身份证的使用、签发和查验等相关细节，进一步完善了我国的身份证制度。

"一代身份证"自1984年开始在北京试点，然后逐步扩大到其他大城市、中小城市，最后扩展到农村地区，分阶段分步骤地全面推行。到1991年底，全国7.5亿多人领到了居民身份证，"一代身份证"的颁发任务基本完成。

1989年9月，公安部先后发布《关于在全国实施居民身份证使用和查验制度的通告》和《临时身份证管理暂行规定》两个文件。前者决定自当年9月15日起在全国范围内实施居民身份证的使用和查验制度，要求公民外出"应当携带居民身份证，以备使用或接受查验""公安机关在执行任务时，有权查验公民的居民身份证，被查验的公民不得拒绝"；后者则要求年满16周岁尚未申领或因丢失、损坏身份证尚未补领的公民先申领临时身份证，临时身份证有效期分为一年期和两年期两种（1993年公安部新规定两种期限分别缩短为三个月和一年），其作用与居民身份证相同。

1996年1月1日起，公安部开始在北京等地发放采用全息透视塑封套防伪技术的新身份证，增加了仿制、伪造的难度，同时更便于公安机关查验和识别真伪。1999年10月1日，国务院发布《关于实行公民身份号码制度的决定》，规定将此前的"居民身份证号码"改为"公民身份号码"，将其作为每个公民从出生之日起编订的唯一终身不变的身份代码，新编码也从15位数增加到18位数：前6位数字仍然是地址码，是常住户口所在县（区、市、旗）行政区划代码，按照国标GB／T2260执行；第7—14位数字是出生日期，出生年份用4位数，其他照旧；第15—17位数是顺序码，表示在同一行政区域范围内同年同月同日出生的人编定的顺序，奇数为男性，偶数为女性；第18位数是校验码，可以用来检测身份证真伪。由于校验码是通过一个特殊的公式计算出来的，数字可能是0—10的任意一个，如果是0—9，就直接标注该数字，如果是10，就用字母X表示。

2003年6月28日，第十届全国人民代表大会常务委员会第三次会议通过《中华人民共和国居民身份证法》。该法以1985年的《居民身份证条例》为基础，取消了身份证申领者的限制性条件，进一步扩大了身份证的申领范围，即未满16周岁的公民也可以办理身份证；同时规定现役军人和警察亦可办理身份证，还删去了原条例对正在服刑和劳动教养的人由执行机关收缴其身份证的规定。《身份证法》规定身份证登记和储

存的信息更多，使用范围更为广泛；对于警察查验身份证作了限制性规定，即只有法律规定的情况下，警察在出示执法证件以后才可以查验居民身份证，而不能随意查验。因而该法的颁布和实施，更加适应社会经济发展变化的需要。

随着科技的发展，可机读的"二代身份证"等采用新技术的证件相继问世。

随着IT技术发展和社会进步，"一代身份证"只可视读、不能机读的缺点日益显现，而越来越多与公民生命、财产安全紧密相关的事项都需要使用身份证，这又为犯罪分子伪造、仿制身份证提供了机会。2001年，国务院决定换发采用非接触式IC卡技术的身份证。从2004年3月起，公安部正式开始为全国居民换发嵌有非接触式IC智能芯片的第二代居民身份证。"二代身份证"采用特殊材质制作，硬度比"一代身份证"更高，不易折损；芯片上采集了持有人的各项身份信息和人体特征，还可以通过机器识别持证人的身份，同时防伪性能大大提高，全国联网的居民身份证数据库也更便于有关部门对流动人口进行管理。从2004年开始，"二代身份证"在北京、天津、上海、深圳、长沙和湖州等城市试点换发；2005年全面推行；2006年6月公安部决定全国停止制发"一代身份证"，全部使用"二代身份证"；到2008年全国16周岁以上居民基本上都领到了"二代身份证"。在换发的同时，"一代身份证"也继续使用，直到2012年12月31日止。从2013年1月1日起，所有"一代身份证"停止使用，任何需要通过身份证办理的事项都直接通过机读"二代身份证"来办理，无法机读的一代身份证全部作废。到2009年底，全国制发"二代身份证"超过10亿张，全国16岁以上居民基本上普及了"二代身份证"。

2011年10月29日，第十一届全国人大常务委员会第二十三次会议决定修改《中华人民共和国居民身份证法》，主要是在身份证登记项目中增加了指纹信息，并对使用身份证的有关单位及其工作人员增加了保密义务，同时对违反相关规定的人员以及利用和伪造身份证牟利等事项增加了处罚规定等。

（原载于《纵横》2018 年第 7 期）

新中国第一批女投递员的光荣

胡美琴

　　1951年，北京邮局采用招考的方式从邮电职工子女中招收了128名新职工。我有幸成为新中国第一批女投递员中的一员，当时只有16岁。

　　1946年我12岁时，因家境贫寒高小未毕业就失学了。我妹妹6岁时患脑膜炎，留下耳聋的后遗症，后来上了聋哑学校。由于学校路远，只好由我每天接送。经请求校方同意，我也在聋哑学校旁听，并取得了毕业文凭。那年，北平刚解放，聋哑学校缺乏师资，我已学会哑语手势，于是经北京市教育局批准，在北京第一聋哑学校任一年级语文教师。

　　由于爸爸在北京电信局当话务员，我从小就想像爸爸一样当一名邮电工人。1951年初的一天，爸爸回家说邮局要招考女投递员。我听了后高兴极了，要去报名，妈妈不同意，说："放着老师不当，要当什么邮差？这么大的丫头整天在大街上跑，还要挨家挨户地串，往后怎么找婆家呀！"我们是满族人，妈妈的封建思想比较严重，说什么也不让我去。眼看报名截止时间越来越近，心里很着急，急中生智，就去磨爸爸。还是爸爸了解女儿的心思，终于做通了妈妈的思想，答应我报考女投递员。经过考试，我被录取了。当接到邮局的录取通知书时，我举着它高兴得跳起来。

　　3月1日，我来到市邮局报到上班。当时招收的女投递员有傅忠敏、周文莉、胡秀溪、赵长华、鹿梦霞、马瑞敏和我七个人。市邮局领导同志组织我们学习，鼓励我们努力学习业务，好好工作，为妇女、为北京邮政争光，为今后有更多的女同志做投递工作开辟道路。

我们姐妹七个人，傅忠敏最大，都叫她傅大姐；赵长华最小，都把她当成小妹妹。我们都有一个心愿，要当好新中国的女投递员，绝不掉队。

做投递工作，必须会骑自行车，可大部分人都不会骑。怎么办？下决心练。于是每天除学习外，就到天安门广场练车，男同志也来帮助我们。当时，用的是日本富士男车，后边的货架很宽，呈四方形，中间有四字格，每当一迈腿碰到货架上下不来时，就会连人带车一块摔倒在地上。我们跌倒了爬起来，咬紧牙关接着练。一天下来，两条腿上磕得青一块紫一块的，全身就像散了架似的，可心里却乐滋滋的。那个时候，连夜里睡觉做梦也想到练车。

3月8日，我们正式上班了。一大早，我梳好头，穿上绿色制服，戴上八角帽，扎上皮带，整整齐齐地去上班。当我走进市邮局大楼的楼道，就遇到几位老同志瞪着大眼上下打量着我，议论说："我在邮局干了一辈子，从来没有见过有女的穿绿制服的，真新鲜，这能行吗？""如今虽是解放了，可大姑娘满街跑，挨门挨户送信，多寒碜呀！""送信得喊，大姑娘家的，张得开嘴吗？"是呀，要按封建礼教那一套，女子是大门不出、二门不迈，可现在我们不但要天天出门，还要进东家串西家。过去想都不敢想的事，今天已成为现实了。

我们七姐妹在三楼工会旁边的学习室集中以后，市邮局有关单位领导同志带领我们来到市局投递组，介绍我们和大家见面。投递组有40多人，组长是王又彭同志，他要求老同志要像对待自己的孩子那样爱护我们，帮助我们尽快学会业务，担当起工作责任。王又彭同志给我们七个人分配了师傅，我的师傅是张振铎和金振樵两同志，他们都是50多岁的老职工。师傅问我："姑娘，你干这个工作行吗？"我信心十足地说："行！""这大白天，好天好道儿的行，可一到三九天，天冷路黑，西北风一刮，你就该哭着喊妈了。""师傅，只要您好好教我，我一定很快学会道段，誓为妇女开辟道路，什么困难我都

不怕。""好，那咱们一言为定，我一定无保留地教你。"师傅见我很勇敢，就愉快地答应下来。

1951年"三八"节那天，我们跟着师傅实际操作。我跟师傅负责的地段是以西交民巷为中心，往南是辇儿胡同至顺城街，往北是临天安门的垂露胡同和桃竹胡同，西至和平门里北新华街，东至公安街。先进行室内操作，按道上行走的路线排信，遇有挂号信就反着排（那时挂号条贴在信背面，反着排是为了防止误当平信投出），遇有印刷品圆卷儿要翻过一封平信，防止漏投，盖名戳要挨着日戳，边盖边数数，以防止漏盖日戳。室内作业完毕后，就出班上道。当来到机关时，收发室的同志们都瞪着眼睛看我，有的同志还关心地问："干这行儿行吗？可够辛苦的。"送到住户时，人们都投来惊奇的目光，有的用户说："今后我们的信由这姑娘送啦？"赶上老大妈出来接信时，拉着我的手说："姑娘，这活儿可累呀！受得了吗？""大妈，不要紧的，我能行，您放心吧。"

出班时，我们还举行了集体出班仪式，局领导和同志们都在大院里观看，把我们七姐妹围在中间，摄影师跑前跑后拍照。随后，我们这支神采奕奕的"绿色娘子军"出发了，先骑车来到天安门广场绕一周，然后奔赴各自的战场——投递段。

那天，同时出现在首都大街上的还有北京电车公司的六名女司机和北京汽车公司的一名女司机。这一天，我们七名女投递员参加了中共北京市委、团市委、市妇联、市总工会召开的座谈会，会后又参加了在棋盘街举行的女电车司机开车仪式，并应邀乘坐女电车司机开的挂着红彩绸的电车，环城转了一圈。打那以后，我在道上见到她们开车，都相互点头打招呼。

我和傅忠敏同志曾代表女投递员参加《中国青年报》为纪念"三八"节举办的各行各业女职工座谈会，会上见到了新中国第一批女飞行员、女电车司机和女汽车司机，使我深深感到新中国的妇女真正得到了解放，各行各业都有我们姐妹为祖国为人民辛勤劳动。当时《人民日报》《工人日报》《中国妇女》《中国邮电工人》等报刊，都多次报道新中国的第一批女投递员。我一定要向这些英雄姐妹们学习，努力做好投递工作，在不同的岗位上共同努力奋斗。

当时市邮局还召开了全局欢迎新同志的大会，局长成安玉同志主持大会，邮电部部长朱学范参加了大会，邮政总局苏幼农局长讲话。我代表我们七名投递员上台表决心。

我们很快就学会道段独立工作了。那时每天要投递四趟，上下午各投一趟报纸、一趟信，两人一段倒班走。早晨的报纸和信件要在机关8点上班前送到。我们每天早晨5点半上班，先骑车到王府井南口人民日报社取报，每人一捆（每捆1000份，重50斤），然后进行数、分、拆、套等室内作业。为了好拿，并避免拿重张，一摞一摞的错开成小山形。车把前的报兜装得满满的。大梁中间还挂一个三角兜子，后边搭个捎马子，车轮两边再一边一个兜子。那年月冬天比现在冷多了，要穿上厚厚的棉短大衣，戴上狗皮帽子。我每天投递报纸1400多份，为了不捏重张、拿得快，不戴手套。刚出门一会儿手就冻僵了，待送过几户以后就不冷了。那时候北京的街道土路多，遇上刮风下雨，道路坎坷，遍地泥泞。我个子不高，常常在过泥坎时，连人带车跌在泥水里。冬天下雪一不小心，前车轮子就蹭到电车轨道沟里，卡住出不来；特别是过北海公园至北京图书馆之间大桥（当时大桥形似罗锅，两边只有半身高的石护栏），真是提心吊胆，把握不好就要翻跟头。当时编了个顺口溜："雪天出班要注意，骑车不要打足气，下坡别捏闸，上坡推着走。"

后来因报纸出版晚，实行信报合投，有时要送到晚上七八点钟。夏天还好办，一到冬天黑得早，加上当时许多街道没有路灯，得摸黑投递，困难是可想而知的。我们在自行车前轴上挂个小煤油灯，为了核对门牌，要举起灯踮着脚照石门牌。煤油灯常被风刮灭，送一趟信不知要点多少回。不管业务量有多大，我都从不马虎，每当发现有错投或漏投时，不管多晚，都要把错儿找回来，以保证投递质量全红。

每到收报费时，就要连轴转。中午没时间回家吃饭，妈妈给我烙几

张饼，回局吃完后，就赶到用户家去收报费，并趁机与用户商定投递信报的办法，以加快投递速度，方便用户。对一些特别户，住在大杂院后院的住户和行动不便的老人，我就跑进去送到屋内或炕头。时间久了，我了解了谁家的姑娘儿子在哪儿工作，每月什么时候寄钱来，收到汇款或逢年过节寄来包裹，就代取了给他们送去。遇有不识字的老人，便给他们念信。这些做法，深受用户的欢迎。

为了适应工作需要，1951年5月市邮局又从社会上公开招收业务员和投递员各50名，其中又有7名女投递员，她们是罗淑珍、许明媛、张秋云、冯月琴、赵淑美、郎慧英、郎爱芳（已故）。为便于管理，把我们女投递员全部集中到市局投递组，担负内城8个道段的投递任务。我们先入局的7个人成了师傅。大家热情很高，空班或休息时，都互相跟道学习，每个同志都会几股道。这时领导上叫我、傅忠敏和赵长华做替班员。

我们入局后，受到局里党政领导同志的关怀和鼓励，请最好的师傅教我们业务和带道。苏幼农、成安玉、白一萍、崔峄等领导同志经常给我们做报告，上政治课，讲国际国内形势，讲革命英雄和先烈的光辉事迹；讲邮政通信的重要性，教育我们热爱本职工作，全心全意为人民服务，不要辜负党和人民的期望。

1953年4月28日，我终于加入了伟大的中国共产党。我们14个女投递员中，有11人入了党，3人入了团。

经过两年的实践证明，女同志完全能够胜任投递工作，因此在1953年9月又招收了24名女投递员。这批女投递员，经过培训和实习，分配到一支局和六支局。1951年入局的女投递员，在党的培育下，逐渐成长起来，在投递工作上做出了成绩，为新中国的女邮政职工树立了榜样。罗淑珍同志就是突出的代表，她多次被评为劳动模范。1954年3月，因工作需要，我被调到市邮局投递处做统计工作。

革命自有后来人。1982年2月，我女儿考入邮局，也当上了女投递员，沿着当年我走过的路继续前进。

时光过得飞快，一晃几十年过去了，女投递员不断增多，队伍不断壮大，已成为北京邮政岗位上的一支生力军，为首都的邮政事业作贡献。

（选自《新中国往事·"第一"解读》，
中国文史出版社 2011 年 1 月版）

生意做到联合国的经历

陈加枢

    坐落于温州苍南县的金乡徽章厂，自1983年诞生至今已走过22个不平坦的年头。金乡徽章厂从制作校徽开始，不断参与市场竞争，不断排除险阻、克服市场困难，现在已成为一家每月可开发几十个新品种、一年能制作几十万个种类产品，在全国徽章行业中首屈一指的大型徽章企业。

    金乡徽章厂生产的各种徽章、标牌证章、挂饰、卡片、军警徽佩、纽扣、景泰蓝、仿玻璃等工艺品工艺均达到国际水平。多年来，金乡徽章厂为国家机关各种重大活动制作过徽章标识产品；为亚运会、东亚运动会、全国残运会和世界杯足球赛制作过纪念章等纪念品；为江泽民主席访美制作过纪念章，为驻港驻澳部队制作过服饰，为西藏、内蒙古自治区制作过庆典纪念品；此外，还成功地为联合国维和部队以及美国、英国、俄罗斯、沙特阿拉伯、阿根廷、老挝、日本等国军警界制作过100多个品种的各式徽章、服饰标志。

    金乡徽章厂被总后军需装备研究所授予"科研试制基地"称号，同时还是武警部队、国家海关总署、国家进出口检验检疫局、铁道部、卫生部、环保局、最高人民法院等部门的服饰徽章定点生产厂家。

    金乡徽章厂创造的辉煌业绩曾几度轰动新闻界。中央电视台、新华通讯社、《人民日报》《报刊文摘》《新民晚报》《解放军报》《浙江日报》《钱江晚报》、香港《星岛日报》《大公报》《商报》，各省、市电视台以及美国《纽约时报》等国内外媒外均报道过金乡徽章厂的创业奇迹。

金乡徽章厂的发展走过一个从创业到挫折、再从挫折到崛起的艰难历程。

第一部曲："家庭作坊"脱颖而出

我1956年出生在浙江省苍南县金乡镇一个农民家庭。1975年，我应征入伍，在铁道兵某部当了一名文艺兵；1979年退伍返乡。我原以为可以到文化部门找到适合自己的工作，然而，第一次报名到文化馆没有被录用，之后县里招干报名考试又差几分而名落孙山。

20世纪80年代初，改革开放的春风吹到东海之滨。当时正是金乡镇家庭工业蓬勃兴起的时期，校徽、标牌、纪念章等小商品生产遍及千家万户。在朋友的劝导下，我加入了走南闯北的推销员大军，扛起背包推销徽章。

凭着在军队里锻炼出来的胆识，我决定到上海闯一闯。1981年春，我带着校徽样品只身来到上海，但折腾了一个星期一无所获，随即便坐了十几个小时的长途汽车，转到山西太原。想不到在太原矿务局，我收获颇大，一个星期下来订到了7000元的校徽业务。仅此一笔业务，就净赚了3000元。这是我踏上社会开始新生活的第一站，也是我从事徽章生意掘到的第一桶金。

我由此乐观地看到徽章行业的发展潜力，预见到了徽章市场有利可图的发展前景。金乡镇是有名的制作徽章之乡，当时的家庭徽章加工点、小作坊多如牛毛，相互之间的竞争也十分激烈，我决定自办工厂制作徽章以取得竞争优势。

1983年5月，当时才27岁的我与潘昌昆、夏德荣、廖洪良4个朋友集资2万元，购置了冲床、压力机等一些旧设备，并到上海邀请师傅传授技术，开始叮叮当当地办起厂来。这是金乡镇第一个走出家庭作坊用机

械设备生产徽章的厂家，当时我这徽章厂尚无厂名。

为了企业的发展，我厂推出了扩大生产规模、改变简陋落后的生产方式等一系列改革措施。这些措施使我如愿以偿地实现了两个目标：一是当地徽章加工作坊纷纷归入我厂；二是我厂产品质量上了新台阶，徽章生意越做越大。1985年，徽章厂的几位股东又合伙投资了29万元扩大生产规模，招收了70名工人。"金乡徽章厂"正式登记挂牌。

金乡徽章厂的产品逐步走出苍南，冲向温州，推向上海。1986年9月23日，金乡徽章厂在上海外滩如意酒家举办了有300多个品种的产品观摩会。邀请了300多位来自宁、沪、杭等地的客人，近20名新闻记者前来采访。据说，在该酒家举办如此大型的观摩会只有两次，一次是一位华侨，另一次就是我厂。

民营的金乡徽章厂在上海摆开"擂台"，向全国的同行大厂公开挑战！

我以为，一个厂家要出类拔萃，重要的是敢于挑战！具体而言，挑战的内容是：一比质量；二比价格；三比信誉；四比速度……这次观摩会期间，一些厂家当场就要求订货。上海步云胶鞋厂供应科长要求订购30万只铝质鞋扣，我厂当场拍板，价格比上海有关厂家便宜30%；上海崇明电热器厂要求在10月15日前送审商标样品，我厂表示保证提前送审并免收制版费；上海五湖海洋服装商店提出订一批邮电帽徽，我厂承诺每枚价格比上海大厂便宜0.3元……上海电视台把这个"擂台"实况在新闻节目里连播了5次，自此我厂声名鹊起，上海和国外的客商纷纷登门订货。

第二部曲：股东分歧陷入危机

但正当金乡徽章厂需要加大投资、加强规范管理、实行机械化生产时，股东们在发展思路上产生了严重分歧：有人主张保持现状，"小脚女人"式慢慢地往前走；有人只重眼前利益，主张捞一把就散伙……观念不同,人各有志,意见不一,于是金乡徽章厂管理松弛,生产形势急遽下滑,市场也日趋萧条。到1987年底,厂里一度混乱不堪,产品在日益激烈的竞争中屡屡败北,甚至亏损了10多万元。

面对这一局面,经过股东商量决定,以35万元转让徽章厂。有个股东在会上表态说:谁要徽章厂,自己情愿拿出两万元倒贴给他,当时居然没有一个人敢接手。我见此情景,毅然决定收购徽章厂,企业所负债务由我偿还。

我接管金乡徽章厂后,在原有的基础上重新恢复了生产。此时我单枪匹马,一年到头辛辛苦苦东跑西奔,重新寻找过去的旧客户,建立新客户,然而并不那么顺利。好不容易接来了几批生意,也因产品质量不过关而接连被退货。给上海亚洲刀厂加工的刀具配件洞口对不准,表面氧化颜色不准和点漆不均匀;给烟台木钟厂生产的时钟配件运输时划伤出现裂痕……各厂家的经办人纷纷赶到金乡要求我厂赔偿损失,我陷入了从未有过的困境中……

好心的朋友劝我说:"加枢,算了吧,你就死了这条心吧,把厂子卖掉去找个安稳的工作吧。"

反思再三,我领悟到,要想使企业走向重生之路,要使产品重新占领市场,就要开拓创新。于是,我厂引进了一批先进的大中型冲压、氧化、上色等设备,在硬件上创造条件;与此同时我还派人到上海"卧底",广揽人才,以高薪聘请了两位精于开模、氧化的高级技师。此举大大地提高了我厂的制作工艺水平。

同时,我厂制定了管理制度、财务制度、供销制度、公共场所制度等各种规章制度,并对工人实行资金风险抵押制,把风险渗透到每个人。经过这番努力,金乡徽章厂终于在1988年扭亏为盈。

第三部曲:遭遇骗局,反成机遇

1990年,金乡一个业务员来到徽章厂,找到我说自己从北京亚运会

集资部订到第十一届亚运会100万元的纪念币合同，要求金乡徽章厂生产。生产这种纪念币对铜质材料要求极高，只有油压机方可生产，而当时金乡尚没有这种机器。我花了1万多元从洛阳购进一批优质钢材，经过七昼夜努力，克服抛光、鼓背等技术难关，终于试制出了样品。然而，我厂将第一批2000多枚纪念币交给业务员后才发现，这是一个骗局，原来那个业务员也是被人骗了。

怎么办？人同此心，我将业务员预付给我厂的6万元定金主动退还大部分，并帮助他推销已经生产的纪念币。同时我又觉得，这说不定是一次机遇，于是就四处派人捕捉亚运会纪念品的生产信息。

后来我从有关部门了解到，"亚运会开幕式纪念章"原先已交韩国某厂家生产，但拖延了两个多月仍未拿出样品，于是有关部门改变初衷，准备让技术、设备力量雄厚的广东顺德某中外合资企业生产，但因每枚的定价要3.50元，价格太高未能拍板。获得这一信息后，我预算后决定以每枚2.50元的定价上门竞争。北京市亚运会集资部负责人亲自审看了我送去的样品，他们会同几位专家经过两个小时的专门讨论，一致认为金乡徽章厂的样品价廉质佳，尤其是丝网印刷堪称一流，甚至超过了上海、北京等地的名牌徽章厂家。这样金乡徽章厂终于获得了50万枚"第十一届亚运会开幕式纪念章"的生产任务。

第四部曲：挥"戈"海外，连奏凯歌

1991年，我到上海徽章厂参观时，偶然碰到在该厂考察的美国军需品公司——格林公司的董事长巴力·丁·斯坦先生。在交谈中我得知，巴力先生来上海是准备在中国大陆寻找生产美军军徽的合作伙伴。我想，这岂不是我厂走向世界市场的一次商机？当然不能放过！于是我主动出击，欣然向巴力先生详细介绍了我厂生产管理等方面的情况，同时力邀巴力先生到金乡徽章厂参观。他不置可否，两个星期后巴力先生突然出现在金乡徽章厂。参观完后，他没有表态便匆匆离开了。又过了两个星期，巴力先生再次突击性地考察了金乡徽章厂。最后，他带着美国100多个品种的军徽、肩花、领花、背徽、胸章交给金乡徽章厂制作，并将美国50个州所有警徽警花的长期业务交给我们。签完合同后，巴力先生笑着对我说，他已解除了原来在日本和中国台湾生产军徽的协议，因为金乡徽章厂的价格和技术都占了上风。

美军军徽产品要求高、期限紧、风险大。但我认为，无论业务要求多么苛刻，我们都要全力以赴！于是全体员工一起加班，一丝不苟地完成了交货任务，巴力先生非常满意。

为联合国维和部队做徽章

做生意"诚"字最重要，这是拿到项目的关键。1993年春节，一位温州华侨从美国给我打来电话提供信息：美国警察总署要更换警察军服。当我向美国警察总署长官阐述意向时，美国人认为中国人不可能做出一流的标章。我向他们说："中国有句古话：'耳听为虚，眼见为实'，请你们派两位专员到中国来看看，费用我们全包。"在我的真诚邀请下，两位美国警察总署专员来到金乡徽章厂。工人当场表演了从投料到成品只需要35分钟的生产过程，美国人深为叹服。几天后他们带着100副样品回国，不久68万套标章的买卖成交。

让我想不到的是，由美国警察总署介绍，不久联合国秘书处发来信函，询问我厂能否保质保量地完成联合国维和部队军徽的生产任务。经过一番价格谈判，我厂顺利地拿到这批业务。之后，金乡徽章厂又先后接到了为英国、俄罗斯、沙特阿拉伯、阿根廷、老挝等国家军警生产制作军警徽章的业务。

今天，金乡徽章厂的办公室已成为联合国各国部队的军徽陈列室。从1991年至今，到底生产了多少枚军徽，我自己也记不清了。

为人民解放军做徽章

我厂为联合国各国部队生产军徽的消息，经有关媒体报道后引起了

中国人民解放军总后勤部的关注。1993年初，解放军开始研制跨世纪新一代军服。此时，金乡徽章厂以其精湛的工艺技术和良好的企业声誉，已成为一家专业生产徽章、纽扣、工艺品的大型企业，全国政协主席李瑞环也亲自来视察。1994年初，解放军总后军需装备研究所派出科研人员专程来金乡实地考察，决定由金乡徽章厂担任全军跨世纪军服服饰、标志式样生产任务。

经过前后三年反复地试制打样，我们终于成功地完成了式样，并得到军委主席江泽民的认可。金乡徽章厂最终与总后勤部签订生产合同，落实了第一批新军服系列服饰的生产任务。1997年7月1日，驻港部队佩带着金乡徽章厂制作的服饰标志，首次在香港向世人亮相。

之后，国家几个部委闻讯相继找到金乡徽章厂……

为江泽民访美做徽章

1997年，国家主席江泽民第一次访问美国。10月30日至31日，江主席和美国总统克林顿出现在纽约时，他们的胸前佩挂着一枚由中国国宝熊猫和美国国鸟白头鹰图案构成的纪念章，这个胸章就是我厂制作的。

故事还得从头讲起。是年8月，温州市委书记率温州市政府代表团访美。在美期间接受了美国江浙工商会荣誉会长章爱龙先生主持设计的徽章草图。浙江国际广告公司根据草图三易其稿，并传回美国征求意见，最后下达给金乡徽章厂在20天内完成制作。

原来在这枚徽章背面的设计图上有"恭祝江主席访美成功"和"中国浙江金乡徽章厂特制"两行字，为了突出前一行的内容，我取消了自己厂名的字样。

为两次世界杯做徽章

1994年，第15届世界杯足球赛在美国举行。这次世界杯的系列徽章也是我厂制作的。当时从台湾赶来的美国客商慕名而来到金乡考察，硬是决定将38万枚的景泰蓝章业务从台湾拉到金乡来。这套系列徽章业务数量不算大，但有38个品种，而每枚徽章的颜色不少于10色，全部是采用手工生产的。

新世纪第17届世界杯足球赛，分别在日本和韩国举行。这次金乡徽章厂承接的共260万枚徽章制作任务，是日、韩两国客商先后主动找上门的。先是两名韩国人。他们一直认为，台湾地区制作徽章历史悠久，并在国际上有一定的知名度。但当他俩从台湾地区来到金乡考察时，中介人认为金乡徽章产品质量好、价格便宜且工厂信用好，主张放在此地生产。但另一名韩国人则主张要在台湾地区生产。于是两人在考察中争论不休，互不相让，险些动起粗来。最后中介人坚定表示：在金乡制作，出问题我负责！等到小样打出来后，原来不同意的那位韩商，也满意地把20万枚徽章的订单交给了金乡徽章厂。

韩国人走后，紧接着日本商务界代表田中英治跟踪而来。日方把240万枚画面构思巧妙的徽章交给我们生产。那些日子金乡徽章厂真是喜事连连，北京有家知名外贸公司也将计划于世界杯期间在韩日推出的金属啤酒开委托我厂加工生产。

我是个军人，要以军人的毅力和品格将小小徽章做得精湛无比；我是一个生意人，要以商人的诚信和智慧把小产品做成大生意，把业务做到联合国总部、再延伸到世界各国，把金乡徽章厂办成当今世界徽章行业的大企业。

这不仅是我的人生憧憬，也必将会是未来的事实！

（选自《新中国往事·改革纪事》，
中国文史出版社 2011 年 1 月版）

建国初期扫除贪、毒、娼、赌的回顾

高士振

被人们深恶痛绝的贪、毒、娼、赌四害虽在中国横行了千百年，但到了新中国时期，却被伟人毛泽东运用人民战争这一法宝连根拔掉，横扫殆尽。半年惩腐打"老虎"，三年禁烟铲毒，封闭妓院，狠刹赌博风，真是举世惊闻。

反贪惩腐发动"打虎"

新中国成立的欢呼声还在神州大地上回响着，深谋远虑的毛泽东为了取得充分的反贪惩腐之证据，早就对一些省市及有关部门的领导打过招呼，要及时地将本地区暴露出来的腐败现象报告中央。东北沈阳市的报告将党员干部的腐败现象归纳了六种：第一种是，利用职权包庇逃亡地主、漏税户、私商及坏分子等，从中接受请客送礼、索取钱财；第二种是，沿袭旧社会的恶习，大搞回扣，大搞婚丧嫁娶、过生日、生男育女、过满月等送情送礼；第三种是，盗卖公物，窃取公款；第四种是，贪污搞鬼，投机倒把；第五种是，腐化堕落，追求金钱美女；第六种是，巧立名目，敲诈勒索。每一种现象都列举了几个和十几个突出事例。北京的报告讲的是：中央人民政府系统的27个单位已发现贪污人数达1670人。工业部化大公为小公的金额达730亿元（旧币，下同），重工业部有的领导为下属厂假造开支503亿元等。看到这些触目惊心的腐败现象，毛主席被激怒了，沈阳、北京如此，全国其他地方肯定也是如此！新中国岂能让这些蠹虫蛀掉，毛主席愤然写下了"根除腐败，反对贪污"。不久，新疆也送来了一份报告：有位叫陆红的科长，因工作不认真，在抄进口订货电报时误将"3吨"抄为"300吨"，结果使多进口的297吨牲畜防疫药品变成了废物，使国家损失达40多亿元。据有关报告透露：军委后勤系统和铁路系统共损失汽油7000余吨，上海各纺织厂因管理不善而造成的浪费达1500亿元。更奇怪的是，中国茶业公司副经理黄国光、总技师胡浩川已察觉到译电人员误将米茶砖译成了黑茶砖而没有及时纠正，使黑茶砖大量积压，仅积压资金利息一项就使国家损失达22亿元之多。上海粮食公司因领导存有严重的官僚主义，造成1000多万斤大米霉烂变质。东北铁路系统因官僚主义而造成上千亿元的材料积压无人过问等。"官僚主义害死人，误国又误民"，毛主席把贪污、浪费、官僚主义称为三大公害，决心发动全党全军全国人民共同讨伐。一向相信人民群众、依靠人民群众的毛泽东，把检举、揭发、处治贪污行为称为"打虎"，连续发布了300道"猎虎令"，要求各级领导必须亲自督阵，必须发动群众，依靠群众，积极带头，自报公议，坚决执行"坦白从宽、抗拒从严"的政策，打尽"大老虎"（贪污1亿元以上的），抓尽"小老虎"（贪污1000万元以上的），从而大大激发了全国人民的"打虎"勇气与信心。毛主席亲自挂帅，全力以赴地指挥全党、全军、全国的三反运动。为了夺取这场关系到共产党生死存亡的战役的全面胜利，他废寝忘食，通宵达旦地起草各种文稿，批阅各种文件，不断发电发文各大局、各军区、各部委、各省市委及有关部门，他亲自制定方针政策，交代具体任务，明确指示办法，督促落实。周恩来总理代表毛主席向全国6亿人民发出了"一定要在6个月内彻底铲除腐败"的战斗号令，顿时，一场空前的反贪污、反浪费、反官僚主义的三反运动以摧枯拉朽之势席卷神州大地。周恩来总理第一个披挂上阵，他召开了中央、华北、京津等地的几千名高级领导干部的"三反"动员大会，并全力协助毛主席，使三反运动健康发展。西南军区司令员贺龙闻风而动，

立即到第一线发动群众，调查案件，狠抓"大老虎"，把运动搞得有声有色，得到了毛主席的表扬。天津市市长黄敬，深入群众之中，微服私访，听取意见，并设立了市长信箱，接受各界检举贪污、行贿等腐败行为。群众的信件像雪片般飞到了他的手里，使他迅速查清了一大批大小"老虎"。北京市市长彭真、中央人民政府节约检查委员会主任薄一波、公安部部长罗瑞卿、司法部副部长李木庵、全国总工会副主席刘宁一、纺织工会全国委员会主席陈少敏等一大批中共高级领导人，不但亲临第一线督战，有的还带头自查公议，效果都非常好。人民真正发动起来了，北京一天就收到检举材料万余件；天津仅在一次检举大会上就收到检举信3万余件；上海在一天时间内就列出了贪污行贿案4000多件。武汉有20多万群众收听了检举大会的广播；天津4万多店员举行检举会200多次；北京电业局连续3天围攻"大老虎"，大获全胜；太原举行几万人的打虎大会；沈阳市工商局的领导，深入所属各单位发动群众，结果共揭发出了本系统有贪污行为的人3629名。公安部行政处处长宋德贵，在群众的揭发中被抓出来了，这位身为共产党员的中层干部，利用职务之便，使部下捞了一大笔油水，他就得了1.6亿元的礼物和1.3亿元的现金。尝到甜头的宋便勾结该处的副处长、副科长等人，在包运国家木材中采取违章多装、脱手倒卖、大搞回扣等，大发横财，并把贪污来的钱买人参、鹿茸等贵重补品尽情地享受。为了钱他最后发展到窃取公安部的公章，准备到广州做外汇生意，到东北鞍山去盗运钢铁。武汉市副市长易吉光，是一位有20多年党龄的老革命，但当了大官后，他腐化享乐思想极为严重，烟要抽最贵的，房子要住最好的，车子要坐最新的；他单设警卫班、工作组、公务员等，共有42人来侍候他，他还动不动呵斥事务员们不会照顾首长；他压制民主，打击报复敢于提意见的同志，他说"工人是流氓"；他还利用职权滥用公款，仅用在日常开支上的就有2.2亿元；他还曾提取社会事务费近3000万元，用于修饰洋房等；还曾私自动用公款5000多万元为其妻买吉普车；他还盲目办纱厂，使国家损失20多亿元。令百姓更气愤的是，原天津地委书记刘青山、天津地区专员张子善共贪污盗窃国家资财达171亿多元，成为新中国职务最高、数额最大的第一大贪污案。这两位昔日的英雄，没有被敌人的炮弹打中，却被资产阶级的糖弹打倒了。为了显示中国共产党惩治腐败的决心，毛泽东亲自批斩了刘、张二人，顿时举世震惊，海内外众多新闻媒介都作出了迅速反应，各报纷纷发表文章："没想到刚进城的共产党惩治腐败有如此之大的决心，更没想到竟是毛泽东亲自批斩的，看来共产党绝不是国民党，他们是不会腐化的。"有的说："为了共产党的命运和新中国的前途，毛泽东掀起了声势浩大的三反运动，并施以'巨型爆破'，这在中国历史乃至世界历史上都是绝无仅有的。"就连一些右派报纸都惊呼，"看来毛泽东得人心也，中共坐天下也"，云云。

经过半年暴风骤雨式的"打虎"运动，1952年10月25日，毛主席宣告三反运动胜利结束。据统计，全国共查出有贪污行为的党员干部及工作人员达百余万，有6万多党员受到党纪与行政处分，有2万多党员受到开除党籍的处分，有9942人被判处有期徒刑，有67人被判处无期徒刑，有9人被判处死缓，有42人被判处死刑，其中省级或相当省级的领导干部有25人被撤职、查办、法办，地委级或相当地委级的领导干部有576人撤职、查办、法办。"三反"斗争使全党、全军、全国人民受到了一次极为深刻的惩腐倡廉教育，同时荡涤了旧社会遗留下的污毒，纯洁了党的队伍，健全了党的肌体，开创了我国良好的党风、政风、民风的新纪元，写下了中国共产党反贪防腐的最光辉一页。

禁烟清毒　铲除毒瘤

蒋介石带着几百万残兵败将逃到台湾去了，但他却给大陆留下了几百万种烟、制毒、吸毒、贩毒的毒犯"大军"。这些毒犯"大军"对新中国的政权和社会治安是一个极其严重的心腹之患。毛主席以非凡的胆略与伟人的气魄，决心铲除毒害中国数百年的烟毒。他要求人民政府要把彻底查禁鸦片烟毒作为头等大事来抓，要发动广大的人民群众检举揭

发，要禁种、禁制、禁运、禁吸四管齐下；要稳、准、狠地打击首恶分子，挽救多数，一定要在3年之内彻底铲除烟毒，决不能留一点隐患。周总理根据毛主席的指示精神，立即组织了有关人员拟定了严禁鸦片烟毒的草案，得到毛主席同意，并于1950年2月24日，政务院第二十一次政务会议审定通过。周总理于当天代表中央人民政府向全国发布了"关于严禁鸦片烟毒"的通令。通令号召全国各省、市、县的人民政府迅速成立禁烟委员会，广泛开展禁毒宣传，提高广大群众对烟毒危害的认识，起来检举揭发种烟、制毒、运毒、吸毒的一切违法犯罪行为，在全国范围内进行一场铲除鸦片烟毒的人民战争。通令还指出，各级政府要限期烟民登记，并上缴烟毒和烟具。各地都要成立戒毒所，要强行瘾民接受戒毒。要组织烟民参加劳动锻炼，恢复他们的身心健康。

中央发号令，全国齐响应。从东到西，从南到北，省长、市长、县长都亲自挂帅，并根据本地区的实际情况，迅速制定出了坚决贯彻执行中央通令的实施决议，层层下达，省长抓市长，县长抓镇长，乡长抓村长，一级抓一级，一抓到底。还充分运用广播、报纸、幻灯等舆论工具，大力宣传中央及地方的禁毒通令与决议、烟毒危害和戒毒须知等。不少省、市、县还组织了以工人、学生、居民等积极分子组成的禁毒宣传队，深入城镇、街道、工厂、学校、农村进行各种生动形象的戒毒宣传和演出。如安徽芜湖市组织了2000人的宣传大军，对20多万群众作了直接的宣传。有的省、市、县还向重灾区派驻了工作组，他们以点带面，依靠群众抓线索，总结经验，宣传典型，促进后进，打击顽固派，严查大案，如广东潮汕专区有几十万人投入工作。有的省长、市长、县长还亲自召开群众座谈会、主持控诉大会、坦白检举大会、宣判大会等，如安徽安庆市先后召开各类大会8600多次，有160多万人参加。全国各地都灵活地运用中央禁烟通令和地方戒毒决议，贯彻争取多数，打击首犯，严查宽办等方针政策，一场既轰轰烈烈又扎扎实实的禁烟运动在全国如火如荼地开展起来了，妻子揭发丈夫，妈妈揭发儿子，女儿揭发妈妈，父亲揭发儿子，孙子揭发爷爷，帮工的揭发老板等，中央的禁毒通令已变成了广大人民群众的积极行动，由此出现了很多感人的情景。有一位年仅13岁的少女，哭着向工作组控诉她的父亲为了获取买鸦片的费用，多次逼着她卖淫换钱的丑闻。有一位结婚不久的年轻人，因烟毒很深，花费甚大，不长时间就把万贯家财变卖一空，最后他把主意打在他年轻漂亮的妻子身上，要他的妻子卖淫供他吸食鸦片，妻子不从，他就把妻子紧紧地绑在床上，扒光衣服，让贩烟犯奸污，以此来换取鸦片烟。这样他一而再，再而三，他的妻子被折磨得死去活来，最后还是邻居举报方才得以搭救。还有一位15岁的女中学生，深更半夜冲到禁毒委员会值班室里，哭诉了她贩卖鸦片的爸爸妈妈，为了取消派出所对他们贩毒罪行的打击，拿着菜刀逼着她去所长家以色相勾引所长，她坚决不干，遭到毒打，几次想自杀了之，但一想到不早点检举出来，鸦片总在害人，为此她冒着生命的危险跑出来检举了。还有哥哥逼妹妹卖淫换鸦片的、儿子逼妈妈出卖灵肉的，甚至爷爷逼孙女的等。像这些中毒极深又极为残忍隐蔽的犯罪，没有"老鼠过街，人人喊打"的人民战争是揭发不出来的。在人民战争的无穷威力下，一些震惊全国的贩毒大案纷纷被挖了出来。察哈尔省通过人民群众检举的线索，挖出了"昌记号"贩毒集团，抓获贩毒犯20余人，收缴了大批鸦片烟，没收其暴利78亿元。武汉也挖出了特大贩毒集团，据其成员李景文交代，仅1950年就贩运了白粉（海洛因）50万两，鸦片350万两，真是令人吃惊。北京、锦州、沈阳、天津、上海、太原、西安、济南、衡阳等地及公安系统在人民群众的检举揭发中，也破获了一大批贩毒制毒大案，其中公安系统和衡阳铁路局的案情尤为重大。公安系统不少人利用职务之便贩运、制售毒品，盗卖没收毒品及包庇毒贩等十分突出，影响极坏。衡阳铁路局一案牵涉到1800多人，没收走私金额达7000亿元。毛主席看了1952年3月28日的情况报告后，当即批示："望各中央局、分局、省、市、区党委研究衡阳的经验，特别是各大铁路局和上海、天津、沈阳、广州等大城市必须注意严查此类巨案。"毛主席还要求各海关、口岸、边防、哨所及国防线上的驻军一定要依靠人民群众守好国门，切断烟毒的一切

国际来源。毛主席的指示，使全国铲除烟毒成为乘胜追击之势。广东韩江水上分局，破获了8个贩毒集团，共抓获298名毒犯，没收未脱手的烟土27.4万两、吗啡9300两。贵阳市一次就当众焚烧了没收的鸦片烟55万两，并依法严惩了一批贩毒集团的头子。广东仅潮梅地区就铲除了11万余亩罂粟，抓获毒犯近5000名，收缴烟土3万余两、吗啡235两、烟膏865两、烟种千余两、烟具4000余件，捣毁烟毒发售点2处，售吸点183个。据烟毒较轻的安徽省报告：全省共查获毒犯近8000名，缴获烟土3.8万两，烟具6600件，黄金22两，银圆3500块，元宝56枚，人民币200余万元，步枪7支，全省所有烟馆、烟行全部摧毁。被列为重灾区的四川、云南、贵州等西南各省更是捷报频传。但是，全国到底有多少烟民？又查获了多少毒犯？收缴了多少烟土？由于没有完整的权威资料，无法说清。据估计，全国当时吸毒的大约有500万人，被查获的毒犯大约有30万人，至于缴获的烟土至少有9000万两以上，这些估计数肯定不太准确，但有一点完全可以肯定，在伟大领袖毛主席的亲自指挥下，在以工人、农民为主体的人民禁毒战争中，经过3年的艰苦战斗，使中国这个长期深受鸦片毒害的重灾之国，一跃成为世界上唯一的无毒大国，这本身就是一件很了不起的伟大革命。又何况毛主席始终依靠了广大工人、农民的主人翁精神和爱国主义精神，运用人民战争这一法宝，对内守住阵地，对外把好国门，又使中国长期保持世界上唯一的无毒大国的殊荣，这更是一件惊天动地的奇迹，而且将永远载入人类禁毒的史册。

封院禁娼　惊世奇闻

娼妓是以女性为玩物的色情行业。据文字记载，娼妓在我国大约有3000多年的历史。到了民国时期，更是花样翻新，不但有经民国政府注册合法的公娼，还有个体营业的私娼，还有藏在深巷老街的暗娼，还有在乡镇拉客的土娼，还有"进口"的外国洋娼，把中国的娼妓发展到了"鼎盛"时期，为即将诞生的中华人民共和国留下了一个巨大的恶性肿瘤。据解放前夕种种史料表明，娼妓制度的确是残酷摧残妇女精神与肉体、侮辱妇女人格、最野蛮的一种吃人制度。有位年仅10岁的小姑娘，因家庭极度贫穷而被卖到妓院，一位少爷出大价钱"开苞"（第一次接客），小姑娘不从，老鸨叫来打手，硬把小姑娘拖进嫖客房间反锁着，不多时，房间里传出阵阵凄惨的叫声，到天亮时，少爷把银圆往老鸨桌上一拍，扬长而去。老鸨进房一看，小姑娘已经笔挺地躺在鲜血染红的床单上，老鸨只哼了一声，便叫打手拖到后山沟喂老鹰了。有个叫秋霞的13岁少女，上午刚刚卖到成都春熙妓院，下午老鸨就叫她接客，她不但不从，还破口大骂老鸨没有人性，老鸨恼羞成怒，叫来几名帮凶把秋霞按在床上，将两只裤脚捆紧，然后老鸨将一只大花猫塞进她的下身，再扎紧裤腰，乱打花猫，让花猫拼命地乱抓下身，直至痛得昏死过去方才罢休。秋霞下身大面积受伤感染，高烧不退，连日滴水不进，一星期后，老鸨叫人把还未断气的秋霞抬到郊外丢到河里喂鱼去了。老鸨还借此机集合全院妓女训话："今后谁不听话就像这样整治。"这叫"花猫训女"，是妓院老鸨对付不听话的妓女最毒辣的一手。在兰州妓院有个叫春花的，别看她刚满15岁，已给老鸨赚了4年多的大钱。由于春花长得漂亮，又会弹唱当地的民歌，十分逗嫖客喜欢，为了多赚钱，老鸨总是叫她多接客，特别是出手大方的大老板。不幸的是，身怀有孕，她要求打胎，老鸨怕影响接客丢财，不但不同意，反而有意把嫖客安排得多多的，结果引起大出血。全院的妓女都下跪求老鸨快把春花送到医院抢救，老鸨怕用钱，眼睁睁地看着春花血尽而亡。在宝鸡妓院，曾经红极一时的花界四姐妹，为老鸨赚了不少金银财宝，但岁月无情，人生易老，不几年四姐妹就像凋谢的鲜花渐渐失去了迷人的魅力，老鸨也慢慢地疏远了她们。真是"福无双降，祸不单行"，四姐妹都发现自己得了较严重的梅毒。她们苦苦求老鸨出钱治病，爱钱如命的老鸨不但未给分文，还继续安排她们接客，加速了病情的恶化，不久她们都病倒了。狠心的老鸨认为她们躺在院内占用了房间和床位，叫人把她们抬到院外临时搭的草棚里安身。可恨老天也不发慈悲，突然一场暴风雪，把草棚刮

飞了,大雪把四姐妹冻僵的躯体足足埋了3尺多深而命归黄泉。在吃人的旧社会里,像这样的悲惨事例不胜枚举。在新中国刚刚成立才几天的日子里,面对血泪斑斑的妓女苦难,人民领袖毛泽东决心彻底铲除娼妓制度,要扫尽中国大陆上一切嫖娼卖淫的腐朽现象。

1949年11月21日下午5时,北京市市长聂荣臻郑重宣布了北京禁娼封院的决议案,公安部部长兼北京市公安总局局长罗瑞卿立即以总指挥长的名义通知了内城、外城、郊区的20个分局和公安总队及有关部门。十万火急,全体行动,执行紧急任务,公安总队马上抽调了5个连的兵力,公安总局、民政局、卫生局和市妇联等单位迅速抽出了2400余名干部和民警,城外5个分局以最快的速度组织了27个战斗小组。37辆大卡车和几十辆小车也全部调齐。夜幕降临,华灯初放,时钟刚指8点,各路大军飞奔各自的划分城区,一场清除千年污垢的战斗打响了。通往各妓院的胡同口都已被荷枪实弹的战士把守着,各妓院的大门口、房上、院内都由便衣警察和战士警戒着。霎时间,北京地区凡有妓院的地方都被禁娼封院大军严密地封锁了,八大胡同一片混乱,华清馆惊慌失措,翠鸣阁手忙脚乱,云香阁人声嘈杂,春艳院惊恐万状,凤鸣院又哭又喊,潇湘院、双凤院、美凤院、乐陪园、群芳班、泉香班等更是如大难临头。她们中间有不少人听信了老鸨和老板的流言蜚语,说什么"解放后共产党要共产共妻,要送她们到前线劳军,要送她们到大西北去开荒种地"等,但经过各处负责人宣读北京市的禁娼封院决议,她们才明白了许多。再目睹来封院的干部、战士不打骂、不讽刺、不抢财,她们平生第一次见到这样的好人,也就慢慢地听从命令了。根据统一部署,禁娼封院大军对所有妓女、嫖客、老鸨、老板、领家、财产、房屋等都要进行详细的登记。经过一夜奋战,全市224家妓院全部封闭,集中妓女1316人,经过分组编班,送到8个妇女生产教养所。砸碎几千年的娼妓制度仅仅用了12个小时,就使北京成为世界上第一个没有妓院的文明大都市,一时成了天大的新闻,轰动了国内外。但更艰苦的工作还在后头,是否能把妓女彻底改造成新人,那可比封闭妓院的工作难得多。千余名妓女由于各自的经历身世不同，她们的思想行为也绝然不同，特别是刚集中的头几天，有装疯的，有寻死的，有想跑的，也有绝食的。负责教养的女干部们，同吃、同住、同娱乐和耐心细致的思想工作安定了她们的情绪，启发了她们的觉悟。同时请来了医术精湛的医务人员给她们查病治病，解除了她们身体上的痛苦。还运用电影进行生动的政治教育，使她们觉醒起来控诉旧社会，控诉老鸨、老板和领家们的罪恶。还教她们学文化、学工、学操办家务，为她们重新生活学好本领。经过4个月至半年的艰苦工作，奇迹出现了：根据双方的自愿，约有400人在市内与工人、店员等成立了新家，约有200人在郊区与农民结了婚，有200多人当上了纺织工人，回家的有379人，还有62人被安排到剧团和医院工作，基本上将集训的全部人员给予了妥善的安排。后经回访，她们工作、生活都不错，如赵领娣还当上了劳动模范，加入了中国共产党。北京成功改造妓女的经验，得到了毛主席的赞扬，他号召全国各地都向北京学习，加速娼妓制度的灭亡。1951年11月，我国第一大城市上海向北京学习，作出了处理娼妓的决议，成立了强有力的领导班子，筹建了上海市妇女教养所，开设了医院和劳动工厂，还组建了一支高水平的教育改造妓女的工作队。11月23日，上海公安局根据决议对市内6个城区采取了统一行动，共收容公娼800多名，私娼6600多名。在经费十分困难的情况下，陈毅市长亲自批准拨了一大笔医药费，还亲自从部队调来了当时十分紧缺的特效药青霉素为妓女治疗性病，使她们深受感动，从而加速了改造工作的进度。上海市本着改造一批、安排一批的精神，对所收容的人员都做了合理安置，还将200多名年老体弱、无家可归的老者送进了残老院，让她们安度晚年。据后来走访，有千余人在工作中表现得很出色，不少人当上了生产骨干、积极分子，有的还光荣地加入了共青团和党组织。

1951年至1952年，全国各地开始了学习北京经验，全面封闭妓院，横扫明娼暗妓，彻底改造妓女的运动，使成千上万名妇女成为了新中国的新型劳动者，她们千言万语汇成一句话："私有制的旧中国把人变成

鬼，公有制的新中国把鬼变成人。"中国伟大的社会主义变革，在人类历史上写下了彻底消灭娼妓制度的最辉煌一页。

千年赌风　横扫殆尽

抹牌赌博在中国算是一种最古老的恶习，它比贪、毒、娼三害更广泛、更顽固、更恶毒地危害着人们，破坏着党风、政风、民风，"三反""五反"中揭发出来的几个典型事例足能说明：有位姓张的科长，掌管着价值480多亿元的采购大权。这位旧社会出身的科长虽然入了党当了干部，但抹牌赌博的旧习始终没有彻底改掉，他常年住在花花世界的大上海，开始从小赌结识了3位老板。这3位老板为了拉他下水，牌越抹越大，还有意将大把大把的钞票输给张，使张越抹越来劲，不长时间竟赢了上千万元。这3位吃小亏占大便宜的老板看到张已上钩，开口要和他做生意。"吃人口软，拿人手短"，赢了别人上千万元的钱，只好答应买3位老板的货。这3位奸商用以次充优、抬高物价、开假发票等手段，共从张那里多捞了国家90多亿元。这且不说，由于奸商以次充优，在施工中常常出现返工、报废，甚至断裂打死打伤工人的事件，使国家蒙受了更大的损失。有位姓鲁的税务科长，在抹牌中结识了不少牌友，这些牌友中有不少人是做生意的商人，他们为了偷税漏税，有的送好酒，有的送好烟，有的送手表，有的送人参、鹿茸等给鲁，叫他在收税中高抬贵手，少收或不收。这些奸商还通过鲁认识了他手下的10多名税务人员，奸商们轮流请他们到家中抹牌、吃饭、喝酒，还送贵重的礼品。有位"大方"的老板，仅在送礼上就花了40多亿元，据推测，这位老板偷漏税大约在200亿元以上。得了老板们好处的税务人员，果然报恩，他们明知不少老板用黑账、假账、不记账等瞒天过海之术，大肆偷税漏税，竟然睁只眼闭只眼放任不管。正因为如此，上海市仅查出的逃税款就有2600亿元，估计没查出来的可能比此高几倍。据天津市公布，从1949年10月至1951年底，全市逃税额竟高达8000多亿元。有位姓萧的会计副科长，解放前夕假装积极，得到了政府的留用，但他赌性难改，常常通宵酣战"方城"，牌运总是不佳，连连损财。为了扳本，他将家中值钱的东西变卖一空，再战"方城"，仍是空手而归，患病的父母因无钱治病而命归黄泉，也丝毫未唤醒赌性大发的儿子。他的妻子劝他洗手不干，他大发雷霆，认为妻子冲了自己即将"发财"的牌运，把妻子的头打破了，当鲜血如注的时候，他不是把妻子往医院里送，而是怀揣借来的钱往赌场里跑，结果妻子追双亡的父母而去。他倒认为，再无人管自己抹牌了，便大胆地赌。机关领导警告他，他当成了耳边风，后来发展到贪污公款50多亿元，用来扳本，仍是十输九不赢。像这样顽固不化的赌棍，最后只落得被正义的子弹送他到西天去的可耻下场。

在解放初期，因赌博使国家蒙受重大损失的，因赌博使家破人亡的例子真是屡见不鲜。赌博害国害己又害人，痛恨赌博的人们，形容赌博是吃人不吐骨头的虎豹，是喝人血的豺狼，它比毒蛇还要凶残百倍，它比蝎子还要狠毒千倍，的确不假。新中国成立后，虽然没有把狠刹赌博风作为一项专门斗争进行，但是在"三反""五反"运动中，仍作为重点禁止的内容进行检举、揭发、打击，为此在中国有数千年历史的赌博之风，在新中国成立初期同样得到了彻底地扫除，同样与反贪、禁毒、禁娼工作列入了世界之最的崭新纪录。

（选自《新中国往事·步履写真》，
中国文史出版社 2011 年 1 月版）

镇压北京天桥恶霸

陈建亭　李万启　毛殿良

北京天桥恶霸的罪恶史，是旧中国反动统治阶级罪恶史的一部分。天桥地区的反霸斗争，是新中国轰轰烈烈的镇压反革命运动的一部分。

一

天桥位于北京城南，前门（正阳门）外不到两公里远的地方。得名于元朝所建的一座石拱桥。当时城南一带河道纵横，由正阳门通向南郊的途中，也就是现在的永定门内大街与永安路相遇的十字路口处，有一座穹形三孔石桥，桥长3米余，宽约两米。明朝开拓外城，修建了天坛和先农坛。明、清两代帝王到两坛祭祖时，从此桥通过。由于是"真龙天子"御用，禁止草民通行，故被尊称"天桥"。以后，虽然物换星移，河枯桥湮，但"天桥"作为地名却世代沿用下来。

20世纪初，天桥就成为劳动人民集居谋生之地。民国以后，便逐渐发展成为以先农市场、三角市场、公平市场、天桥西市场和东市场为中心，有各行各业店铺、摊贩数千户的繁华市场。先农市场（即现在的友谊医院门诊部址），以开设诊所、药店和占卜算命的卦摊居多。先农市场东侧为三角市场，以"吃开口饭"的评书、相声、大鼓、单弦等棚摊为主。公平市场面积最大、行当最多，有小桃园、万盛轩、吉祥等戏园子和几家末流电影院，还有摔跤场、杂技场、打把式的卖艺场、拉洋片的以及茶摊、饭馆和京味小吃摊等。西市场多为估衣铺，东市场为估衣摊和青菜市。天桥市场的南部为粮食和干鲜果品摊市，北部为鸟市和明妓暗娼聚集地，西部低矮简陋的贫民窟，多为从事卖苦力的劳动人民。总之，天桥集中了三百六十行，呈现出一派畸形繁荣景象，喧闹非常。

天桥地区的繁荣，引起了一些军阀、官僚、资本家的垂涎。1926年前后，青帮从天津流传到北京，在天桥地区得以迅速发展，很快控制了整个天桥地区，成为天桥最大的一股势力。青帮又称清帮，是清代民间秘密结社之一。青帮在封建家长制组织形式下，有严格的帮规：上层人物多为有钱有势者，下边的成员多为破产、失业者和流氓无产者。天桥有名的恶霸"假善人"孙鸿亮、"东霸天"张德泉（张八）、"西霸天"福德成（福六）、"南霸天"孙永珍（孙五）和林家五虎的虎头林竹贤、"坐地虎"白文光等都是青帮头子。他们手下都有一帮如狼似虎的徒弟做他们横行霸道的打手。"北霸天"刘翔亭则是反动会道门一贯道的点传师。粪霸刘春江是个身兼青、洪二帮的军统特务。解放前，凡在天桥卖艺、摆摊的人，不拜师入帮或入道就难以在天桥立足。因此，天桥是全市闻名的恶霸聚集之地，也是旧中国黑暗社会的一个缩影。解放前数十年间这伙恶霸依仗日伪、国民党政权和封建帮会、反动会道门的势力，在天桥横行无忌，霸地皮、霸行业、霸别人的财产和妻女，强取豪夺，草菅人命，恣意欺压劳动人民和艺人。可以说，这伙恶霸都是靠吸吮天桥人民和艺人的血和骨髓发家的。

"东霸天"张德泉，住天桥东市场7巷10号。少年时在天桥菜市捡菜帮、看菜车，在戏园子当过跟包，是个混吃混喝的流氓小痞子。18岁拜武师"大枪猴"为师，学了两手拳脚，又加入了青帮和国民党，当了甲长，成了一跺脚天桥乱颤的人物。

被群众视为"畜类"的"林家五虎"之一的林文华，绰号"独眼龙"，是青帮头子林竹贤的长子，也是"东霸天"张德泉的外甥。他是个集青帮、流氓和国民党中统特务于一身的害人虫。林文华为了独霸菜行产业，竟将与他合伙的亲叔叔林二迫害致死。十九年间，他就从无到

有，成为拥有一家菜市和四五十间房产的大财东。

天桥福长街头条甲9号的"西霸天"福德成，又称"伏地皇上"，河北河间人，25岁来京，以开茶馆为业。解放前20余年中，他勾结敌伪伤兵，组织流氓贩卖人口，强奸妇女，设赌场，开暗娼，坑蒙拐骗，逼死人命，干尽人间坏事。

天桥公平市场61号的"南霸天"孙永珍，又称"镇天桥""活阎王"，是天桥土生的地头蛇。在天桥开茶馆，手下有帮流氓打手，霸占妇女，霸占财产，逼死人命四条。

"北霸天"刘翔亭，原名刘凤麟，是天桥吉祥戏院经理，家住西城南长街养廉胡同6号，河北景县人。他兵痞出身，1921年来京，曾任冯玉祥部连长、军警稽查处稽查官；日伪时期，任天桥梨园公会会长，1938年入一贯道，充坛主兼点传师。他一贯依仗敌伪势力，敲诈勒索，欺压群众，强奸妇女，逼死人命。

"坐地虎"白文光，是汉奸、中统特务，安清道外五区支会会长，是恶霸"假善人"孙鸿亮的青帮徒弟。他住天桥公平市场甲39号，开理发馆和存车处，一贯敲诈勒索，欺压群众，有人命四条。

恶霸"假善人"孙鸿亮，河北蓟县人，住先农坛根55号。他在日伪时期，任外五区三分所所长、新民会外五区分会委员、华北安清道（青帮）总会干事，是天桥的青帮头子，有直系徒弟百余人，掌握天桥的流氓势力。并勾结日本大使馆文化课课长、"兴亚院"特务武田熙，经常在广播电台、天桥万盛轩戏院等处发表反共演说，孙的反共言论被日寇辑录在《反共宣言》丛书上，公开发行。日本投降后，他又加入军统特务组织，受北平军统特务头子马汉三直接指挥，接受马布置的注意了解"共产党用粪车从永定门往城里运枪之事"，他开的药铺实际上是国民党宪兵十九团工作站和军统联络站的工作点。孙鸿亮很多坏事都是唆使他的徒弟打手们去办，然后他再出面当好人，不了解内情的人，很难看清他的嘴脸，所以群众送他一个"假善人"的绰号。

粪霸刘春江，山东乐陵人，住外五区大市新房口18号。他家六代经营粪业，他曾祖父刘金树于乾隆年间由山东来京捡粪，到刘春江时开了粪场发家致富。家里拥有土地10公顷、房产4所77间、厕所10余个、粪道100多户、骡1头、车2辆、1妻2妾，成为北京南城粪业恶霸头子。

早在1929年，刘任北平粪夫公会监察委员，兼南城第五粪夫分会会长，是粪夫公会发起人之一。1932年前后，北平市市长袁良要把持粪业，刘等召集万余名粪夫到铁狮子胡同宋哲元府上请愿，结果把袁良赶下台。从此，粪夫公会和新成立的改进粪便委员会便成为官督商办组织，形成了粪道私人占有制，各霸一方，垄断了粪业。

1937年日寇侵华后，刘为保持粪霸地盘，勾结伪市政府日本人园田、卫生局局长竹内和外五区警察署署长董某，在外五区等处抢占公私地皮，盖厕所10余所。刘在天桥南大街德记铁铺门前盖厕所时，铺主范喜勤不同意他堵着门口盖，刘于夜间带着6名武装的日本人，强行盖起，气得范喜勤得了精神病，数月后死去。

刘春江剥削淘粪工人十分残酷，限定工人每天从早上6点一直干到晚上11点才准休息。日伪时期，有个姓钱的60多岁老粪工，给刘家赶粪车10多年，刘见他年老干活少，就诬陷病瞎了眼的骡子是钱老头害的，将老头毒打一顿赶走了。钱老头身无分文，回不了山东老家，流落在永定门外大红门一带乞讨，不久便饿死了。

日本投降后，刘春江又加入军统特务组织，任南城粪业军统情报组长、粪业公会常务委员及第五分会会长，发展军统情报员二三十名。并经军统特务头目逯春斋、姜维周介绍加入青、洪二帮。1951年底这个罪大恶极的粪霸被人民政府处决。

由此可以看清楚，在旧社会这些恶霸之所以横行霸道，欺压群众，发家致富，都是由于上有反动统治阶级做他们的靠山，下有流氓打手做帮凶。而反动统治阶级也正是利用这些恶霸来作为其反动统治的社会基础。

天桥的恶霸，都有着相似的发家史和同样血淋淋的罪恶史。天桥广大劳动人民，对他们无不咬牙切齿、恨之入骨。1949年北平和平解放以

后，天桥恶霸的气焰被迫收敛，但他们并未死心，也没有低头认罪。"东霸天"张德泉携妾潜逃，流窜外地继续为害人民；林文华腰插匕首，暗地行凶作恶；"西霸天"福德成和"坐地虎"白文光更是嚣张已极，他们威胁群众说："你穷小子翻了身，小心点！八路军不能老在这儿"，"等国民党回来要你脑袋！"

<h1 style="text-align:center">二</h1>

天桥地区，乃至整个北京市的镇反工作，从人民解放军入城之日起就开始了。初期，主要是抓紧了对土匪、特务的搜捕和对反动党团特务分子的登记工作。同时，还通过工作组和公安派出所大力进行了教育、发动群众和培养群众积极分子的工作。1949年4月15日下午，一批觉悟了的人民群众自发地组织起来，将民愤极大的"南霸天"孙永珍扭送到区人民政府，要求开大会控诉其罪恶。市公安局外五分局将孙永珍收押起来，并于次日在先农坛首次召开了控诉大会。原计划一两千人的控诉会，结果与会群众竟达万人之多。由此可见群众反霸斗争热情之高涨。

由于北平刚刚解放，政府对北平的历史了解和现实的调查以及对反霸的政治意义认识不足，以致过分强调教育改造，忽视了严厉惩办。所以对逮捕起来的孙永珍只判处了5年有期徒刑。对"林家五虎"的林文华等恶霸、特务，只搞了登记和收容学习。受残害的群众对此很不满意，对党的政策心存疑虑；而那些恶贯满盈的恶霸、特务则心存侥幸，嚣张如故。

为了迅速建立和巩固革命秩序，以保障人民民主权利并顺利进行生产建设及各项社会改革，1950年10月10日，中共中央发出《关于纠正镇压反革命活动中的右倾偏向的指示》（简称"双十指示"）。"双十指示"深刻地分析了斗争形势，正确地指明了斗争的实质和斗争的主体，要求坚决纠正镇反中"宽大无边"的偏向，全面贯彻党的"镇压与宽大相结合"的政策。

处在镇反斗争一线的市公安局外五分局，根据市委及市局的统一部署，把天桥地区的反霸斗争作为重点。以分局长为首，各级干部纷纷深入到一家一户中去，宣传党的政策。觉悟了的人民群众，再也抑制不住心中的怒火，纷纷向人民政府检举揭发恶霸的罪行，天桥的恶霸被迅速孤立起来。

1951年1月16日，在天桥吉祥戏院召开了第二次控诉恶霸大会，控诉"北霸天"刘翔亭。到会群众千余人，把戏园子挤得水泄不通，吉祥戏院既是会场，也是刘翔亭的罪行现场。1922年他在天桥霸占乐舞台地皮，建造吉祥戏院时，由于克扣工人工资，气死了姓李的木工。戏院开业后他又要独霸，将姓魏的合股人气死。控诉会上，苦主和知情的群众纷纷控诉和揭发他为了霸占天桥大新5号卖油饼的邸玉海的房产，诱骗邸借他的高利贷，继之以逼债为手段，霸占了邸的房产，将邸夫妻二人逼死；1947年，他装神弄鬼，用毒苹果毒死了一贯道道徒祝春荣；他在任一贯道点传师的10多年里，就奸污女道徒11人，甚至连他的亲生女儿也不放过等罪行。根据刘翔亭的罪恶和群众的强烈要求，次日，人民政府依法处决了这个十恶不赦的恶魔。

同年4月26日，外五分局在天桥小桃园戏院召开了第三次控诉大会，控诉汉奸、恶霸、特务分子"坐地虎"白文光的罪行。到会群众1000余人。会上，艺人王德林扯着沙哑的嗓子，激愤地控诉说："我是靠嗓子吃饭的，我在他门口卖艺，他存心跟我起哄，我一卖艺，他就放扩音器大喇叭，成心压下我的声音，弄得我没法卖艺，急得我经常吐血，嗓子也哑了，至今好不了。"就这样欺负人，"也得奉承他，不断地给他送礼，过年给他叩头，都是因为他势力大，不敢惹他"。公平市场36号的李福祥控诉说："我挨白文光的打有二三十次，有次他生日，我没给他叩头，他要用铁锨拍我，正是个夏天，他就用开水烫我脖子，现在还有疤痕。"李边说边让群众看他的疤痕。刘德臣揭发说："他儿子白玉铭是土匪，靠绑票得来的钱，他家才盖上的房。他和一个和尚合伙开的理发馆，后来依仗权势，把和尚赶跑了。和尚来找他要钱，他指

使宪兵把和尚抓起来毒打后拉出城外，至今下落不明。"白文光的街坊李崔氏控诉白文光强占她家房子，把她全家赶出来，流落街头，搭窝棚住了两个月。苦主陈鸿昆控诉说："我是他邻居，靠推车卖水生活，晚间还得摆摊。白文光找茬不许我摆，我和他说理，他招来一帮打手，打得我鼻孔流血，还叫来警察把我逮起来。我三哥气愤不过，找他说理，被他打得吐血，不久就死去了。要求政府给我报仇！"群众激愤地高呼："为死难者报仇！血债血还！""坚决镇压反革命！拥护政府为民除害！""感谢毛主席！共产党万岁！"

白文光的邻居葛王氏悲痛地控诉说，她的11岁小儿子和白的10岁外甥女玩急了打架，白文光找到葛家打遍了葛王氏全家人，葛王氏被打昏过去，20岁的大儿子葛长和被白文光活活打死。葛王氏说，"我儿子临死时哭着说：'妈，我不行了，我现在已没有力量报仇了，等我兄弟长起来，再给我报仇吧！妈妈想着给我报仇啊！'"葛王氏呼喊："乡亲们，给我报仇啊！"当即昏了过去。这时她的小儿子哭着跑上台，振臂呼喊："政府给我哥哥报仇，打倒恶霸，枪毙白文光！铲除白文光！"全场的群众抹着眼泪，挥臂高呼："打倒恶霸！枪毙白文光！"

经过这几次控诉大会，在群众中迅速掀起了反霸斗争高潮。根据群众的检举揭发，公安局于1951年5月6日将畏罪外逃的"东霸天"张德泉由河北省武强县捕获归案。

为了扩大影响，教育全市人民，进一步推动镇反运动在全市更广泛深入地开展，外五分局遵照市委和市局党委的指示，于1951年5月16日组织召开第四次控诉恶霸大会。在筹备过程中原计划开两三千人的大会，由于全市各界人士纷纷要求参加大会，经请示市委、市政府，决定将大会移至天坛祈年殿前召开。到会的群众近3万人，控诉天桥"三霸一虎"（"东霸天"张德泉、"西霸天"福德成、"南霸天"孙永珍和"林家五虎"之一的林文华）的滔天罪行。这是北京市在镇反运动中召开的规模最大的控诉会。

会前，有160多名苦主要求控诉恶霸的罪行，由于时间所限，只安排了17位苦大仇深的苦主上台控诉。北京人民广播电台自始至终转播了大会实况，全市约有40万人收听了实况转播。

在万人唾骂声中，昔日耀武扬威的"三霸一虎"被押上审判台，跪倒在人民群众面前。数万群众引颈提踵，怒目注视着这几个罪恶罄竹难书的恶霸。外五公安分局局长李岩代表人民政府提起公诉率先在会上讲话，历数恶霸罪行。

这伙恶霸血债累累。仅这四霸，有案可查的人命就有15条。其中，有被他们打死、摔死、踢死的，有被夺妻霸产活活气死的。死者中，有年逾花甲的老人，也有不满周岁的婴儿。一苦主在控诉"东霸天"张德泉的罪行时说，1934年，张在天桥电车站北边开了个茶馆，捎带着存车，因丢失一辆车子，他将伙计马顺子的下半身打烂后抛弃在垃圾堆上，马顺子溃烂的下身生满了蛆，不久便死去。1948年，张德泉的车轧了王长海的脚，不但不赔礼，反将王毒打一顿。王妻与张讲理时，张又一直追打王妻到娘家，并将王长海一岁的孩子从炕上提起来摔在地上，像踢球一样狠踢一脚，不几天孩子便死去了。张德泉在小贩摊上抄吃抄喝从不给钱。他吃一个姓高的油饼30年不给钱，不但他自己吃，还请侦缉队的人白吃。他拿了卖切糕的切糕喂狗，卖切糕的杨某不愿意，他就把杨某打出了天桥。因此，群众中流传着一句话："天桥两头洼，不怕阎王怕张八"，充分说明了群众对"东霸天"的畏惧程度和刻骨的仇恨。张德泉强奸妇女不胜枚举，连他两个童养儿媳都不放过。

苦主吴老太太泣不成声地控诉恶霸孙永珍说，解放前她和老伴吴恒瑞在永定门外高庄给人家看坟，辛辛苦苦开垦出10余亩苇塘地。恶霸孙永珍为了霸占这块地，在1947年6月21日夜晚，带着警察和宪兵突然闯进吴家，诬陷他们有两支大枪、四条人命，毒打了吴老太太和吴恒瑞的舅父，抓走了吴老太太的女儿和兄弟。吴恒瑞从城里回到家，见状气愤不过，去法院告状，哪知孙永珍早已买通法院和律师，伪造了地契，夺去了他家的土地和庄稼。气得吴恒瑞精神失常后死于车祸。孙永珍怕吴老太太的外甥厉克德为吴报仇，又收买永定门外警察所班长乔德惠，想

用雷管把厉炸死，结果炸掉了厉克德的左手。

在天桥公平市场孙永珍门口卖酸梅汤的铁良控诉道：1947年，孙永珍的孩子买了他两瓶汽水，迟迟不给送钱。他进孙家讨汽水钱，结果冒犯了这个"镇天桥"。孙永珍瞪着眼珠子说："老子买东西就是不给钱！"铁良和他讲理，他就砸了铁良的摊子，不准在他门口摆摊，并招来几个打手将铁良痛打一顿。铁良被打后，带着12瓶汽水、2包茶叶到孙家赔礼，孙永珍仍然不依，扬言非要把铁良打死不可。铁良被逼无奈，逃到门头沟背煤去了，两年多不敢回家。直到解放，他才回到天桥，结果发现他父亲已被气死，妻子改嫁，孤苦伶仃的3岁女儿瞎了眼睛被收进了孤儿院，造成他妻离子散，家破人亡。有群众控诉说，1937年，"南霸天"看上了永定门外东罗园村李老太太的女儿，非要李老太太的女儿做他的姨太太，老太太不同意，孙拿起菜刀往自己脸上砍了一刀，吓得李老太太只好答应。后来，老太太的女儿被孙虐待而死。

恶霸残害人民，妇女受害尤深。这四霸，个个是侮辱、摧残妇女的恶棍。恶霸林文华的原配妻子魏氏在会上控诉林文华用骇人听闻的残忍手段，摧残虐待她的罪行。魏氏说，婚后三天，林就开始毒打她，后又不断地摧残她，拔光她的头发，撅折她的手指，还用烧红的铁筷子烙她的下身，他撒尿逼她喝，冬天不给棉衣穿，让她睡猪圈。她饿得难受，只好趴在猪圈门口，哀求林文华给她拌点猪食吃。

宋占奎的妻子控诉说，她丈夫在林文华的菜行当写帖的，林练武时竟拿她丈夫做靶子，被林文华摔打得遍体鳞伤。她丈夫卧病在床时，林当着她丈夫的面搂抱着她猥亵取乐，气得宋占奎吐血而亡。

恶霸福德成同样是个禽兽不如的东西。苦主杨贵春是福德成的连襟，在会上悲痛欲绝地控诉福德成夺妻害子之仇：他的妻子杨唐氏是福的小姨子，1937年，杨唐氏因老家闹水灾，领着5岁的儿子，带着7个月的身孕，逃难到福家，被福德成强奸后霸占为妾。杨贵春三次到福家找妻子，都被福德成毒打赶走。从此，杨再不敢登福家门。后来，杨唐氏被福摧残虐待而死，带来的男孩生死不明。杨唐氏胎带的孩子落生后14

年没见过亲父杨贵春的面，直到这次控诉会，父女才得以相见。这个恶霸20多年来拐卖了不少妇女，有的还只是十几岁的姑娘。凡被他拐骗的妇女，他都先行强奸，然后再逼迫她们卖淫为他赚钱。最后不能为他挣钱了再卖掉。

这伙恶霸，日伪时期帮助日本侵略者搜集钢铁，制造屠杀中国人民的武器，并为日本鬼子抓劳工，不知拆散了多少人的家庭；国民党时期，他们帮助国民党反动派抓兵，充当打内战的帮凶。

"三霸一虎"累累罪恶，罄竹难书。苦主们控诉时，无不痛哭流涕，泣不成声。有的一连几次昏厥过去。会上，苦主们纷纷要为死去的亲人报仇，向恶霸要父亲、要丈夫、要妻子儿女。在字字血、声声泪的控诉会上，台上声泪俱下，台下群情悲愤。参加大会的两名苏联记者也潸然泪下。在收音机旁收听大会实况转播的群众也都抽泣不止。祈年殿前群情激愤，怒不可遏，"枪毙恶霸"的口号声响彻云霄。一封封要求严惩恶霸、为民报仇雪恨的信，从会场各个角落纷纷传递到控诉台上，全市收听广播的单位向大会打来200多个电话，异口同声要求：枪毙恶霸！

通过这几次群众控诉大会，恶霸气焰大减，人民扬眉吐气。群众迫切要求人民政府从速判决这些恶霸、特务。5月18日和20日，市人民政府召开北京市各界人民代表、协商委员联合扩大会议，对市公安局提交给大会的500多份反革命案卷进行审查。公安部部长兼市公安局局长罗瑞卿向大会作了题为《关于处理反革命罪犯的报告》，受害群众当场控诉了反革命分子的罪行。

彭真市长在会上指出：在北京"天桥有霸，菜市有霸，房产有霸，卖水果的、卖鱼的、卖水的都有霸，甚至还有粪阀粪霸"。罗瑞卿部长以极大的义愤指出：这些恶霸，"霸田地，霸财产，霸别人妻女，霸牛羊牲畜，无所不霸，敲诈勒索，无恶不作。有的被他们逼死、逼疯、逼走、逼穷，害得人家妻离子散，家破人亡。这样的家伙，这样的人民的害虫，喝我们人民的血，吃我们人民的肉，我们不能容忍他们，应该枪

毙他们!"

各界人民代表和协商委员,在审阅了案卷和听取了苦主的控诉之后,一致同意枪毙这批罪大恶极的反革命分子。据此,市军事管制委员会军法处对一批反革命犯依法判处死刑。其中就有天桥的"三霸一虎"和汉奸、特务、恶霸白文光、孙鸿亮六名罪犯。

5月22日,要枪毙恶霸的消息传出之后,早上七八点钟,刑车经过的主要街道两旁早已人山人海。天桥四面钟4号的何李氏,特地换上了新蓝布大褂,跑到街上逢人就说:"福六这小子可把我害苦了,今天我要看着他死!"下午两点,刑车过去,马路两旁的群众欢声雷动。"坚决镇压反革命!""人民政府万岁!"的口号声和掌声此起彼伏,撼动着古城。

三

在罪大恶极的恶霸头子被镇压的同时,其他一些小恶霸也都受到了应有的打击。他们有的被判刑,有的被管制;他们从人民手中霸占的产业均被依法没收,分给了受迫害的贫苦群众,从此,结束了恶霸控制天桥的历史。天桥人民获得了彻底的翻身解放,他们的心和政府贴得更紧了。群众李长荣说:"这才叫镇天桥哪,这一来把坏蛋都给镇住啦!"有的说:"天桥这回可踏实啦!"恶霸刘翔亭的房客李老太太说:"这回可给咱们出了气啦,他们欺负人太厉害了,多亏是共产党来治他,过去,这一带的人谁敢惹他呀,该!这是报应!"有个多年住在天桥的老太太说:"我活了60多岁,这回才看见治恶霸,这真是人民政府!"

一些参加了控诉会的民主人士、大学教授在会后也都纷纷发表讲话。北京大学教授楼邦彦说:"今天劳动人民大胆控诉反革命,完全是毛主席和人民政府领导得好。"北京基督教青年会总干事高尚仁说:"这个大会完全显出了人民政府真是人民政府,使我们更具体、更实在地感觉到我们政府的伟大、可爱。"《新民报》社总经理陈铭德说:

"整个大会情绪高涨，每个受害人的控诉都是血泪交织的，我本人也掉了泪。"就连巨赞法师都说："我们出家人是戒杀的，但我认为人民政府杀了坏人，是救了许多的人，这才是真正的大慈大悲！"

在这场反霸斗争中，广大人民群众的政治觉悟空前提高，涌现出一大批积极分子，成为人民城市民主改革的第一批骨干力量，有的直接参加了革命，成了国家干部，有的则参加了街道工作，为北京的政权建设增加了新的血液。如王玉蓉，解放前全家8口人，依靠她丈夫卖报和她替人缝补衣服养活公婆和5个孩子，终年不得温饱。一个女儿活活饿死，大儿子又得了伤寒病。在贫病交加、恶霸横行的年代里，她曾上吊自杀过。解放后，在反霸斗争中，她成为街道第一批积极分子，后被选为居委会主任，带领街道居民建工厂、办食堂和街道服务站，并积极送子参军，被选为全国妇女代表、全国烈军属代表和北京市人民代表。1959年光荣加入了中国共产党，后来任天桥粉末冶金厂厂长。

镇压了恶霸，党和政府的威信大大提高，公安机关和群众的关系更加密切了，人民群众从"共产党万岁"一直喊到"派出所万岁"，异口同声赞扬公安机关，"还是公安局有办法，神通广大"，见了民警就围上来，亲如家人。而那些曾经作过恶的坏家伙们，则个个噤若寒蝉，自觉朝不保夕，有的做梦都梦见被捉去枪毙了，半夜听见狗叫就往床底下钻。天桥曾有盗窃行为的李殿元对他老婆说："过去咱不干好事儿，以后再不敢了！"

扫除恶霸的天桥地区，在党和人民政府的关怀下，很快呈现出几百年来从未有过的社会秩序安定、人民安居乐业的欣欣向荣的新面貌。

（选自《新中国往事·步履写真》，
中国文史出版社2011年1月版）

山西取缔一贯道的报告

李修仁

山西会道门历史长久，组织庞大，约有150多种名称，百万多道徒，其中影响最深、危害最大的为一贯道。其绝大多数道众虽系被骗群众，领导核心则多属反革命分子，是山西省社会治安上一大隐患。为了杜绝反革命活动，就必须取缔一贯道。所以我们把彻底取缔一贯道，当作了具有历史意义的一项重大任务。

取缔一贯道的工作，着手于1949年冬，经过一年的准备，于1950年11月中旬才在全省范围内展开了全面取缔。照预定步骤，全省在同一天内，一齐下手，逮捕了点传师以上职业道首2050名，破获了密室暗道93处，搜出了大批反动文件证据，没收了道产、商店89处，粮食2500余万斤，金银元宝等也不少，给了一贯道的领导机关以摧毁性的打击。目前正在清审捕获其道者，同时深入发动群众，展开揭露工作，办理村级小道首的登记、悔过及道众之诉苦退道运动。

这次全面取缔工作，规模很大，做法稳当，秩序井然，没有造成恐怖，未发生任何骚动。其原因有六：

一、准备充分。为了取缔一贯道，我们的准备工作整整搞了一年。这个准备工作包括：（一）打入侦察，确切地掌握了一贯道组织、人物活动、财产、联络等方面情况。（二）重点取缔实验。上半年各县都搞了几个村，取得了具体经验。（三）不断地进行了宣传揭露，特别是6月"割蛋"谣言发生后，组织了对一贯道的宣传攻势，大大提高了群众的警惕性。（四）经过整风和党员训练班，批判了对一贯道的麻木不仁态度，清算了过去反对一贯道的滥捕、乱打、刑讯逼供、不加分别的错误，端正了政策思想。（五）解决历史遗留问题，堵塞了我们工作中的一些漏洞，剥夺了敌人活动的资本：凡此一切，都给全面取缔工作准备了条件。

二、动作一致。经过长期准备，全省范围同时于11月12日动手搜捕，10天内各地均照预捕名单基本上完成了任务。这种协调一致的动作，给敌人一个迅雷不及掩耳之势的打击，避免了顾此失彼的缺点，显示了人民专政的威力，对群众是一大鼓舞，对反革命是一大镇压。集中力量解决问题，又干脆，又彻底，影响也很大。

三、宣传及时。这次全面取缔中，宣传鼓动工作搞得不坏，突出的有三点：第一，宣传方式多种多样。如群众集会、民校、黑板、广播、小报、传话、秧歌、小调、大鼓、戏剧、幻灯、洋片、活人活事宣传、展览会等。第二，宣传内容一个时期有一个中心，根据取缔行动和群众思想变化而确定。如搜捕道首后，一部分群众有些不安，这时便以讲解政府对一贯道的政策为中心，集中进行宣传，很快消除了某些群众的不安。人心安定后，有不少群众怀疑一贯道是不是反革命，这时宣传内容便以揭露其反动性、破坏性为中心，为此组织了一些悔过道首轮村坦白；将搜出的反动证据和勒索的财物搞展览会；破获密室的地方，组织群众参观，对群众的教育意义很大。第三，宣传工作指导集中。统一由各级宣委会研究各时期的思想变化，确定宣传中心内容，没有这一着，宣传工作便会流于无政府状态，没有战斗力，没有持续性，必将影响全面取缔工作。

四、政策明确。这次取缔未出很大偏差，原因一是对下政策交代得较为清楚。我们规定凡点传师以上道首，一律进行捕审。悔过彻底、无政治背景者，向群众坦白悔罪，教育释放。特务分子和顽固不化分子，才分别给予监禁或处死。对村级小道首，一律不捕扣，令其悔过登记，分别管制。对广大被骗道众，觉悟后自动声明退道者，不加追究，严禁对他们捕打和侮辱。政策明白肯定，所以一有偏差（如多捕、错捕），

便即时纠正了。二是步骤稳当。取缔工作分三个步骤：第一步逮捕职业道首，摧毁其领导机关，陷其整个组织于瘫痪；第二步对小道首教育训练，令其登记悔过，分别情况给予管制；第三步经过深入的揭露工作，组织领导道众诉苦、控告，在觉悟的基础上展开退道运动。这样一步一步地搞，时间虽慢，但经验证明解决问题。反之，有些地方三步并为一步，或并为两步走，结果登记、退道流于形式主义。

五、全党动员。这样大规模的取缔工作，只靠公安部门是不能完全担负得了的。这次我们是动员了全党力量去进行的，各级党委书记，亲自督促指导。所以不论在搜捕上，还是在揭露上，各方面都配合得较好。

上边说的也算些经验。不过从这段时间的取缔中看，问题也还是有的，主要有三点：

一、对敌警惕性不高，有些被胜利冲昏头脑。表现在：（一）对漏捕的道首追捕不够，而跑了的还多数是有政治问题的。（二）对捕获的政治道首追审不够。（三）对敌人反取缔活动警惕不够。如闻喜县捕获的30个道首，经10天训练，即全部释放，结果有不少是假悔过的。

二、急性病。个别地方对小道首的登记和道众的退道，不愿按照预定的三个步骤做。将小道首与道众混在一起搞，模糊了道众与道首的区别。特别是不重视群众的思想教育工作，单纯任务观点，以办理登记手续、统计退道人数为满足。

三、对一贯道欺骗性方面揭露得很成功，但从政治上揭露其反动面貌，还差些。

上述三个问题，已指示各地注意。

此次取缔工作，目的在于彻底打垮一贯道的组织，使"一贯道"三字在群众心目中变成一个可耻的、罪恶的名词。至于群众无组织的迷信行为如烧香磕头等，则是长期教育问题。

（选自《新中国往事·步履写真》，
中国文史出版社 2011 年 1 月版）